Universität Bremen - iaw
Institut Arbeit und Wirtschaft
FVG-West
Wiener Straße 9 / Ecke Celsiusstraße
28359 Bremen   Nr. 70

Die Experimentalstadt

Julia-Lena Reinermann · Friederike Behr
(Hrsg.)

Die Experimentalstadt

Kreativität und die kulturelle
Dimension der Nachhaltigen
Entwicklung

Herausgeber
Julia-Lena Reinermann
Universität Duisburg-Essen
Essen, Deutschland

Friederike Behr
Kulturwissenschaftliches Institut Essen
Essen, Deutschland

ISBN 978-3-658-14980-2   ISBN 978-3-658-14981-9   (eBook)
DOI 10.1007/978-3-658-14981-9

Die Deutsche Nationalbibliothek verzeichnet diese Publikation in der Deutschen Nationalbibliografie; detaillierte bibliografische Daten sind im Internet über http://dnb.d-nb.de abrufbar.

Springer VS

Lektorat: Cori A. Mackrodt

Gedruckt auf säurefreiem und chlorfrei gebleichtem Papier

Springer VS ist Teil von Springer Nature
Die eingetragene Gesellschaft ist Springer Fachmedien Wiesbaden GmbH
Die Anschrift der Gesellschaft ist: Abraham-Lincoln-Str. 46, 65189 Wiesbaden, Germany

Vorwort

Viele Menschen haben zu dem Gelingen dieses Bandes beigetragen, denen wir an dieser Stelle danken möchten. Zu allererst möchten wir unseren Dank den in diesem Band versammelten Autorinnen und Autoren aussprechen. Die Lektüre und Bearbeitung ihrer Beiträge war für uns als Herausgeberinnen immer interessant und anregend. Darüber hinaus möchten wir uns bei Judith Kretzschmar bedanken, die uns bei der Korrektur des Manuskripts maßgeblich unterstützt hat. Sophia Alcántara, Sarah Katharina Hackfort, Andreas Kewes und Klaus Krumme haben unsere Inhalte stets mit ihren Ideen und Anregungen bereichert. Monetär und ideell ermöglicht wurde die vorliegende Publikation durch das vom Bundesministerium für Bildung und Forschung (BMBF) geförderte Projekt „Klimainitiative Essen – Handeln in einer neuen Klimakultur". Hier war Raum für transdisziplinären Austausch über die nachhaltige Stadt. Abschließend möchten wir dem Springer Verlag für Sozialwissenschaften und in persona Cori Mackrodt danken. Durch ihr Vertrauen in das Buch, welches sich zwischen Wissenschaft und Praxis bewegt und damit auch ein Experiment ist, hat sie die Möglichkeit eröffnet, Alternativen zu durchdenken und zu kommunizieren.

Essen, Deutschland   Julia-Lena Reinermann
Juli 2016   Friederike Behr

Inhaltsverzeichnis

Einleitung: Vier Thesen für die Experimentalstadt

Julia-Lena Reinermann und Friederike Behr

> *Social creativity is a forgotten dimension, undervalued and not seen as innovation. New social institutions are as vital to renewal as new products, services or technology. The same is true of political, environmental and cultural creativity. It is time to move investment away from technologically driven innovations to how we live, how we organize and how we relate to each other.*
>
> (Landry 2000, S. 17).

Was ist eine Experimentalstadt? Damit werden bisher Städte bezeichnet, welche sich nicht durch eine historisch gewachsene Siedlungsstruktur auszeichnen, sondern nach den Vorstellungen von Stadtplanern einheitlich entwickelt werden und dabei meistens einer sozialutopischen Idee folgen. In der Wüste von Arizona, USA, ist eine derartige Stadt entstanden. Arcosanti wurde 1970 von dem italienischen Architekten Paolo Soleri (1988) begründet und wird seitdem fortlaufend weiterentwickelt (Arcosanti 2016). Soleri verwirklichte mit Arcosanti seine Konzeptidee der Arkologie: einer unentfremdeten und sozialökologisch organisierten, nachhaltigen Stadt. Derartige Ideen bilden in Zeiten, in denen die Menschen durch den Prozess der Individualisierung (Beck 1993) zunehmend auf sich selbst zurückgeworfen werden und damit der ständigen und durch die

J.-L. Reinermann (✉)
Institut für Kommunikationswissenschaft und Zentrum für Logistik und Verkehr
Universität Duisburg-Essen, Essen, Deutschland
E-Mail: julia.reinermann@uni-due.de

F. Behr
KWI, Kulturwissenschaftliches Institut Essen, Essen, Deutschland
E-Mail: Friederike.Behr@kwi-nrw.de

© Springer Fachmedien Wiesbaden GmbH 2017   1
J.-L. Reinermann und F. Behr (Hrsg.), *Die Experimentalstadt,*
DOI 10.1007/978-3-658-14981-9_1

Digitalisierung beschleunigten Inwertsetzung von Identität und Lebenssinn unterliegen, einen normativen Gegenentwurf. Auch Veränderungen der Arbeitswelten, das Wachstum von Städten und die Zunahme sozialökologischer Krisen, wie der anthropologisch verursachte Klimawandel, verstärken Gefühle der Unsicherheit und Orientierungslosigkeit, welche hier den Antrieb geben, über die Bildung von Gemeinschaft und die Bedeutung von Natur im Lebensalltag der Subjekte nachzudenken (Rosa 2013).

Wie werden wir in Zukunft leben und arbeiten? Wie sieht das konkret aus? Das sind Fragen die immer wieder bearbeitet werden, wie beispielsweise auf dem „ÜberLebenskunst"-Festival im Haus der Kulturen der Welt oder in der künstlerischen Ausstellung „Planet B – 100 Ideen für eine neue Welt". Diese künstlerischen Praktiken orientieren sich an bestehenden Aktivitäten von Nischenakteuren und spinnen sie weiter. Im Kontext der Nachhaltigkeit greifen sie auf Themen wie die Gestaltung von Wohnräumen, urbane Landwirtschaft, Alternativen zum Autoverkehr oder neue Formen der Energieproduktion zurück. Diese sind bisher kein Mainstream und sie erscheinen daher eher exotisch und experimentell im Sinne der Arcosanti. Somit ist das Experimentelle auch in bestehenden Städten bereits existent.

Das vorliegende Buch widmet sich daher der Frage, **warum das Experiment –** der iterative Vorgang des Ausprobierens, Scheiterns und erneuten Testens – **für die nachhaltige Gestaltung von Städten und dem Zusammenleben in ihnen relevant ist.** Es betrachtet den Gegenstand aus interdisziplinärer Perspektive und versteht sich als Impulsgeber. Alle Beiträge eint die implizite Auseinandersetzung mit der kulturellen Dimension der Nachhaltigkeit. Der verstärkte Diskurs über eben diese Dimension der Nachhaltigen Entwicklung, so die **erste These,** ist von hoher Wichtigkeit. Hierfür, so die **zweite These,** bieten Städte Räume, in denen das Experimentale und Fehler-Machen bewusste Bestandteile sein können. Dabei können gerade – hier die **dritte These** – künstlerische und wissenschaftliche Akteure und ihre Herangehensweisen Orientierung geben, damit sich in der produktiven Atmosphäre des Scheiterns und des „Fehler-Machens" neue und innovative Prozesse sozialer Ordnung entwickeln. Denn beide Typen intervenieren (z. B. von Borries et al. 2012) in bestehende Zusammenhänge mit dem Wunsch „Neues" zu entdecken. Kreativität, so die **vierte These,** stellt hierfür eine zentrale Grundlage dar, um kommunikativ handelnd (Keller et al. 2013) soziale Wirklichkeit zu gestalten. Kreativität birgt somit nicht nur ökonomisches Potenzial (Lange 2007), welches in der ständigen Suche der Subjekte nach neuen Erfahrungen verstärkt an Relevanz gewinnt (Reckwitz 2012), sondern vor allem auch soziale Kraft für Transformationsprozesse (siehe z. B. ausführlicher Kirchberg 2010). Das Buch schließt hierfür an aktuelle Themen in der Nachhaltigkeitswissenschaft an, wie der Bedeutung von (sozialen) Reallaboren als „wissenschaftliche" Interventionen für sozialökologischen Wandel, aber auch an seit längerem bestehende Auseinandersetzungen der kulturellen Dimension einer Nachhaltigen Entwicklung und der Thematisierung künstlerischer Interventionen.[1]

These 1: Von der Bedeutung der kulturellen Dimension für die Nachhaltige Entwicklung

Die diagnostizierte *Krise gesellschaftlicher Naturverhältnisse* (vgl. Görg 1999; Oreskes 2004; Hauff 1987; IPCC 2014/2015) benötigt eine verstärkte Auseinandersetzung darüber, wie eine Veränderung bestehender, kultureller Narrative und sozialer Praktiken für eine gesamtgesellschaftliche „große" Transformation erfolgen kann (vgl. WBGU 2011; Welzer 2011; UNESCO 1998; Kurt und Wagner 2002; Kagan 2012). Denn bisherige Übersetzungen der Krisenhaftigkeit manifestieren sich in Deutschland vor allem in Handlungsempfehlungen, Maßnahmen und Strategien, welche vornehmlich mit der Förderung und Implementierung energieeffizienter Technologien einhergehen. Diese perspektivische Verengung führt vor allem zu Rebound-Effekten (Santarius 2012, 2014), welche beispielsweise den Emissionsausstoß nicht verringern, sondern sogar verstärken.

Die Betonung einer kulturellen Dimension des politischen Leitbildes der Nachhaltigen Entwicklung wird in diesem Zusammenhang zwar als Notwendigkeit thematisiert, in der konkreten, lokalen Praxis (wie z. B. in Klimaschutzkonzepten oder kommunalen Planungsprozessen) spiegelt sich dieses wenn nur marginal und vor allem in technologischen Akzeptanzfragen wider. Doch gerade die kulturelle Dimension, in welcher der Mensch im Zentrum des Handlungsgeschehen steht, bedarf der verstärkten Aufmerksamkeit, wenn es um die Transformation bestehender gesellschaftlicher Logiken geht, wie beispielsweise die vorherrschenden Interpretations- und Deutungsmuster von Wohlstand und den damit verbundenen Praktiken. Die kulturelle Dimension der Nachhaltigen Entwicklung bezieht sich demnach nicht nur auf technologische Entwicklungen oder Kulturinstitutionen und Prozesse des Kultur-Schaffens, sondern umfasst vielmehr auch unsere Kulturen des Alltäglichen und des leiblichen Erfahrens gemeinsamen Zusammenlebens. Derartige Zusammenhänge lassen sich auch unter dem politischen Begriff „neue Klimakultur(en)" (Leggewie und Welzer 2009) fassen: Es geht somit vor allem um die Verstärkung des Diskurses von sozialen Innovatio-

---

[1]Beispielsweise fördert die Kulturstiftung des Bundes in ihrem Bereich Nachhaltigkeit und Zukunft mehrere Projektvorhaben; siehe hierzu: http://www.kulturstiftung-des-bundes.de/cms/de/projekte/nachhaltigkeit_und_zukunft/ (zuletzt abgerufen am 15. Juli 2016).

nen, welche einen Wandel von Werten und Normen und die Schaffung alternativer, klimafreundlicher Routinen und Praktiken enthalten (z. B. Schneidewind und Scheck 2013).

Dabei ist das kommunikative Handeln (Keller et al. 2013) die Grundlage eines wissenschaftlichen Erkenntnisgewinns, gleichermaßen aber auch lebensweltlicher Bezugspunkt. Hier stellen Menschen (immer wieder und machtvoll) Identität, Beziehung, Gesellschaft und Wirklichkeit her (vgl. Keller et al. 2013, S. 13) und zeigen somit Vor-Ort im konkreten Tun die inkorporierten, habitualisierten Wissensbestände von (Nicht-)Nachhaltigkeit und die (Un-)Fähigkeit zum Handeln (z. B. Joas 1992; Reichertz 2013; O'Brien et al. 2007; Gottschlich und Hackfort 2016; Adloff und Jörke 2013). Hier wird Nachhaltigkeit gemacht oder nicht. Dabei wird – gerade in Zeiten einer zunehmenden Technikbeherrschung – die Besinnung auf die (andauernde) Entstehung von Sozialität durch die Subjekte immer zentraler und zeigt die notwendige Betrachtung der kulturellen Dimension der Nachhaltigen Entwicklung auf: sie bedarf der ständigen praktischen Übung.

These 2: Die Stadt als politische Arena: Von der Lokalen Agenda 21 und dem Klimagovernment zur experimentellen Governance
Städte bieten sich für die Erprobung *neuer Klimakulturen* an. Durch ihre hohe soziale Diversität – hier leben verschiedene (inter-)kultureller Sozialgruppierungen mit differenzierten (historischen) Lebensweltnarrativen (vgl. Reichertz 2013; Abbott 1997) – stellen sie per se die Möglichkeit dar, Räume zu generieren in denen „neue" Lebensformen getestet werden können (Hall und Hubbard 1998; Lorenzen und Frederiksen 2008). Das erscheint umso wichtiger, betrachtet man die Herausforderungen vor denen Städte stehen: Mehr als je zuvor in der Menschheitsgeschichte bilden Städte die Widersprüche, Widerstände und Konflikte ab, in welchen ökonomischer Wohlstand produziert und konsumiert wird und gleichzeitig sozioökonomische Armut (z. B. Slums, informelle Siedlungen usw.) gekoppelt an Herausforderungen wie den Klimawandel wächst (UN-Habitat 2003, 2011; WGBU 2016). Sie bilden geografisch dichte Räume, in denen ökonomische Prosperität und materielle Armut, Erfolg und Versagen, Hoffnung und Verzweiflung, Kooperation, Regeln und Chaos und das Aufkommen neuer Risiken, wie Stürme oder extreme Wetterereignisse, auf eine hohe Verwundbarkeit der daraus resultierenden Auswirkungen treffen (vgl. Baycan 2011; WGBU 2016; IPCC 2014/2015; UN-Habit 2011). Die Auseinandersetzung mit diesen Herausforderungen bedarf der Kommunikation von und zwischen den verschiedenen Akteuren mit ihren subjektiven und institutionellen Wissensbeständen (Hackfort 2015; Wissen 2008; Häußermann und Siebel 1987, 2004). Dadurch werden Such-, Lern-, und Schaffensprozess ermöglicht, durch

welche bisher kaum formulierte Metaphern und Bilder entstehen und so Inhalte vermittelt werden können.

Wie können nun solche Ideen entstehen und wer kann hier Orientierung geben? Eine treibende Kraft des Gestaltungsdrangs von neuem stellt das künstlerische Tun dar. Hier liegt eine Möglichkeit, die benötigten außeralltäglichen Imaginationen der Wirklichkeit (Visionen oder Utopien) als Möglichkeiten einer alternativen Zukunft (oder Zukünfte) in den Raum zu stellen, die einen Bruch mit der Vergangenheit bedeuten können und sich als Entwicklungsziel eignen. Durch künstlerische Interventionen im öffentlichen Raum kann beispielsweise die Stadterscheinung – verstanden als das Zusammenwirken der Stadtgestalt und deren subjektiver Wahrnehmung durch z. B. gewählte Wege oder Nutzungen (Reicher 2014) – verändert werden und damit bewährte (Handlungs-)Routinen stören und Einfluss nehmen (z. B. Blissett und Brünzel 2001; Kovats und Munts 2009). Eine weitere Möglichkeit bietet die Wissenschaft, welche sich ebenfalls mit den Entstehungsbedingungen von neuen Wissensbeständen beschäftigt (z. B. Bidlo und Schröer 2011). Durch beide Interventionstypen können Räume entstehen und auch politisch legitimiert werden, in denen alternative Handlungsroutinen getestet und experimentell erprobt werden (Ratiu 2013; Reckwitz 2012).

Denkt man den Stadtkörper mit vielen Experimentalräumen, wird es damit nicht nur möglich, die bestehende Paradoxie und Vielfalt von (nicht) nachhaltigem Handeln in der Stadt abzubilden, sondern darüber hinaus die Herstellung (innovativer) sozialer Ordnung (Voß 2016) zu beschreiben und zu verstehen. Dabei wird die Gestaltungs- und Entscheidungsmacht von (Nicht-)Nachhaltigkeit in Städten bisher vor allem in Fragen nach der (lokalen) Demokratie verhandelt (Dietz 2006, 2011). Mit Fokus auf Deutschland kann konstatiert werden, dass städtische Regierungen *(Government)* in den letzten dreißig Jahren ihr Engagement im Umgang mit der *Krise gesellschaftlicher Naturverhältnisse* (Görg 1999) sichtbar erhöht haben. Begonnen mit der Gründung von Umweltämtern, über den Versuch, die lokale Agenda 21 zu implementieren, bis hin zur Herausbildung transnationaler Netzwerkstrukturen (z. B. die Kampagnen Fair Trade Towns, ICLEI – Local Governments for Sustainability u. a.) und der Einführung von Klimaschutz- und Klimaanpassungskonzepten (vgl. Kern et al. 2005; de Haan et al. 2000; Bulkeley und Castán Broto 2012) hat sich die Thematik der sozialökologischen Krise in Städten etabliert. Auch wird Nachhaltigkeitspolitik vielerorts als ressortübergreifendes Arbeitsfeld begriffen. Dennoch ist die Einbindung diverser (historischer) Lebensweltbezüge schwer umsetzbar. In den Lokalen Agenda-21-Prozessen waren entsprechende partizipative Prozesse angelegt, allerdings brachten sich Menschen nur begrenzt und nicht dauerhaft ein, da andere Themen der persönlichen Lebensführung wesentlicher erschienen (vgl. de Haan et al. 2000).

Auch im kommunalen Klimaschutz wird vor allem auf die Kooperation mit etablierten Akteuren und Institutionen gesetzt (Behr 2016, im Erscheinen). Finanziell angespannte Haushaltslagen, aber auch bestehende Selbstverständnisse und Erfahrungen in den Verwaltungen sind einige Gründe für diese Herangehensweise. Darüber hinaus ist Klimaschutz in Deutschland bisher keine Pflichtaufgabe der Kommunen (Sinning und Steil 2011) und hat in der Konkurrenz um die vorhandenen Mittel das Nachsehen gegenüber eben diesen. Vielerorts sind daher top-down-gesteuerte Masterplanlösungen an der Tagesordnung, welche die Verschiedenartigkeit kultureller Lebenswirklichkeiten nicht berücksichtigen können. Dem Anspruch der Klimawandel- Governance, eine Vielfalt der Akteure und Themen in die Aktivitäten einzubinden (z. B. hierzu Fröhlich und Knieling 2013), kann so nicht Rechnung getragen werden.

Grundlegende Bedingung dafür wäre ein verändertes Kommunikationsverständnis, welches nicht mehr bipolar von „der Stadt" an „die Öffentlichkeit" Informationen übermittelt, sondern die Vermittlung im Blick hat: Bedürfnisse und Wissensbestände der Akteure treffen in räumlichen Strukturen (machtvoll) aufeinander. Dabei ist die konflikt- und risikohafte Koordinierung der Vermittlung inhärent, um Wirkung bzw. Veränderung zu erzielen (vgl. Reichertz 2013). In diesem Aufeinandertreffen werden die spezifischen Konstruktionen von Bedrohung, Verantwortlichkeit und Veränderungen generiert (vgl. Balgar und Mahlkow 2013). Im Idealfall können die städtische Politik und deren Verwaltungseinrichtungen dann als demokratisch legitimierte *Change-Agency* (Rogers 2003, S. 366) wirken, indem sie *Top-down* und *Bottom-up* Ansätze verbinden und über disziplinäre Grenzen hinweg das Anliegen der Nachhaltigen Entwicklung vermitteln. Erst dann wird es möglich sein, die Synergien verschiedener (Diskurs-)Arenen zu katalysieren, um Dynamiken der Transformation auszulösen (Rumpala 2013, S. 17) und *innovative,* auf Reflexion setzende *Governance* Strukturen zu etablieren (Voß 2016). Das benötigt das politische Leitbild mehr denn je, weil es nicht als ein gradliniges Reformprogramm zu verstehen ist, sondern als ein radikaler Suchprozess, der des Entdeckens verschiedener und bisher kaum getesteter Wege bedarf. Übersetzt in den kommunalen Nachhaltigkeitsdiskurs werden somit legitimierte Räume benötigt, in denen keine vorgefertigten Lösungen für Probleme vorliegen und Subjekte explizit ermutigt werden, alternative Handlungsroutinen zu erproben, sich darüber zu streiten und wenn möglich auch wieder zu vertragen.

Eine derartige Betrachtung gewinnt verstärkt an Relevanz, da die Anzahl von Bürgerinnen und Bürgern (weltweit) wächst, welche politisch in den Stadtkörper intervenieren und mit alternativen Lebensmodellen experimentieren (WGBU 2011; Grabs et al. 2015). Das sind nicht mehr nur „Global Players" oder kommunale Unternehmen, sondern verstärkt auch Bürger_innen im Bereich der Energiegenossenschaften und Energievereine als Investor_innen und Ko-Produzent_innen, welche auch Nutzer_innen des produzierten Stroms und der Wärme sind (dezentrale Energieproduktion und -versorgung). Das *Urban Gardening* (Ahaus in diesem Band), temporäre urbane Protestevents wie die Schnibbeldisko (Betz in diesem Band) oder der „Tag des guten Lebens" in Köln (Brocchi in diesem Band), aber auch die Transition Town Bewegung, die Solidarische Landwirtschaft, die *Critical Mass,* die Regiogeld- und *Bitcoin*-Bewegung, die *Repair-Cafe*- und *Mak*er-Szene, lassen sich als Räume sozialer Innovationen lesen. Hierbei sind zentrale Handlungsvoraussetzungen das „Sharing" von Wissen, Räumen und materiellen Gütern (Kopatz 2015). Hier werden kollaborative Formen der Ökonomie erprobt (Rifkin 2014), in welcher Gemeingüter als zentral für resilient Wirtschafts- und Lebensmodelle betrachtet werden und damit als eine Alternative zum Wohlstandsmodell der Nicht-Nachhaltigkeit fungieren. Die Einbindung dieser Innovationen erfolgt in die kommunale Klima- oder Nachhaltigkeitspraxis bisher nicht systematisch. Damit laufen diese Akteur_innen und ihre Aktivitäten Gefahr, von den demokratisch legitimierten Institutionen und Prozessen nicht wahrgenommen zu werden. Das hat zur Folge, dass sowohl Unterstützung fehlt, als auch eine breitere öffentliche Darstellung alternativer Lebensmodelle verhindert wird und damit ein innovatives oder sogar neues politisches Handeln ausbleibt. Legitimierte Experimentalräume bieten die Möglichkeit diese Nischenakteur_innen mit ihren Aktivitäten sichtbar zu machen und gleichzeitig transformative Prozesse besser zu verstehen. Derartige Räume können gebaut sein, müssen es aber nicht. Sie können kontrolliert, im Sinne der Messbarkeit und Abbildung der Geschehnisse, entwickelt werden oder auch nicht. Sie können langfristig aber auch temporär angelegt sein und müssen nicht im politischen Konsens entstehen, da sie ebenfalls die Möglichkeit enthalten sollten, bestehende politische Regierungspraktiken kritisch zu hinterfragen.

These 3: Wissenschaftliches und künstlerisches Experimentieren für die Suche nach Neuem

Experimentalräume verleiten, an Labore als Ort des wissenschaftlichen Experimentierens zu denken. Verwurzelt ist dieses Bild stark in den Naturwissenschaften. Hier werden abseits des realen Lebens natürliche Momente künstlich reproduziert, um neue Erfindungen zu ermöglichen und damit wissenschaftliche Wirklichkeit zu erzeugen (vgl. Ziemer und Weber 2015, S. 6). Dabei lässt sich die Charakteristik des Labors einerseits durch Merkmale der Ordnung, Sauberkeit, Kontrollierbarkeit, Stabilität und Routine beschreiben, andererseits wird durch das Experiment selbst unvorhersehbare Erkenntnisgewinnung offenbar, die nicht unbedingt beliebig wiederholbar ist und sich damit auch der klassischen

Laborcharakteristik entzieht (vgl. ebd. 2015, S. 6). Bereits in den 1920er Jahren wurde das naturwissenschaftliche Labor durch die Pioniere der Chicagoer School auf die Erforschung sozialer Prozesse übertragen (Groß und Krohn 2005; Groß et al. 2005), um damit die Stadt als Raum samt den „ungezählten Schichten seiner Realität: historischen, ästhetischen, politischen, geografischen, geologischen, realen wie mythologischen, sichtbaren und unsichtbaren, erinnerten, vergessenen, verdrängten, tabuisierten" (Blum 2010, S. 28) wahrzunehmen. Diese wirken als Atmosphären einer Stadt von und durch die belebte und unbelebte Natur und bieten wissenschaftlichen Stoff, welcher Antworten bereithält, das Verhältnis von Natur und Mensch besser zu verstehen (vgl. Ziemer und Weber 2015, S. 6; Hasse in diesem Band).

Als *wissenschaftliche* Intervention bietet sich dabei ein Forschungssetting an, welches an die Tradition sozialer Labore anschließt und aktuell unter dem Begriff des Reallabors verhandelt wird. Reallabore werden in der angewandten, deutschen Nachhaltigkeitswissenschaft zunehmend etabliert. Dabei führen „[…] Forscherinnen und Forscher [mit Akteuren außerhalb der Wissenschaft] Interventionen im Sinne von ‚Realexperimenten' [durch], um über soziale Dynamiken und Prozesse zu lernen" (Schneidewind 2014, S. 3). Dieses Setting wird als Forschungs- und Transformationsinstrument verstanden, in welchem theoretische Erkenntnisse und praktische Entwicklungen zusammenkommen, um damit einen Übergang vom „Wissen zum Handeln" zu schaffen (vgl. Wagner und Grunwald 2015, S. 26). „In diesem ergebnisoffenen Prozess entsteht Wissen, das der Praxis etwas bewirkt." (Ministerium für Wissenschaft, Forschung und Kunst Baden-Württemberg 2015). Bisher steht eine einheitliche Definition aus und die eingesetzten Methoden sind divers und reichen von partizipativer Forschung bis hin zu ethnografischer Methodenwahl, welche der jeweiligen (räumlichen und sozialen) Situation und den darin durchgeführten Experimenten anzupassen ist (z. B. Groß et al. 2005). Die Analyse des Geschehens und die gleichzeitig entstehenden transformativen Zustände, sind in der Wissenschaft selbst noch kaum erprobt und das Werkzeug des Reallabors, welches den Modus 2 der Wissenschaft präsentiert, erhält erst langsam wissenschaftliche Akzeptanz (z. B. Wissenschaftsrat 2015).

Eine andere Interventionsform, in der Neues entstehen kann, findet sich in künstlerischen Interventionen. Seit ca. 40 Jahren erfährt öffentliche Kunst in den europäischen und nordamerikanischen Städten ein Comeback (Hall 2004). Beobachten lässt sich diese Entwicklung durch die Zunahme öffentlicher und privater Akteure, eine Ausdehnung künstlerischer policy und administrativer Strukturen und die Integration von Künstler_innen in urbane Gestaltungsprozesse. Städte bieten oftmals die idealen Konditionen für Künstler_innen und damit ebenfalls die

Chance innovative und wissensbasierte Industrien anzusiedeln (Laundry 2000). Die Einbindung der Künstler_innen erfolgt dabei oftmals in stadtidentitätsstiftende Prozesse, welche die ökonomische Prosperität von Städten und allgemein die Lebensqualität erhöhen soll.

Doch steht dieser funktionalen Betrachtung von Kunst eine andere gegenüber, welche sich der Instrumentalisierung entzieht, kritisch bestehende Verhältnisse reflektiert und neue Herangehensweisen aufzeigt (z. B. Sigmund 2010). Betrachtet man diese Entwicklung vor dem Hintergrund sozialökologischer Stadtgestaltung wird deutlich, dass öffentliche Kunst sich beispielsweise nicht (mehr) nur als ein ästhetisches, historisches Moment im Stadtkörper präsentiert. Seit den 1980er Jahren werden verstärkt auch ökologische, soziale und ökonomische Probleme im Kontext der städtischen Entwicklung thematisiert, wobei sich hier die (prozessuale) Gestaltung des Sozialen selbst als künstlerischer Akt vollzieht (Landau und Mohr 2015b). Künstlerische Interventionen fördern damit Wissens- und Kreativitätsdynamiken, welche die bestehenden Wirklichkeitsmodelle zumindest zeitweise aufheben und Alternativen aufzeigen (Landau und Mohr 2015; Mohr und Landau (in diesem Band); Hildebrandt 2012; Kagan und Hahn 2011). Dabei agieren die (Prozess-)Künstler in ihrem Tun oftmals als Übersetzer und bringen unterschiedliche Akteure zusammen, um transdisziplinär an bisher unberücksichtigten Lösungen zu arbeiten (vgl. u. a. Terkessidis 2015; Hildebrandt 2012). Sie bearbeiten (meist temporär) die Umnutzung des Städtischen, die Urbanisierung der Peripherie, die Revitalisierung von „Un-Orten" oder die Aufwertung vernachlässigter Zentren (vgl. Feireiss und Hamm 2015; Laister et al. 2014; Fabo (in diesem Band)). Dabei entstehen Veränderungen durch das Vor-Ort-Sein (Projesi 2013), aber auch temporär begrenzte Aktivitäten können längerfristige Alternativen einer veränderten Raumnutzung hervorrufen (vgl. Feireiss 2015).

Beiden Interventionstypen inhärent ist, dass erst im Tun selbst Wissensbestände entdeckt und entwickelt werden, welche der impliziten Bedingung des Fehler-Machens oder Scheiterndürfens unterliegen.

These 4: Kreativität als soziale Kraft für die sozial-ökologische Transformation

Grundsätzlich wohnt sowohl wissenschaftlichen als auch künstlerischen Interventionen das Phänomen der Kreativität inne. Das Phänomen lässt sich mit Originalität, Imagination, Inspiration, Genialität und Ideenreichtum übersetzen (Unctad 2008). Es ermöglicht, Neues zu schaffen (Bröckling 2004), dadurch dass es „a successful step into the unknown [ist], getting away from the main track, breaking out of the mold, being open to experience and permitting one thing to lead to another, recombining ideas, or seeing new relationships among ideas" (Ellis

Paul Torrance 1976 zit. nach Baycan 2011, S. 18). Übergeordnet betrachtet, beschreibt Kreativität eine Person (persönliche Merkmale wie Intellekt, Temperament, Einstellungen usw.), ein Produkt (das Ergebnis von Kreativität), einen Prozess (Methoden, Kommunikation, Umsetzung) und die soziale Umwelt, welche Kreativität ermöglicht oder nicht (vgl. Rhodes 1961, S. 305 ff.). Dabei wird je nach kulturellem Hintergrund der Begriff anders gedeutet. Beispielsweise wird in Großbritannien und in Deutschland vor allem das produktive Handeln und damit die künstlerische Produktion (Kunst, Design, Mode) mit Kreativität assoziiert (vgl. Kirchberg 2010, S. 21). In den USA hingegen ist Kreativität jedem menschlichen Tun inhärent, durch welche Probleme gelöst werden können (vgl. ebd. 2010, S. 21). Sieht man Kreativität in diesem Zusammenhang nicht nur als Ressource für wirtschaftliche Verwertungsprozesse, sondern vor allem als einen Zugang, Lösungen für die Krise gesellschaftlicher Naturverhältnisse zu entwickeln und (Post-)Wachstumsgesellschaften aufzubauen, gilt es verstärkt Räume zu fördern, in denen den Menschen bewusst werden kann, dass sie sehr wohl in der Lage sind, die Krisenhaftigkeit zu bewältigen, ganz im Sinne einer nachhaltigen und kreativen Stadt.

A Sustainable Creative City should embrace participatory, bottom-up, intergenerationale approaches where ‚trial and error' (i.e. iterative) experiments are fostered. In such a city, long-term developments and processes are regarded as important, rather than products. The whole city is mobilizing creative potential to ‚re-invent' the ‚logic of the house' or ‚oikos logos'. Viewed as living organisms, sustainable creative cities build on their capacities and resources to create tangible and intangible values for the present and the future [...] (Sacha Kagan und Katelijn Verstraete 2011 zit. nach Kagan 2016, S. 21).

Dabei muss das routinierte Handeln der Menschen gestört werden, wir brauchen Überraschungen, damit ein Reflexionsprozess eintritt, welcher uns die Situation bewusst vergegenwärtigt und zu einer „situierten Kreativität" (vgl. Joas 1992, S. 11) befähigt, und „neue" Handlungsmöglichkeiten eröffnet (vgl. Adloff und Jörke 2013). Wie dies geschieht und was dabei passiert, ist noch offen.

Die Beiträge in diesem Buch bieten erste Anknüpfungspunkte dafür, in dem sie sich theoretisch und/oder praktisch mit der experimentellen Charakteristik der nachhaltigen Stadt auseinandersetzen. Der erste Teil „Experimentalkulturen" beschäftigt sich auf verschiedene Weise mit den Begriffen des Experiments, der Stadtkultur, der Natur, der Intervention und der Entstehung von Neuem. **Matthias Groß** begreift in seinem Artikel „Experimentelle Kultur und die Governance des Nichtwissens" aus (umwelt-)soziologischer Perspektive den Begriff des Experiments als Metapher des bewussten Umgangs mit Nicht-Wissen und versucht anhand empirischer Beispiele die (vorsichtige) Notwendigkeit einer Experimentalkultur deutlich zu machen, in welcher die Überraschung nicht mehr Bedrohung, sondern Antrieb für soziale Transformation ist. **Jürgen Hasse** spürt aus neo-phänomenologischer Perspektive in seinem Artikel „Urbane Atmosphären der Natur" urbanen Inszenierungen von Atmosphären der Natur nach. Dabei skizziert er wissenschaftstheoretisch das Projekt der Selbstsorge, welche sich nur im Rahmen gemeinsamer Situationen entfaltet und vollzieht und damit entscheidend zur Bewältigung der Krisenhaftigkeit beitragen kann. **Henning Mohr** und **Friederike Landau** folgen in ihrem Artikel „Intervention als künstlerische Produktionsstätte des Neuen" der These, dass (künstlerische) Interventionen als Medium einer wissens- und kreativitätsbasierten Innovationsgesellschaft gedeutet werden können. Dabei wirken diese nicht nur als Instanzen zur Verhandlung von Wirklichkeit, sondern sie können auch die ontologische Grundlage des Sozialen entgrenzen und dadurch das radikal Neue ermöglichen.

Im zweiten Teil „Vom Experimentieren in Städten" werden exemplarische Fallbeispiele des Experimentierens präsentiert. **Felix Wagner** geht der Frage nach, wie „Reallabore als kreative Arenen der Transformation zu einer Kultur der Nachhaltigkeit" beitragen können. Dabei beschreibt er Reallabore als neues transdisziplinäres Forschungsfeld, um daran anknüpfend sein Konzept einer Kultur der Nachhaltigkeit zu skizzieren, welches das (urbane) Reallabor (historischer) Lebenswelt notwendig macht. In ihrem Beitrag „Temporäre urbane Interventionen in der Stadtplanungspraxis" betrachten **Sabine Drobek** und **Minh-Chau Tran** vor dem Hintergrund des Interventionsbegriffs „urbane Interventionen" als Instrument der prozessualen Stadtentwicklung und praxisorientierter Lehr- und Forschungsformate. **Gregor J. Betz** zeichnet anhand politischer Protestformate in seinem Beitrag „Sinnvolles Vergnügen. Hybridisierte Protestereignisse als kreative Intervention im Stadtraum" die Entwicklung der Typologie des „hybridisierten Protests" nach, welche sich im Spannungsverhältnis von Vergnügen und Protest bewegt. Diese Formen von Hybridität ermöglichen die Entstehung von sozialen Innovationen. **Davide Brocchi** beschäftigt sich in seinem Beitrag „Transition Neighbourhoods" mit der Bildung von unkonventionellen Allianzen (u. a. zwischen Bürger_innen und Institutionen), die auf lokaler Ebene eine Kultur der Nachhaltigen Entwicklung ermöglichen. Dieses expliziert er anhand des „Tag des guten Lebens" in Köln Ehrenfeld, um dabei vor allem die Transformationsprozesse, welche durch soziale Experimente entstehen können, zu verdeutlichen.

Der dritte Teil vereint Beiträge, welche sich mit „Promotoren und Strategien in der Experimentalstadt" auseinandersetzen. **Kora Kristof** skizziert in „Change Agents und ihre Einbindung in gesellschaftlichen Veränderungsprozessen" zentrale Punkte der Models-of-Change-Forschung, um die Notwendigkeit einer veränderungsfreundlichen Kultur zu unterstreichen. **Björn Ahaus** knüpft mit seinem Artikel „Gemeinschaftsgärtner als urbane Agenten des Wandels und ihre kreativen Arenen der sozial-ökologischen Transformation" daran an und weist anhand empirischer Fallbeispiele die Bedeutung von Nischenakteuren nach, welche soziale Innovation voran treiben und damit die Förderung einer Massendiffusion ermöglichen. Abschließend betrachtet **Sabine Fabo** in „Künstlerische Interventionen im öffentlichen Raum" den Begriff der künstlerischen Intervention und stellt künstlerische Strategien vor, welche sich im Spannungsfeld von Ästhetisierung, Partizipation und Kooperation bewegen. Diesen folgt der Anspruch, die Wahrnehmung der Menschen zu sensibilisieren, um einen Erkenntnisprozess zu befördern.

Dabei befindet sich die Auseinandersetzung erst am Beginn und es bedarf verstärkter Forschungs- und Praxisarbeit, um gesellschaftliche Transformationen zu gestalten.

Literatur

Abbott, Andrew (1997): Of Time and Space: The Contemporary Relevance of the Chicago School. In: *Social Forces* 75 (4), S. 1149–1182.

Adloff, Frank; Dirk Jörke (2013): Gewohnheiten, Affekte und Reflexivität. Ein pragmatistisches Modell sozialer Kooperation im Anschluss an Dewey und Mead. In: *Österreichische Zeitschrift für Soziologie* 38 (1), S. 1–41.

Arcosanti (2016): *Arcosanti Today*. Online erhältlich unter: https://arcosanti.org/arcosanti_today (zuletzt abgerufen am 27. Juli 2016).

Balgar, Karsten; Mahlkow, Nicole (2013): *Lokalkulturelle Konstruktionen von Vulnerabilität und Resilienz im Kontext des Klimawandels*. IRS Working Paper No. 47. Erkner: IRS.

Baycan, Tüzin (2011): Creative Cities: Context and Perspectives. In: Girad, Luigi Fusco; Baycan, Tüzin; Nijkamp, Peter (Hg.): *Sustainable City and Creativity Promoting Creative Urban Initiatives*. Ashgate: farnham, S. 17–53.

Beck, Ulrich (1993): *Die Erfindung des Politischen – Zu einer Theorie reflexiver Modernisierung* Frankfurt: Suhrkamp.

Behr, Friederike (2016, im Erscheinen): Multilaterale Kommunikation im kommunalen Klimaschutz. In: *pnd\online*.

Bidlo, Oliver; Schröer, Norbert (2011): *Die Entdeckung des Neuen: Qualitative Sozialforschung als Hermeneutische Wissenssoziologie*. Wiesbaden: VS Verlag für Sozialwissenschaften.

Blissett, Luther; Brünzel, Sonja (2001) *Handbuch der Kommunikationsguerilla*. Hamburg und Berlin: Assoziation.

Blum, Elisabeth (2010): *Atmosphäre*. Hypothesen zum Prozess der räumlichen Wahrnehmung. Baden: Lars Müller.

Bröckling, Ulrich (2004): Über Kreativität, Ein Brainstorming. In: Bröckling, Ulrich; Paul, Axel T.; Kaufmann, Stefan (Hg.): *Vernunft-Entwicklung-Leben Schlüsselbegriffe der Moderne*. Eine Festschrift für Wolfgang Eßbach. Stuttgart: Wilhelm Fink, S. 235–243.

Castán Broto, Vanesa; Bulkeley, Harriet (2012): Government by experiment? Global cities and the governing of climate change. In: *Global Environmental Change* 23, S. 92–102.

de Haan, Gerhard; Kuckartz, Udo; Rheingans-Heintze, Anke (2000): *Bürgerbeteiligung in Lokale Agenda 21-Initiativen. Analysen zu Kommunikations- und Organisationsformen.* Opladen: Leske und Budrich.

Dietz, Kristina (2006): *Vulnerabilität und Anpassung gegenüber Klimawandel aus sozialökologischer Perspektive. Aktuelle Tendenzen und Herausforderungen in der internationalen Klima- und Entwicklungspolitik.* Diskussionspapier 01/06 des Projektes „Global Governance und Klimawandel". Online erhältlich unter: http://www.lai.fu-berlin.de/homepages/dietz/Publikationen/working-papers/Dietz_2006_WP_Anpassung-und-Vulnerabiliaet.pdf (zuletzt abgerufen am 15. Juli 2016).

Dietz, Kristina (2011): *Der Klimawandel als Demokratiefrage. Sozial-ökologische und politische Dimensionen von Vulnerabilität in Nicaragua und Tansania.* Univ., Diss.-Kassel 2010. Münster: Westfälisches Dampfboot.

Feireiss, Kristin; Hamm, Oliver G. (Hg.) (2015): *Transforming cities. Urban interventions in public space.* Berlin: Jovis.

Feireiss, Lukas (2015): Pretty Vacant – Die Vorzüge der Vergänglichkeit der Architektur. In: Feireiss, Kristin; Hamm, Oliver G. (Hg.): *Transforming cities. Urban interventions in public space.* Berlin: Jovis, S. 48–57.

Fröhlich, Jannes; Knieling, Jörg (2013): Conceptualizing Climate Change Governance. In: Knieling, Jörg; Leal, Walter F. (Hg.): *Climate Change Governance, Series Climate Change Management.* Heidelberg: Springer, S. 9–26.

Görg, Christoph (1999): *Gesellschaftliche Naturverhältnisse.* Westfälisches Dampfboot: Münster.

Gottschlich, Daniela; Hackfort, Sarah (2016): Zur Demokratisierung gesellschaftlicher Naturverhältnisse. Warum die Perspektiven der Politischen Ökologie dafür unverzichtbar sind. In: *PVS Politische Vierteljahresschrift*, 57(2), S. 300–323.

Grabs, Janina; Langen, Nina; Maschkowski, Gesa; Schäpke, Niko (2015): Understanding role models for change: a multilevel analysis of success factors of grassroots initiatives for sustainable consumption. In: *Journal of Cleaner Production*, 134, Part A, S. 98–111.

Groß, Matthias; Hoffmann-Riem, Holger; Krohn, Wolfgang (2005): *Realexperimente: Ökologische Gestaltungsprozesse in der Wissensgesellschaft.* Bielefeld: Transcript.

Groß, Matthias; Krohn, Wolfgang Society as experiment: Sociological foundations for a self-experimental society. In: *History of the Human Sciences*, 18, 2, S. 63–82.

Hackfort, Sarah J. (2015): *Klimawandel und Geschlecht. Zur politischen Ökologie der Anpassung in Mexiko.* Baden-Baden: Nomos.

Hall, Tim (2004): Opening up Public Art´s Spaces: Art, Regeneration and Audience. In: Malcolm, Miles; Hall, Tim; Borden, Iain (Hg.): *The City Cultures Reader.* London: Routledge, S. 110–117.

Hall, Tim; Hubbard, Phil (Hg.) (1998): *The Entrepreneurial City: Geographies of Politics, Regime and Representation.* London: John Wiley & Sons.

Hauff, Volker (1987): *Unsere gemeinsame Zukunft. Der Brundtland-Bericht der Weltkommission für Umwelt und Entwicklung.* Eggenkamp: Greven.

Häußermann, Hartmut; Siebel, Walter (1987): *Neue Urbanität*. Frankfurt: Suhrkamp.

Häußermann, Hartmut; Siebel, Walter (2004): *Stadtsoziologie*. Eine Einführung. Frankfurt: Campus.

Hildebrandt, Paula-Marie (2012): Urbane Kunst. In: Eckardt, Frank (Hg.): *Handbuch Stadtsoziologie*. Wiesbaden: VS Verlag für Sozialwissenschaften, S. 721–744.

International Panel on Climate Change (IPCC) (2014/2015): *Sachstandsberichte der internationalen wissenschaftlichen Klimadiskussion*. Online erhältlich unter: http://www.deipcc.de/de/128.php (zuletzt abgerufen am 27. Juli 2016).

Joas, Hans (1992): *Die Kreativität des Handelns*. Frankfurt: Suhrkamp.

Kagan, Sacha (2012): *Auf dem Weg zu einem globalen (Umwelt-)Bewusstseinswandel: Über transformative Kunst und eine geistige Kultur der Nachhaltigkeit*. Berlin: Heinrich-Böll-Stiftung, Bd. 20. Online erhältlich unter: https://www.boell.de/de/content/auf-dem-weg-zu-einem-globalen-umwelt-bewusstseinswandel-ueber-transformative-kunst-und-eine (zuletzt abgerufen am 20. Juli 2016).

Kagan, Sacha (2016): The Emergence of Creative Sustainable Cities. In: Ziel, Michael; Rabe, Carsten; Haupt, Till (Hg.): *City Linkage Art and Culture Fostering Urban Futures*. Berlin: Jovis, S. 21–29.

Kagan, Sacha; Hahn, Juli (2011): Creative Cities and (un)sustainability: from creative class to sustainable creative cities. In: *Culture and local governance/culture et governance locale* 3 (1–2), S. 11–27.

Keller, Reiner; Knoblauch, Hubert; Reichertz, Jo (2013): Der Kommunikative Konstruktivismus als Weiterführung des Sozialkonstruktivismus – eine Einführung in den Band. In: Keller, Reiner; Knoblauch, Hubert; Reichertz, Jo (Hg.): *Kommunikativer Konstruktivismus*. Wiesbaden: VS Verlag für Sozialwissenschaften, S. 9–24.

Kern, Kristine; Niederhafner, Stefan; Rechlin, Sandra; Wagner, Jost (2005): *Kommunaler Klimaschutz in Deutschland – Handlungsoptionen, Entwicklung und Perspektiven*. WZB. Online erhältlich unter: http://skylla.wzb.eu/pdf/2005/iv05-101.pdf (zuletzt abgerufen am 19. März 2016).

Kirchberg, Volker (2010). Kreativität und Stadtkultur: stadtsoziologische Deutungen. In: *Jahrbuch StadtRegion 2009/10: Stadtkultur und Kreativität*. Opladen & Farmington Hills: Barbara Budrich.

Kopatz, Michael (2015): Wirtschaftsförderung 4.0. Kooperative Wirtschaftsformen in Kommunen. In: *Politische Ökologie* 142, S. 104–110.

Kovats, Stephen; Munz, Thomas (Hg.) (2009): *DEEP NORTH*. Berlin: Revolver Publishing.

Kurt, Hildegard; Wagner, Bernd (Hg.) (2002): *Kultur – Kunst – Nachhaltigkeit. Die Bedeutung von Kultur für das Leitbild Nachhaltige Entwicklung*. Essen: Kulturpolitische Gesellschaft e.V.

Laister, Judith; Lederer, Anton; Makovec, Margarethe (Hg.) (2014): *Die Kunst des urbanen Handelns. The Art of Urban Intervention. On the Transformation of Societies and Neighbourhoods*. Wien: Löcker.

Landry, Charles (2000): *The Creative City. A Toolkit for Urban Innovators*. London: Earthscan Ltd.

Lange, Bastian (2007): *Die Räume der Kreativszenen. Culturepreneurs und ihre Orte in Berlin*. Berlin: Transcript.

Leggewie, Claus; Welzer, Harald (2009): *Das Ende der Welt, wie wir sie kannten*. Frankfurt: S. Fischer.

Lorenzen, Mark/Lars Frederiksen (2008): Why do Cultural Industries Cluster? Localization, Urbanization, Products and Projects. In: Philip Cooke/Luciana Lazzeretti (Hg.): *Creative Cities, Cultural Clusters and Local Economic Development*. Cheltenham: Edward Elgar, S. 155–179.

Ministerium für Wissenschaft, Forschung und Kunst Baden-Württemberg (MWK) (2015): *Baden-Württemberg fördert Reallabore*. Online erhältlich unter: http://mwk.badenwuerttemberg.de/de/forschung/forschungspolitik/wissenschaft-fuer-nachhaltigkeit/reallabore/ (zuletzt abgerufen am 20. Juli 2016).

Landau, Friederike; Mohr, Henning (2015a): Kunstorte im Kampf um die Zukunft: Konsequenzen für Berlins (kultur- und raum-)politische Agenda. In: *Common*. Journal für Kunst und Öffentlichkeit. Kunst-Orte im Wandel, No. 5.

Landau, Friederike; Mohr, Henning (2015b): Interventionen als Kunst des urbanen Handelns? In: *sub\urban*. Zeitschrift für kritische Stadtforschung, Band 3, Heft 1, S. 9–14.

O´Brien, Karen Eriksen, Siri; Nygaard, Lynn; Schjolden, Ane (2007): Why different interpretations of vulnerability matter in climate change discourses. In: *Climate Policy* 7, S. 73–88.

Oreskes, Naomi (2004): The Scientific Consensus on Climate Change. In: *Science* 306, 4. Dezember 2004, korrigiert 21. Januar 2005 ([1].

Projesi, Oda (2013): Ohne Dach, jedoch mit Hof. In: Laister, Judith; Lederer; Anton; Makovec, Margarethe (Hg.): *Die Kunst des urbanen Handelns. The Art of Urban Intervention. On the Transformation of Societies and Neighbourhoods*. Wien: Löcker, S. 112–127.

Ratiu, Dan Eugen (2013): Creative cities and/or sustainable cities: Discoursses and practices. In: *City, culture and society*, 4/3, S. 125–135.

Reckwitz, Andreas (2012): *Die Erfindung der Kreativität: Zum Prozess gesellschaftlicher Ästhetisierung*. Berlin: Suhrkamp.

Reicher, Christa (2014): *Städtebauliches Entwerfen*. Wiesbaden: Springer VS.

Reichertz, Jo (2013): Grundzüge des Kommunikativen Konstruktivismus. In: Keller, Reiner; Knoblauch, Hubert; Reichertz, Jo (Hg.): *Kommunikativer Konstruktivismus*. Wiesbaden: VS Verlag für Sozialwissenschaften, S. 49–68.

Rhodes, Mel (1961): An Analysis of Creativity. In: *The Phi Delta Kappan*. 42 (7) (Apr., 1961), S. 305–310.

Rifkin, Jeremy (2014): *Die Null-Grenzkosten-Gesellschaft: Das Internet der Dinge, kollaboratives Gemeingut und der Rückzug des Kapitalismus*. Ort: Campus.

Rogers, Everett M. (2003): *Diffusion of innovations*. 5th ed. New York, NY: The Free Press.

Rosa, Hartmut (2013): *Beschleunigung und Entfremdung: Entwurf einer kritischen Theorie spätmoderner Zeitlichkeit*. Berlin: Suhrkamp.

Rumpala, Yannick (2013): The Search for „Sustainable Development" Pathways As a New Degree of Institutional Reflexivity. In: *Sociological Focus* 46 (4), S. 314–336.

Santarius, Tilman (2012): *Der Rebound-Effekt. Über die unerwünschten Folgen der erwünschten Energieeffizienz*. Wuppertal Impulse zur WachstumsWende Nr. 5. Wuppertal.

Santarius, Tilman (2014): Der Rebound-Effekt: ein blinder Fleck der sozial-ökologischen Gesellschaftstransformation. In: *GAIA* 23 (2), S. 109–117.

Schneidewind, Uwe (2014): Urbane Reallabore – ein Blick in die aktuelle Forschungswerkstatt. In: *pnd\online* (3), S. 1–7.

Schneidewind, Uwe; Scheck, Hanna (2013): Die Stadt als „Reallabor" für Systeminnovationen. In: Rückert-John, Jana (Hg.): *Soziale Innovation und Nachhaltigkeit*. Wiesbaden: VS Verlag für Sozialwissenschaften, S. 229–248.

Siegmund, Judith (2010): Intervenierende, kontextbezogene Kunst – autonom und nützlich zugleich? In: Volke, Kristina (Hg.): *Intervention Kultur. Von der Kraft kulturellen Handelns*. Wiesbaden: VS Verlag für Sozialwissenschaften/GWV Fachverlage, S. 122–131.

Sinning, Heidi; Steil, Christiane (2011): Kommunalen Klimaschutz effektiv gestalten – Klimaschutzmanagement und finanzielle Anreizsysteme als Instrumente. In: *UVP-report* 25 (1), S. 21–27.

Soleri, Paulo (1988): *Arcosanti*: Labor für Öko-Urbanität. Basel: Sphinx.

Terkessidis, Mark (2015): *Kollaboration*. Berlin: Suhrkamp.

Unctad (2008): *Creative Economy Report*. Online erhältlich unter: http://unctad.org/en/pages/PublicationArchive.aspx?publicationid=945 (zuletzt abgerufen am 20. Juli 2016).

UNESCO (1998): *The Power of Culture. Aktionsplan Kulturpolitik für Entwicklung*. Online erhältlich unter: http://www.unesco.de/infothek/dokumente/konferenzbeschluesse/power-of-culture.html (zuletzt abgerufen am 20. Juli 2016).

UN-Habitat (2011): *Cities and Climate Change Initiative, Environment and Climate Change, Information and Monitoring*. Online erhältlich unter: http://mirror.unhabitat.org/pmss/listItemDetails.aspx?publicationID=3086 (zuletzt abgerufen am 20. Juli 2016).

UN-Habitat (2003): *The Challenge of Slums – Global Report on Human Settlements 2003*. Online erhältlich unter: http://mirror.unhabitat.org/content.asp?typeid=19&catid=555&cid=5373 (zuletzt abgerufen am 20. Juli 2016).

von Borries, Friedrich; Wegner, Friederike; Wenzel, Anna-Lena (2012): Ästhetische und politische Interventionen im urbanen Raum. In: Hartmann, Doreen; Lemke, Inga; Nitsche, Jessica (Hg.): *Interventionen. Grenzüberschreitungen in Ästhetik, Politik und Ökonomie*. München: Wilhelm Fink, S. 95–104.

Voß, Jan-Peter (2016): Governance-Innovationen. Epistemische und politische Reflexivitäten in der Herstellung von „Bürgerpanelen" als neue Form von Demokratie. In: Rammert, Werner, Hutter, Michael, Knoblauch, Hubert, Windeler, Arnold (Hg.): *Innovationsgesellschaft heute. Perspektiven, Felder und Fälle*. Wiesbaden: Verlag für Sozialwissenschaften.

Wagner, Felix; Grunwald, Armin (2015): Reallabore als Forschungs- und Transformationsinstrument. Die Quadratur des hermeneutischen Zirkels. In: *GAIA* 24 (1), S. 26–31.

WBGU (2011): *Welt im Wandel: Gesellschaftsvertrag für eine große Transformation*. Berlin: WBGU.

WBGU (2016): *Der Umzug der Menschheit: Die Transformative Kraft der Städte*. Berlin: WBGU.

Welzer, Harald (2011): *Mentale Infrastrukturen – Wie das Wachstum in die Seelen kam*. Heinrich-Böll-Stiftung, Bd. 14. Online erhältlich unter: https://www.boell.de/sites/default/files/Endf_Mentale_Infrastrukturen.pdf (zuletzt abgerufen am 21.Juli 2016).

Wissen, Markus (2008): Die Materialität von Natur und gebauter Umwelt. In: Demirovic, Alex (Hg.): *Kritik und Materialität*. Im Auftrag der AkG: Westfälisches Dampfboot, S. 73–88.

Wissenschaftsrat (2015): Zum wissenschaftspolitischen Diskurs über Große gesellschaftliche Herausforderungen. *Positionspapier* (Drs. 4594–15). Online erhältlich unter: http://www.wissenschaftsrat.de/presse/pressemitteilungen/2015/nummer_09_vom_27_april_2015.html (zuletzt abgerufen am 23.Juli 2016).

Ziemer, Gesa; Weber, Vanessa (2015): Konstellationen, Konfrontationen und Kombinationen. Das Ruhrgebiet als urbanes Labor. In: Ziemer, Gesa; Weber, Vanessa (Hg): *Schwerpunkt Urbanes Labor Ruhr*. dérive 58, Zeitschrift für Stadtforschung, Wien. Online erhältlich unter: http://www.derive.at/index.php?p_case=2&id_cont=1286&issue_No=58 (zuletzt abgerufen am 23.Juli 2016).

Über die Autoren

Julia-Lena Reinermann ist Kommunikations- und Sozialwissenschaftlerin und wissenschaftliche Mitarbeiterin am Zentrum für Logistik und Verkehr der Universität Duisburg-Essen (UDE) im Profilschwerpunkt Urbane Systeme. Sie promoviert am Institut für Kommunikationswissenschaft der UDE zu der Bedeutung von Gefühlen im Kontext sozial-ökologischer Gesellschaftsgestaltung. Ihre Intressensschwerpunkte sind: Emotionssoziologie, (mediale) Nachhaltigkeitskommunikation, Stadt- und Wissenssoziologie.

Friederike Behr studierte Politikwissenschaft, Rechtswissenschaft und Friedens- und Konfliktforschung an der Philipps-Universität Marburg. Sie ist wissenschaftliche Mitarbeiterin am Kulturwissenschaftlichen Institut Essen (KWI) im Rahmen des anwendungsorientierten Forschungsprojektes Projekt Klima-Initiative Essen. Sie promoviert zu dem Thema Kommunikation und Beteiligung im kommunalen Klimaschutz an der TU Dortmund.

Teil I
Die Experimentalkulturen

Experimentelle Kultur und die Governance des Nichtwissens

Matthias Groß

1 Einleitung

Das Experiment kann als Metapher des bewussten Umgangs mit Nichtwissen verstanden werden. Übertragen auf Bereiche außerhalb der naturwissenschaftlichen Laboratorien (Realexperimente) geht der Experimentgedanke über bestehende Ansätze der Risikoabschätzung und der Vorsorge hinaus, da hier das Überraschungselement nicht als Bedrohung oder unerwünschte Abweichung zielorientierten Handelns betrachtet wird, sondern als Motor von Veränderungsprozessen. Dies bringt aus offensichtlichen Gründen auch Probleme mit sich.

Wie sollte also eine verantwortungsvolle Kultur des (bewussten) Nichtwissens und des Experimentierens aussehen? Inwiefern können die oft beschworene Bürgerbeteiligung und die Citizen-Science-Bewegung Bausteine einer „Experimentalstadt" darstellen? Wann können Realexperimente als „Irritationsgeneratoren" überhaupt legitimiert werden? Welche kulturellen Voraussetzungen braucht es, um aus dem viel beschworenen Wutbürgertum ein (realexperimentelles) Mutbürgertum zu machen?

Dieser Beitrag will auf solche und ähnliche Fragen vorsichtige Antworten geben. Diese Antworten werden empirisch aus Forschungsprojekten im Zusammenhang mit Altlastsanierungsprojekten gewonnen (vgl. Bleicher und Groß 2012). So unterschiedlich und vorläufig die einzelnen Antworten auf Fragen zur Etablierung einer experimentellen Kultur ausfallen mögen, sie eint, dass auch sie

M. Groß (✉)
Friedrich-Schiller-Universität, Jena, Deutschland
E-Mail: matthias.gross@uni-jena.de

© Springer Fachmedien Wiesbaden GmbH 2017
J.-L. Reinermann und F. Behr (Hrsg.), *Die Experimentalstadt,*
DOI 10.1007/978-3-658-14981-9_2

wiederum nur als experimenteller Weg des Ausprobierens und Lernens konzipiert werden können.

2   Nichtwissen und Realexperimente

Grundsätzlich spielt das Experiment eine entscheidende Rolle für die Entwicklung der modernen Gesellschaft seit der frühen Neuzeit. Zum einen wird das Experiment als Kern der modernen Wissenschaft betrachtet, durch die etwa seit dem 17. Jahrhundert neue Formen der Wahrheitssprechung eröffnet wurden, da nun Wahrheitsansprüche (teilweise öffentlich) getestet werden konnten. Hierdurch wurden alte (z. B. religiöse) Sicherheiten der Gesellschaft durch neue Sicherheiten der objektiven Fakten und der Naturgesetze ablöst. In der damit einher gehenden Trennung zwischen Natur und Kultur (manchmal auch die moderne Konstitution genannt), kam und kommt dem Experiment damit eine besondere Funktion zum Erhalt sozialer Ordnung der modernen Vorstellung von Fortschritt zu. Mithilfe des Experimentes kann so verstanden Wahrheit „dargestellt" werden. Die wissenschaftliche Methode, so die Idee, kann damit zum einen die Transparenz der (Natur-)Zusammenhänge steigern. Zum anderen aber wird Experimentierung verbunden mit der Öffnung des mittelalterlichen Universums zu einer Reise in eine Welt neuer, unendlich scheinender Möglichkeiten.

Im Experiment werden Hypothesen aufgestellt und es ist gerade die Abweichung von der Hypothese, die eine Quelle produktiver Überraschung darstellt. Eine Hypothese wäre somit eine Aussage, deren Gültigkeit möglich ist, die Bedingungen für die Gültigkeit sind jedoch (noch) unbekannt und das für die Beurteilung notwendige Wissen noch nicht vorhanden. Stellt sich die Hypothese als falsch heraus, ist zumindest das Nichtwissen spezifiziert, die Experimentatorin weiß nun, was sie vorher nicht wusste. Streng genommen sind Experimente erst dann erfolgreich wenn sie scheitern, wenn die Hypothese sich als falsch erweist. Dieses hieraus hervorgehende, überraschend andere Wissen ist in gewisser Weise der Erfolg des Experiments. Anders ausgedrückt: Wenn ein Experiment in dem Sinne scheitert, als dass die Hypothesen unbrauchbar waren, ist es erfolgreich.

Durch einen experimentellen Zugang werden demnach Überraschungen gefördert und in diesem Rahmen auch kontrolliert. Sie weisen darauf hin, dass man bestimmte Dinge nicht wusste – und machen damit das Nichtwissen deutlich. Das Experiment ist in diesem Sinne der geordnete Umgang mit ungewisser Zukunft. Das Wort „experimentell" soll in diesem Zusammenhang darauf verweisen, dass Unsicherheiten konstruktiv als Methode zur Generierung von neuen Erkenntnissen genutzt werden. Damit wird eine Offenheit gegenüber eventuellen überraschenden Ereignissen gefordert und von den beteiligten Akteuren ein Einstellen auf das Unerwartete erwartet. Diskussionen um das Unbekannte als Schattenseite des akzeptierten Wissens in Diskussionen um die globale Klimaerwärmung, Geoengineering, Chemikalienregulierung, embryonale Stammzellenforschung oder zu neu auftretenden Infektionskrankheiten (vgl. Beisel 2015; Böschen 2013; Caviezel und Revermann 2014; van der Sluijs 2012; Wehling 2006) werden zunehmend als ein Hinweis darauf bewertet, dass das Wissen durch wissenschaftliche Expertise immer häufiger hinter die Bedeutung des Nichtwissens zurücktritt. Der in diesem Zusammenhang gemachte Gebrauch des Terminus Nichtwissen wird paradoxerweise in sogenannten Wissensgesellschaften immer bedeutender. So gesehen führt mehr Wissen immer zu mehr Erkenntnissen darüber, was alles noch nicht gewusst wird. In einer Wissensgesellschaft stellen sich dann aber weitere Fragen. Zum Beispiel: Was müssen wir nicht wissen und vor welchem Wissen müssen wir uns vielleicht sogar schützen? Wie gehen wir in konkreten Fällen mit unserem wachsenden Nichtwissen um? Kann das Nichtwissen vielleicht sogar eine wichtige Ressource zum Handeln sein?

Entsprechend werden viele Debatten um das Nichtwissen heute in der Soziologie als Teil einer reflexiven Wissenspolitik gesehen. Dies rückt die Herausforderung des Nichtwissens für die moderne Wissensgesellschaft weiter ins Zentrum öffentlicher Diskussionen. In der Rede von der Wissensgesellschaft geht es daher nicht nur um einen grundlegenden Wandel von einer Industriegesellschaft zu einer Gesellschaft in der der Erwerb und die Nutzung von Wissen an zentraler Stelle stehen, sondern darum, dass Wissensgenerierung immer auch die Erweiterung des erkannten Nichtwissens mit einschließt. Die Wissensgesellschaft beschreibt dann eine Gesellschaft, die zunehmend von den Unbestimmtheiten verschiedener Formen der Wissensproduktion durchzogen ist.

Fügt man beide Beobachtungen – die Bedeutung der Erarbeitung von Nichtwissen in der Gegenwartsgesellschaft und die Rolle des Experiments als Analyseinstrument, das aus erfolgreichem Scheitern wichtige Schlüsse zieht – zusammen und versteht den heute zunehmenden gesellschaftlichen Umgang mit Nichtwissen als Teil außerwissenschaftlicher Experimentierprozesse, eröffnen sich neue Einsichten, die helfen, Nichtwissen als konstruktives Element des Alltags zu konzeptualisieren. Umgekehrt gibt dies der Metapher des Realexperiments (vgl. Groß et al. 2005) als Experiment außerhalb des angestammten Bereichs des naturwissenschaftlichen Labors einen konzeptuellen Kern, der sowohl für die Innenseite als auch für den gesellschaftlichen Raum außerhalb des Labors gelten kann. Jedes Realexperiment zielt auf die Verwirklichung eines erwarteten Zustands von mehr oder weniger hypothetischem Charakter und ist daher an ein entsprechend hohes Potenzial der gesellschaftlichen Enttäuschung und des Scheiterns gekoppelt – auch wenn das Experiment selbst mit Blick auf die Wissensgenerierung ein Erfolg ist.

In diesem Zusammenhang ist die Entwicklung neuer Formen der Zusammenarbeit zwischen den Sozial- und Naturwissenschaften zu erwähnen, wie auch die zwischen Experten und Laien sowie allgemein eine engere Kopplung zwischen Wissensgenerierung und Wissensanwendung, welche in den letzten Jahrzehnten an Bedeutung gewonnen hat (Carrier und Nordmann 2011). Zwei Faktoren scheinen dafür verantwortlich. Erstens ist seit der zweiten Hälfte des 20. Jahrhunderts die als lineares Modell bezeichnete Abfolge von der Grundlagenforschung über die Anwendungsforschung zur Implementierung neuer Technologien und Strategien immer häufiger einem Rückkopplungs- oder Rekursionsmodell gewichen. Dies wird besonders deutlich in regionalen Innovationsnetzwerken (vgl. Deitmer 2004; Kowol 1998) und in experimentellen Innovationsstrategien in Unternehmen (vgl. Schrage 2014). Hier wird oft durch die Anwendung von Wissen etwas über die Grundlagen gelernt und diese Grundlagenerkenntnisse haben wiederum häufig eine direkte Relevanz für Anwendungen. Innovationsprozesse erhalten dadurch einen quasi-experimentellen Charakter (Groß 2014). Beispiele hierfür lassen sich auch in Diskussionen um urbane Laboratorien finden (vgl. Alcántara 2015; Görgen et al. 2015; Schneidewind 2014). Im Projekt *Innovation City Ruhr: Modellstadt Bottrop (ICR)* soll z. B. gezeigt werden, wie mit dem Ende der Steinkohlesubventionen und der Schließung der letzten deutschen Zeche die gesellschaftliche Beteiligung an der Energiewende gefördert werden und eine radikale CO_2-Minderung zusammen mit dem Ende der Kohleförderung aussehen kann. Bis der Ausstieg im Jahre 2018 abgeschlossen sein wird, werden die Konsequenzen sozusagen in der weiteren Bevölkerung als Kontrollgruppe zur Energiewende und Klimaneutralität als „fortlaufender Governanceprozess" zu Ende getestet (vgl. Best 2015). Da dieser Prozess von gezielten Begleitforschungen unterstützt wird, deren Ergebnisse durch die universitäre und außeruniversitäre Forschung ausgewertet werden, kann man hier durchaus von Realexperimenten sprechen. Es handelt sich um experimentelle Governanceprozesse in denen mit erkannten Wissenslücken umzugehen gelernt wird.

Die saubere Trennung zwischen wissenschaftlicher Forschung und gesellschaftlicher Anwendung lässt sich dann nur noch schwierig einhalten, das heißt, die Gesellschaft wird in die Durchführung von Experimenten einbezogen. Für die Durchführung dieser Realexperimente kann eine Legitimation allein für Forschungszwecke nicht eingeholt werden, daher wächst die Bedeutung partizipativer Verfahren. Mit Nichtwissen verbundene Unsicherheiten und Unberechenbarkeiten werden im Experiment konstruktiv zur Generierung neuer Erkenntnisse genutzt. Sie sind damit Hilfsmittel, um durch systematisches Ausprobieren Neues zu generieren. Damit wird eine Offenheit gegenüber eventuellen überraschenden Ereignissen nicht nur gefordert, sondern sie ist Voraussetzung des Experiments und der beteiligten menschlichen Akteure. Eine solche Offenheit lässt sich besonders gut in Altlastensanierungsprojekten in dicht besiedelten Räumen beobachten, da hier zwar bekannt ist, dass Chemikalien im Boden vorhanden sind, man weiß aber oft nicht genau wo sich diese befinden, um welche Chemikaliencocktails es sich handelt oder mit welchen Mengen man es zu tun hat.

3 Altlastensanierung in urbanen Räumen

Als Altlasten werden Ansammlungen von Schadstoffen in Boden und Grundwasser bezeichnet, die durch Industrieablagerungen oder Betriebsunfälle seit Beginn der Industrialisierung entstanden sind. Die Problematik dieser Stoffkonzentrationen wurde in allen Industrieländern seit Ende der 1970er Jahre im Zusammenhang mit der Umnutzung von Industriebrachen und Deponien als Wohnbauland deutlich. Insbesondere in Großstädten ist das Problem weiterhin vorhanden. Die dort vorhandenen Brachflächen sind häufig in einem Maße verunreinigt, dass sie sowohl die umgebenden Ökosysteme als auch die menschliche Gesundheit beeinträchtigen können. Neben den enormen Kosten, die die Beseitigung von Schadstoffen hier verursacht, sind die Akteure mit der Herausforderung konfrontiert, trotz unvollständigen Wissens Entscheidungen treffen zu müssen, und es gehört sozusagen eine „experimentelle Offenheit" dazu, entsprechende Projekte anzugehen.

Viele Industriegebiete haben eine lange Kontaminierungsgeschichte. Bis in die 1970er Jahre bestand kaum ein Bewusstsein von der Gefährlichkeit von Chemikalien im Boden und der Stärke ihrer Auswirkungen auf Menschen und Ökosysteme. Das hatte zur Folge, dass die Ablagerung von Produktionsrückständen häufig direkt auf dem Firmengelände ohne besondere Vorkehrungen erfolgte und selten dokumentiert wurde. Ebenso war das Wissen um kleinere, mit Havarien verbundene Stoffaustritte häufig nur ehemaligen Angestellten bekannt. Akten und Unterlagen über entsprechende Ereignisse fehlten und das Wissen darüber geriet in Vergessenheit. Erschwerend kommt hinzu, dass viele brach gefallene Industriegebiete (auch und insbesondere in urbanen Räumen) in den letzten Jahrzehnten von der Natur zurückerobert wurden und die in ihnen verborgene Gefahr als Biotop und häufig auch als Heimat seltener Pflanzen und Tiere „getarnt" ist. Zusätzlich sind die Schadstoffe im Lauf der Jahre in Abhängigkeit von ihrer chemischen Struktur und der jeweils speziellen geologischen Situation

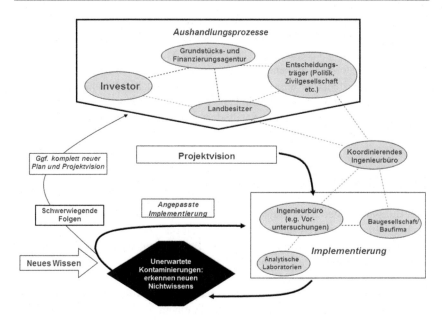

Abb. 1 Experimentelle Governance und strategisches Nichtwissen. (Quelle: eigene Darstellung)

Veränderungen unterworfen – sie entfernen sich, ungesehen, im Untergrund vom ursprünglichen Ort der Kontamination oder werden durch natürliche Prozesse abgebaut und umgewandelt. Diese Unsichtbarkeit bedeutet, dass sich trotz detaillierter Voruntersuchungen in aller Regel nicht alle Details klären lassen und sich Akteure der Altlastensanierung bewusst sind, dass sie bei Revitalisierungs- und Sanierungsarbeiten immer mit Unerwartetem rechnen müssen.

Folgende Überlegungen bauen auf verschiedenen Sanierungsprojekten auf: das sogenannte Projekt „Bahnstadt Ravensburg" (Baden-Württemberg), sowie verschiedenen Infrastrukturmaßnahmen im Industriegebiet von Weißandt-Gölzau (Sachsen-Anhalt).[1] Obwohl die Untersuchungsbeispiele in verschiedenen Regionen liegen und sich insbesondere die Rahmenbedingungen für die Flächenentwicklung unterscheiden, ist der experimentelle „Duktus" und der Umgang mit der Frage des Nichtwissens im Sanierungsprozess doch sehr ähnlich.

---

[1]Zu den Hintergründen und Projektzusammenhängen, siehe Alena Bleicher und Matthias Groß (2011, 2012; sowie Groß und Bleicher 2013).

Fasst man die zusammenarbeitenden Gruppen, die an den oft langwierigen Aushandlungsprozessen beteiligt sind, in einem kleinen Modell der experimentellen Governance (siehe Abb. 1) zusammen, dann kann man die einzelnen experimentellen Schritte in 1) Aushandlungsprozesse zwischen beteiligten Interessengruppen, 2) die Erarbeitung einer Projektvision sowie die 3) eigentliche Implementierung unterscheiden. An diesem Punkt können häufig Dinge schief laufen. Es treten z. B. neue oder anders als erwartet geartete Kontaminierungen auf, die dazu führen, dass zumindest neues Nichtwissen erkannt wird.

4   Kommunikation von Nichtwissen als Voraussetzung einer „Experimentalkultur"

Basierend auf den allgemeinen Erfahrungen in der Altlastensanierung seit den 1980er Jahren und den speziellen Kenntnissen über den jeweiligen Standort und seine Vornutzung waren sich Experten und Fachbehörden darüber bewusst, dass Altlasten ein Thema sein würden und dass trotz modernster Erkundungstechnologien und sorgfältiger Maßnahmen kein endgültiges Wissen über die Altlastensituation in beiden Standorten würde vorliegen können (vgl. Bleicher 2012). Dieses Wissen über das Nichtwissen wurde aber nicht, wie man vermuten könnte, verschwiegen, sondern in Entscheidungsprozessen offen kommuniziert, wie das folgende Beispiele aus einem Interview zeigt: „Wir können bei einem derartigen Komplex leider nicht sagen, was diese Gefährdungen tatsächlich für Maßnahmen erfordern. Wir wissen es nicht" (Vertreter Fachbehörde).[2] Das Zitat soll deutlich machen, dass es nicht möglich ist, im Moment der Entscheidungsfindung auf akzeptiertes Wissen zurückzugreifen. Es verdeutlicht auch, dass das Warten auf den Abschluss der klassischen Gefährdungsabschätzung und -bewertung viel zu lange dauern würde. Die Tatsache, dass auch Nichtfachleute wie z. B. Kommunalpolitiker kommunizieren, dass es nicht möglich sein wird, endgültiges Wissen zu erarbeiten, weist zudem darauf hin, dass die Akteure tatsächlich nicht nur den Interviewer_innen gegenüber ihr Nichtwissen kommunizieren, sondern auch untereinander im Entscheidungsprozess auf Wissensgrenzen hinweisen.

---

[2]Auszüge aus den Interviews gehen auf Befragungen im interdisziplinären SAFIRA II Helmholtz-Forschungsprogramm zur Entwicklung von Strategien zur Erkundung und Sanierung großflächig und komplex kontaminierter Standorte zurück. Im Rahmen der in das Programm eingebundenen sozialwissenschaftlichen Forschung wurden zwischen 2007 und 2012 Entscheidungsprozesse in verschiedenen Sanierungsprojekten analysiert. Aus ethischen Gründen bleiben alle Interviewauszüge in diesem Beitrag anonym.

Die Beteiligten verständigen sich aber nicht nur mündlich darüber, dass nicht alles bekannt ist. Auch in den verschiedenen Dokumenten, wie z. B. in Gutachten oder Verträgen, finden sich Formulierungen, die klar machen, dass bestimmte Dinge nicht gewusst werden und dass mit dieser Tatsache umgegangen werden muss:

„Da keine Dokumentation vorliegt, kann nicht ausgeschlossen werden, dass im Zuge der [Arbeiten] Handlungsbedarf wegen Kontaminationen gegeben ist. Die Parteien sind sich einig, dass das insoweit bestehende, tatsächlich nicht vorhergesehene Risiko […] einbezogen werden soll" (Weißandt-Gölzau, Vertrag zwischen Projektbeteiligten, unveröffentlichtes Dokument). Hier wird offengelegt, dass Nichtwissen akzeptiert werden muss, dass nicht alle Details bekannt sind und dass sich die Beteiligten über diese Tatsache einig sind. Es wird auch deutlich, dass damit eine Offenheit gegenüber eventuellen überraschenden Ereignissen gefordert und von den Beteiligten ein Sicheinstellen auf das Unerwartete erwartet wird.

Nichtwissen zu erhalten, kann auch strategische Gründe haben, die aus soziologischer Sicht als ebenso wichtig betrachtet werden müssen, wie das Offenlegen von Nichtwissen. Für den Besitzer eines auf dem Gelände eines ehemaligen Kasernenstandorts gelegenen Eigenheims kann es beispielsweise existenzielle Nachteile haben, Fragen hinsichtlich der Altlastensituation zu stellen. In aller Regel führt der kleinste Verdacht auf Altlasten zu einer deutlichen und unwiderruflichen Minderung des Grundstückswertes und in der Folge zu Nachforderungen Kredit gebender Banken. Auch eine Umweltbehörde kann ein Interesse daran haben, weniger über die von einem Grundstück ausgehende Gefahr zu wissen, weil sich andernfalls besondere Handlungsnotwendigkeiten in Form von komplizierten Projekten ergeben oder eventuell vorangegangene Ungereimtheiten behördlicher Entscheidungen sichtbar werden könnten. Vertreter von Ingenieurbüros hingegen haben ein Interesse daran, Untersuchungsbedarfe zu definieren, da mit jeder aufgeworfenen Frage ein potenzieller Auftrag verbunden ist. Nichtwissen hat also auch eine zentrale ordnungserhaltende Funktion, sowohl im Sinne des Erhalts von Nichtwissen als auch im Sinne der Offenlegung von diesem.

Dass Nichtwissen jedoch auch strategisch eingesetzt werden kann, um bewusst Zweifel in der Öffentlichkeit zu streuen, zeigen anschaulich Holly S. Stocking und Lisa Holstein (2015) in verschiedenen Studien zu rhetorischen Behauptungen vonseiten der Industrie, die Ergebnisse aus der akademischen Forschung durch den Hinweis auf bestehendes Nichtwissen zu diffamieren suchen (siehe auch Oreskes und Conway 2014; McGoey 2010). Aus diesem Grund stellt sich die Frage, welche kulturellen Bedingungen gegeben sein müssen, damit Beteiligte ihr Nichtwissen in nicht-diffamierender Weise (für sich selbst oder für andere) kommunizieren und in welchen Momenten es als legitim angesehen wird, trotz Nichtwissen Entscheidungen zu treffen, die einen experimentellen Prozess fördern oder eher verhindern. Im Folgenden sollen daher erste kulturelle Voraussetzungen skizziert werden, um zu zeigen, wann sich Akteure auf einen experimentellen Weg begeben und so verstanden den strategischen Umgang mit Nichtwissen suchen.

5 Realexperimente als Arenen im Umgang mit unbekannten Risiken

Die oben angesprochenen Beispiele zeigen, dass sich die Beteiligten darüber austauschten, dass nicht alle Details im Moment der Entscheidung bekannt waren. Man könnte nun vermuten, dass es der logisch nächste Schritt ist, die offenen Fragen durch Erkundungen, Recherche, Befragungen und Gutachten zu klären, bevor die nächste Entscheidung getroffen wird, da in modernen Gesellschaften nur diejenigen Entscheidungen als legitim angesehen werden, die auf Grundlage vollständigen Wissens getroffen werden. Das passiert aber nur zum Teil. Tatsächlich lässt sich feststellen, dass oft Entscheidungen getroffen werden, bevor alle Fragen beantwortet sind. Akteure können also offensichtlich übereinkommen, dass es aktuell nicht nötig oder sinnvoll ist, weiteres Wissen zu erarbeiten, dass das vorhandene Wissen also zum verantwortungsvollen Handeln ausreichend ist. Dafür lassen sich vier zentrale Begründungsmuster erkennen: Ökonomische Vernunft, Nichtstun als schlechtere Alternative, Unberechenbarkeit der Natur und akuter Handlungsdruck.

Im Muster der ökonomischen Vernunft wird der Mehrwert zusätzlichen Wissens im Gegensatz zu den eventuell unerwartet auftretenden Mehrkosten als so gering eingeschätzt, dass kein weiteres Wissen erarbeitet wird. Die Begründung, dass Nichtstun die schlechtere Alternative ist, wird dann herangezogen, wenn sich die Beteiligten einig sind, dass das Warten auf eine Entscheidung zum Stillstand der Aktivitäten führen würde und damit negative Auswirkungen auf die Entwicklung des gesamten Projektes hätte. Die Unberechenbarkeit der Natur ist eine dritte akzeptierte Begründung dafür, Entscheidungen auf Grundlage unvollständigen Wissens zu treffen. Dieses Begründungsmuster ist offensichtlich verbreitet und stellenweise bereits institutionalisiert. In Verträgen und gesetzlichen Bestimmungen findet man Hinweise darauf, dass Entscheidungen nach „aktuellem Stand des Wissens" mithilfe der zur Verfügung stehenden technischen Mittel getroffen wurden. Damit untergräbt dieses Begründungsmuster die modernistische Sichtweise, dass es sich heute bei Entscheidungen zunehmend um „Risiken" (wie in der klassischen Risikoanalyse) handeln würde, da die Zurechnung der als unerwünscht erachteten Ereignisse auf gesellschaftliches Verhalten zurückführbar sei. Es ist sicherlich richtig, dass die Verantwortung zwischen einzelnen Entscheidungsträgern häufig verschoben wird. Dies geschieht zum Beispiel in der Politikberatung, indem die Naturwissenschaft z. B. für die Messung von Grenzwerten herangezogen und damit die Zuschreibung von Verantwortung auf eine andere Akteursgruppe verschoben wird. In der hier beschriebenen „Arena" kann jedoch beobachtet werden, dass auf ein nicht-gesellschaftliches Phänomen verwiesen wird: Natur, Zufall oder eben das, was man noch nicht weiß. Das heißt, die Zuschreibung wird in gewisser Weise externalisiert, sie wird auf etwas verschoben, was (noch) nicht bekannt ist. Das gibt der allgemeinen Annahme, dass Wissen zum gegebenen Zeitpunkt unvollständig ist, eine eigene Konnotation. Im Zusammenhang mit überraschenden Altlastenfunden im Boden sagte ein leitender Ingenieur in Bezug auf einen unerwartet entdeckten zwölf Tonnen schweren Tank: „Ich sage mal ganz sicher, dieser Tank, der wollte wahrscheinlich gar nicht dokumentiert werden. Also wo die überall die Tanks gefunden haben. Die sind nicht dokumentiert" (Ingenieur Weißandt-Gölzau). Der Hinweis auf das „Nicht-dokumentiert-werden-wollen" des Tanks ist nicht nur als ironische Äußerung zu werten (was sie ganz sicher auch war), sondern als ein Hinweis darauf, dass das Nichtwissen ernst genommen wird. Man konnte nicht wissen, dass der Tank da war, da dieser (die außergesellschaftliche Welt) es nicht „wollte". Eine Schuldzuweisung auf andere menschliche Akteure (z. B. auf das Ingenieursteam, das vor Ort die Bodenproben genommen hatte) erscheint dem Interviewten Akteur daher nicht sinnvoll. Sich auf die heute unbekannten Entscheider am Ende des Zweiten Weltkriegs zu versteifen, die möglicherweise die Container im Boden versenkt haben, wäre sicherlich eine weitere Möglichkeit der „Schuldzuweisung", käme aber auch nur einer spezifizierten Form des Nichtwissens gleich, weil man auch nicht weiß, wer dies getan hat.

Entsprechend wurde dieses Muster der Schuldzuweisung interessanterweise in den Analysen der Interviews nur in der Form gefunden, dass erwähnt wurde, dass das „wahrscheinlich" damals so war und es mittlerweile vergessen wurde. Da man nachweislich aber keine Person oder eine Institution sicher benennen kann, knüpft man die Erklärung – mit Ironie – an den Container „selbst". Sicherlich ließe sich hier auf den ersten Blick einwenden, dass der Verweis auf eine außergesellschaftliche Kraft als Entlastungsstrategie für eigene Fehler oder die von Kollegen in der Erkundung des Geländes gewertet werden könnte. Dies wäre sicherlich ein ernst zu nehmender Einwand. Er scheint jedoch im hier diskutierten Beispiel eher wenig treffend, da die Zuschreibung auf einen menschlichen Fehler bei der

Untersuchung zur Folge gehabt hätte, neue Untersuchungen, Gutachten und neue Forschungen auf den Weg bringen zu müssen – mit den üblichen Verlängerungen in der Projektzeit und den damit verbundenen weiteren negativen Folgen. In diesem Zusammenhang kann daher akuter Zeitdruck während der Durchführung von Arbeiten als viertes Begründungsmuster der Legitimierung des Entscheidens trotz Nichtwissens genannt werden. Die Zeit drängt sozusagen zum Handeln, weshalb man langwierige rechtliche Schritte vermeidet. In Momenten überraschender Altlastenfunde können bereits kleine Verzögerungen gravierende Auswirkungen haben, sodass zügig Entscheidungen getroffen werden müssen. Die Zeit für die Erarbeitung von neuem Wissen ist schlicht nicht vorhanden.

Interpretieren die in eine Entscheidung einbezogenen Akteure die Situation in einer dieser vier Formen, dann erscheint die Entscheidung aufgrund unvollständigen Wissens legitim. Legitimität wird in dem Moment, in dem vollständiges wissenschaftliches Wissen noch nicht vorliegt, aber trotzdem Entscheidungen getroffen werden müssen, also offensichtlich neu verhandelt. Im Altlastenkontext handelt es sich um ganz bestimmte Momente, in denen diese Legitimität hergestellt werden kann.

Nehmen die Akteure in diesen Fällen das Erkennen von Nichtwissen und die Normalität des Umgangs ernst, verschiebt sich auch die Zuschreibung von Fehlern und Versäumnissen, da diese dann nicht mehr zwingend bei den beteiligten Akteuren gefunden werden können. Entscheidungen trotz Nichtwissen werden nicht als leichtsinnig angesehen, sondern sind das Ergebnis detaillierter Abwägungen. Überraschungen, die sich in der Folge zeigen können, werden nicht als Fehlschlag kommuniziert, und das übliche Spiel der Schuldzuweisung bleibt in diesem Fall aus. Stattdessen erarbeiten die beteiligten Akteure gemeinsame Strategien zum Umgang mit der Situation. Einige dieser Strategien sollen nun abschließend diskutiert werden.

Es ist aufgrund der bereits erwähnten sozialen Funktion des Nichtwissens nicht unbedingt naheliegend, dass Akteure darüber sprechen, etwas nicht zu wissen. Ein gemeinsames Ziel, das von allen Beteiligten ungeachtet der durchaus konträren Interessen der einzelnen Organisationen geteilt wird, scheint die Kommunikation über das Unbekannte und die Kooperation im Verlauf des Projektes, trotz überraschender Altlastenfunde, zu erleichtern. Sehr integrativ ist dabei offensichtlich das Ziel künftiger wirtschaftlicher Entwicklungen auf einem kontaminierten Standort. Das ist nicht weiter verwunderlich, wenn man bedenkt, dass Brachflächen häufig alte Industriestandorte sind und mit ihrem Entstehen der Verlust von Arbeitsplätzen einherging und dieses Thema die betroffenen Städte und Kommunen in aller Regel stark beschäftigt.

Darüber hinaus hat die Persönlichkeit einzelner Akteure einen entscheidenden Einfluss nicht nur auf die Gestaltung des Projektes, sondern auch darauf, ob
über Nichtwissen kommuniziert wird. Eine gewisse Offenheit gegenüber den
Projektpartnern und die Fähigkeit, sich sowohl in die Position der jeweils anderen Kolleg_innen hineinzuversetzen als auch von den Zielen der eigenen Organisation zugunsten des gemeinsamen Projektziels Abstand nehmen zu können,
ist sehr hilfreich, wie der folgende Interviewauszug zeigen: „Es ist die Frage,
wie man seine Arbeit versteht. Also meine Aufgabe sehe ich darin, diese Altlasten, Altablagen irgendwann aufzuarbeiten. […] Aber zuerst mal muss man dann
in Gesprächen und Verhandlungen wieder gucken, dass man eine pragmatische
Lösung findet, wo wir einfach unseren [behördlichen] Anforderungen auch noch
gerecht werden" (Interview Mitarbeiter Behörde Ravensburg). Hier wird das
übergeordnete Ziel, eine neue Nutzung für kontaminierte Flächen zu finden und
in diesem Zusammenhang Altlasten zu sanieren, von den Behördenvertretern als
sehr wichtig angesehen. Zur Zielerreichung werden dann Kompromisse eingegangen und bestehende Handlungsspielräume ausgenutzt. Wenn dagegen strikt
an den Vorgaben festgehalten wird, verlaufen Projekte eher schleppend. Mit
zunehmender Erfahrung in der Altlastensanierung steigt das Bewusstsein für die
Notwendigkeit, Kompromisse eingehen zu müssen und von den eigenen Ideal-
vorstellungen (bzw. denen der eigenen Institution) auch einmal abzuweichen.

In Anbetracht der zahlreichen Unbekannten in einem Sanierungsprozess ist
gerade die Weitergabe von Informationen ein wichtiger Punkt. In besonders wichtigen Fällen kann es, wie im Projekt in Weißandt-Gölzau, auch dazu kommen,
dass alle wichtigen Akteure für eine bestimmte Zeit direkt vor Ort arbeiten, um
dicht am Geschehen zu sein und besonders schnell Entscheidungen treffen zu
können. Ein weiteres Element, das sowohl einen schnellen Informationsfluss,
aber auch eine zügige Entscheidungsfindung ermöglicht, ist eine leichte Modi-
fikation der Entscheidungsstruktur und -hierarchie innerhalb der beteiligten
Organisationen. Zuständigen Sachbearbeitern wurde z. B. eine größere Entscheidungskompetenz übertragen, als es bei Routineaufgaben üblich ist. Diese Beobachtung wurde zuerst bei sogenannten *High Reliability Organizations,* wie die
Organisationsform bestimmter komplexer technischer Systeme bezeichnet wird,
gemacht (Weick und Suttcliffe 2010). In diesen Organisationen wird in Notfall-
situationen die formale Hierarchie temporär durch die Hierarchie der Expertise
ersetzt, das heißt, die Entscheidungskompetenz wird auf die Personen verlagert,
die durch ihren täglichen Umgang das größte Wissen über bestimmte (technische) Details haben. Das kann dann auch der Arbeiter an der Baggerschaufel
sein, der zuerst die Veränderung der Bodenfarbe feststellt, die auf Kontaminationen verweist und zum Aussetzen der Arbeiten zwingt. Auf diese Weise entstehen

bessere Möglichkeiten, schnell zu reagieren und flexibel zu entscheiden. Schließlich können rechtliche Instrumente wie vertragliche Vereinbarungen oder verwaltungsrechtliche Instrumente, wie z. B. ein Auflagenvorbehalt (sich vorzubehalten, bei veränderter Situation weitere Auflagen zu erteilen), als langfristig angelegte Strategien verstanden werden. Sie verhindern nicht das Eintreten überraschender Ereignisse, dienen aber der gegenseitigen Versicherung der Beteiligten und schaffen damit Entscheidungssicherheit.

Das Beispiel der Altlastensanierung zeigt, dass Nichtwissen von den beteiligten Akteuren nicht verneint oder „klein geredet", sondern offen kommuniziert und bewusst in den Entscheidungsprozess einbezogen werden kann. Auf diese Weise findet eine Sensibilisierung für das Unbekannte statt, die unersetzlich für experimentelles Vorgehen ist. Dies führt einerseits dazu, dass die Legitimität von Entscheidungen neu verhandelt wird. Andererseits kann es zur Folge haben, dass Akteure Strategien finden, um mit dem bekannten Nichtwissen und den daraus resultierenden Überraschungen umzugehen, flexibel auf Veränderungen reagieren können und gemeinsam für unerwartete Ereignisse einzustehen, statt einem der Beteiligten die Schuld an einem überraschenden Altlastenfund zu geben. In dem hier vorgestellten Verständnis ist dies jedoch keine Derationalisierung oder gar als ein Rückschritt in vormoderne Zeiten, in denen Ereigniszurechnung außerhalb gesellschaftlicher Entscheidungen gesehen werden durfte (z. B. im Schicksal, der Fügung oder göttlicher Vorsehung), sondern eine temporäre Strategie von Akteuren, um mit der Komplexität der Situation umzugehen, ohne auf Schuldzuweisungen abstellen zu müssen – im Sinne von „das hätten Sie aber wissen müssen". In diesem Sinne sind Erwartungen von Überraschungen, wie sie im Experiment zentral sind, in einen sozialen Kontext eingebettet, der die Zuschreibung von gesellschaftlichen Entscheidungen auf eine außergesellschaftliche – weil (noch) nicht vorhandene – „Instanz" erlaubt.

6   Öffentlichkeit und Experiment

Bei heutigen Diskussionen um Realexperimente geht es darum, Wege vorzuzeichnen, bei denen die breitere Öffentlichkeit – also nicht allein politisch gesteuerte Sozialwissenschaftler – potenziell als Initiator von Experimenten verstanden werden kann und nicht nur in der Rolle des auf das Experiment reagierenden oder sich anpassenden Objektes verharrt. So verstanden können Realexperimente von jedem initiiert werden, entscheidend ist jedoch – sonst wäre es kein Experiment – dass ein Lerneffekt aus dem experimentellen Ablauf (siehe Abb. 1) erzielt wurde. Dieser ist häufig zwar mit institutionalisierten Forschungsprozessen verbunden, es kann jedoch auch sein, dass „lernen" hier nicht unbedingt in Form von wissenschaftlichen Fachartikeln nachgewiesen wird sondern durch die Kommunikationen von Neuerungen in der lokalen Presse etc.

Wie können sich Kollektive aus Menschen (und gelegentlich auch: Nicht-Menschen) formieren, sodass ihr Zusammenwirken als experimentell verstanden werden kann? In der Praxis der ökologischen Restaurierung wird schon seit mindestens 30 Jahren genau dies versucht: durch die experimentelle Einbeziehung der „Antworten" natürlicher Entitäten in soziale Entscheidungsprozesse mittels Einnahme einer Position, die die Wechselwirkungen zwischen Natur, Kultur und Mensch ins Zentrum rückt (vgl. Groß 2003, 2006). Hierfür braucht es ein durchdachtes experimentelles Design und entsprechende „Verankerungen" in einer demokratischen Gesellschaft. Zu einem solchen Design gehört z. B.:

a) die Möglichkeit des Neuverhandelns des Ablaufs des Experiments zwischen heterogenen Akteuren und Aktanten – durchaus im Sinne der Akteur-Netzwerk Theorie (vgl. Latour 2011),

b) die Einbeziehung der Bürgerschaft als aktive Mitgestaltungs- und Mitforschungsgruppe. Dies bedeutet auch, dass im Rahmen von Citizen-Science-Initiativen kreiertes Wissen als wichtiger Baustein im Experimentalsystem verstanden wird (vgl. Groß 2003, 2016),

c) ein Verfahren, in dem überraschende Ereignisse („natürliche" oder „soziale") so verarbeitet werden, dass sie zu neuem Wissen führen, das für Kommunen und die Wissenschaft nützlich sein wird,

d) es muss vorab geklärt sein, dass die Wissensproduktion nur „experimentell" möglich ist. Das heißt auch, die Vor- und Nachteile müssen klar kommuniziert sein (vgl. van de Poel 2009),

e) die Möglichkeiten über den Abbruch oder Nicht-Abbruch eines Experiments müssen klar kommuniziert sein,

f) das Nichtwissen muss klar als solches benannt werden und nicht in Risikoabschätzungen verklärt werden (vgl. Groß 2016),

g) selbstverständlich müssen Gefahren und erkannte Risiken nach dem aktuellen Stand des Wissens eingegrenzt werden.

Zur Illustration eines solchen Experiments bietet sich ein Modell an, das im Konzept der Realexperimente (Groß et al. 2005) zu finden ist. Dieses Modell, was auf den Fall Altlastensanierung in Abb. 1 zugeschnitten wurde, ist gekennzeichnet durch die Verbindung von Erfahren und Handeln bzw. von Wissensanwendung und Wissensgenerierung und damit auch von Fakten und Werten. Realexperimentelle Eingriffe sind selbstverständlich immer komplexen Verhandlungsprozessen unterworfen, die nur zum Teil von Wissenschaftlern oder einer anderen gesellschaftlichen Gruppe gesteuert werden können.

Realexperimentelle Strategien beginnen gewöhnlich mit Aushandlungsprozessen zwischen Interessenvertretern, einer Grundstücks- und Finanzierungsagentur, den Grundstückbesitzern und einem möglichen Investor oder einer Investorengruppe. Neben einer Projektvision (die häufig Ergebnis der Aushandlungsprozesse ist) gehen diese Ergebnisse in die Implementierungspläne des koordinierenden Ingenieurbüros ein. Bei der Untersuchung des Untergrundes durch Ingenieure müssen häufig weitere Expertisen aus der Wissenschaft eingeholt werden. Bei der Implementierung gehen jedoch auch immer wieder Dinge schief. Der oder die Beobachter eines solchen Prozesses, in dem etwas als überraschend kommuniziert wird, müssen jedoch nicht unbedingt Wissenschafter sein, Beobachtungen können genauso gut von Spaziergängern, Joggern oder zufällig vorbeifahrenden Bürgern durchgeführt werden. Im Fall der Altlastensanierung waren es oft die Arbeiter und Baggerfahrer vor Ort. Widersprechen die gemachten Beobachtungen den Erwartungen, so wird höchstwahrscheinlich die hieran anknüpfende Kommunikation über die Verarbeitung der Folgen dieser Abweichung, die man als Überraschung bezeichnen kann, zu einer Neuaushandlung der Wissensbestände über den beobachteten Ausschnitt der Wirklichkeit führen. In der Alltagswelt können Erfahrungsgewohnheiten die Funktion von Erwartungen übernehmen. In wissenschaftlichen Umgebungen leisten dies meist in Hypothesen gefasste Spezifizierungen des Nichtwissens. Ohne einen expliziten oder in der Retrospektive rekonstruierten Erwartungshorizont, der einer bestimmten Akteursgruppe zugeschrieben werden kann, kann eine Überraschung jedoch nicht sinnvoll registriert werden – zumindest kann eine genaue Zuschreibung darüber, wer oder was wovon überrascht ist, nicht eindeutig vorgenommen werden. Darauf aufbauend sind es immer wieder neue Überraschungen deren Ursachen, Wirkungen und Bedeutungen zum Zeitpunkt der Kommunikation noch umstritten sind.

Durch die Wechselwirkung zwischen Mensch und materieller Umwelt (z. B. die oben diskutierten kontaminierten Böden) können neu initiierte Gestaltungsprozesse eine Eigendynamik entwickeln, die sich einer planvollen Kontrolle entzieht. Es erscheint wichtig, dass eine Überraschung immer eine vom Beobachter abhängige Zuschreibung (Bewertung) ist. Überraschende Fakten und die Offenlegung von Wertvorstellungen sind zentral zur Verständigung und Aushandlung darüber, ob eine Fortführung des Realexperiments auch trotz des sich eröffnenden Nichtwissens vertretbar ist. Die Zuschreibung als Überraschung zeigt oft, dass etwas außerhalb des Bereichs liegt, der einer klaren menschlichen Entscheidung oder anderen kulturellen Elementen zugeschrieben werden kann.

Nach einer überraschenden Beobachtung wird häufig Unsicherheit über das erkennbar gewordene Nichtwissen (neue Fakten) kommuniziert. Den beteiligten Akteuren eines Realexperimentes stehen dann für die Fortführung zwei Wege der Bewältigung offen, die idealtypisch beide begangen werden sollten: 1) die Revision und Neuverhandlung des bis dahin akzeptierten Wissens und damit häufig verbunden 2) die erneute Aushandlung von – durch die veränderte Interessenlage der Akteure möglicherweise neu entstandenen – Werten und Zielvorstellungen. So verstanden ergibt sich ein geschlossener Kreislauf, in dem der Eingriff beeinflusst, was beobachtet wird – und in dem das Ergebnis der Beobachtung wiederum die Gestaltung des Eingriffs bei einem möglichen weiteren Durchlauf durch den Zyklus beeinflusst. In einem solchen Durchlauf können dann auch neu erarbeitete Wissensbestände, also durchaus als etabliert geltende Fakten, selbstverständlich infrage gestellt werden.

Die Handlungspraxis der Altlastensanierung und anderer sozial-ökologischer Transformationsfelder (wie sie im vorliegenden Buch zu finden sind), lässt sich so interpretieren, dass in ihr kausale und kommunikative Zurechnungen des Handelns wechseln können. Kommunikativ ist die Einstellung der beobachteten Praktiker, Ingenieure, der Stadtbewohner, der beteiligten Ökologen, wenn sie abwarten und beobachten müssen, was mit ihrem Eingriff bewirkt wird oder wie die „Natur" antwortet. Sie befinden sich in einer Situation doppelter Kontingenz, da sie weder wissen, wie andere Menschen oder auch die natürliche Umwelt auf ihre Interventionen reagieren werden, noch ihre Interpretation dieser Reaktionen feststeht. Experimentelle Praxis ist dann die Prozeduralisierung dieser Kontingenz. Ein solches Verständnis doppelter Kontingenz unterscheidet sich jedoch von der klassischen Sichtweise, wie sie bei Talcott Parsons oder Niklas Luhmann angelegt war (vgl. Kron et al. 2003; Vanderstraeten 2002). Doppelte Kontingenz verweist auf eine Situation, in der mindestens zwei *menschliche* Teilnehmende in Interaktion treten, und es unsicher ist, was als Nächstes geschehen wird. Wenn diese Unsicherheit für beide Seiten gilt, wird von *doppelter* Kontingenz gesprochen. Die Interaktionspartner („Alter" und „Ego") sind wechselseitig voneinander abhängig. Auch im hier dargelegten Verständnis geht es, will man die Metaphorik etwas überdehnen, in gewisser Weise um eine Konstellation zwischen Ego und Alter Ego. Allerdings ist es soziologisch (bis jetzt) noch nicht möglich, die Bewertung der Kontingenz aufseiten des nicht-menschlichen Akteurs gleichwertig einzuschätzen.

7   Ausblick: Experimentelle Kultur und Alltag

In diesem Kapitel ging es darum, das Experiment als Teil der Alltagskultur und kultureller Praxis vorzustellen. Als empirisches Beispiel dienten experimentelle Strategien in der urbanen Landschaftsgestaltung, insbesondere der Sanierung von kontaminierten Brachflächen. Will man nun von experimentellen Praktiken sprechen, in der man explizit mit dem Unbekannten umgehen will, dann muss die Frage gestellt werden, unter welchen Bedingungen experimentelle Praktiken trotz Nichtwissen legitim sind. Auf was für einen kulturellen Vorrat an allgemein zugänglichen Möglichkeiten, „Gebrauchsanweisungen" und Deutungsrahmen (vgl. Goffman 1977; Matthes 2014; Potthoff 2012), mit denen man bei klar definiertem Nichtwissen voranschreiten kann, fußen experimentelle Praktiken?

Nehmen wir die oben gemachten Beobachtungen als Grundlage, lassen sich erste Aussagen über eine Kultur des *bewussten* Nichtwissens und des Experimentierens vornehmen. Hierzu gehört z. B., dass Zeit- und Geldmangel nicht alleiniger Grund zum Nichthandeln sein darf, sondern dass dennoch gehandelt wird. Dies kann, bei aller Vorläufigkeit und Kontextspezifität, als erste „Zutat" für eine experimentelle Kultur, für experimentelle Praxis gewertet werden. Anwendung und Wissensproduktion liegen also zeitlich und räumlich nah beieinander. Greift man in natürliche Prozesse ein um eine Technologie zu entwickeln, kann das zu Überraschungen führen. Ein weiterer Punkt scheint die Externalisierung von außergesellschaftlichen Faktoren (z. B. Natur) als Normalfall zu sein – und nicht von vorne herein als Ausrede konzipiert. Dies gibt der allgemeinen Annahme, dass Wissen zum gegebenen Zeitpunkt unvollständig ist, eine ganz eigene Konnotation. Oder wie es ein Ingenieur aus dem Altlastenbereich (siehe oben) ausgedrückt hatte: „...dieser Tank, der wollte wahrscheinlich gar nicht dokumentiert werden".

Jetzt kann man sich fragen, was steckt weiterhin hinter diesen herausgearbeiteten Merkmalen? Was für weitere Aspekte gilt es zu beachten, damit sie als (erfolgreiche) experimentelle Praktiken gelten zu können? Es lassen sich verschiedene Aspekte in den Ausprägungen, die das „Nicht-Wissen-Können" zur selbstverständlichen Praxis werden lassen, benennen: Eine experimentelle „Kultur des Nichtwissens" lässt das Arbeiten mit Nichtwissen zum Normalfall werden, z. B. durch frühe Abmachungen, die explizit das Unbekannte als Möglichkeit aufnehmen. Manche Akteure gehen hier so weit zu sagen, dass Projekte durch „Scheitern zum Erfolg" gebracht werden müssen. Dass Scheitern als Weg zum Erfolg kommuniziert wird, könnte als ein Hinweis auf eine neue Innovationskultur gewertet werden, die in Teilen der Architektur und Stadtplanung bereits praktiziert zu werden scheint (vgl. Handa 2015). In einer zukunftsfähigen

Innovationskultur muss Ungewissheit und Scheitern als integraler Bestandteil eines Lern-, Implementations-, und Forschungsprozesses akzeptiert werden, da dies neue Chancen eröffnet. Mit dem Konzept des Realexperimentes wird hier eine positive und aktivere Variante des Experiments, was nicht nur die Gesellschaft belastet und mit neuen Risiken beglückt, entgegengesetzt. Auch Realexperimente können scheitern, denn eine Garantie, dass Überraschungen nicht doch als negativ bewertet werden, gibt es nicht. Nur: Ohne Überraschungen bleibt alles beim Alten. Nur Nichtwissen, das man erkennt und benennt, kann man nützlich einsetzen. Ohne überraschend erkannte Wissenslücken könnte kein neues Wissen gedeihen. In einer Wissensgesellschaft in der das Nichtwissen manchmal schneller zu wachsen scheint als das (verlässliche) Wissen gibt es keine Blaupausen. Neues und sicheres Wissen kann nur durch das experimentelle Gehen des Wegs selbst gewonnen werden. Dazu braucht es eine „experimentelle Kultur". Neben den vielen Initiativen zu „urban labs" oder Reallaboren unterstützen die hier diskutierten Beispiele zumindest die These, dass eine solche Kultur bereits hier und da zu finden ist.

Literatur

Alcántara, Sophia (2015): Zur Rolle von Sozialwissenschaftlern in sozial-ökologischen Transformationsprozessen. Vortrag auf der 12. Tagung der *Nachwuchsgruppe Umweltsoziologie (NGU)*, Friedrichshafen, 22.–23. Oktober.

Beisel, Uli (2015): Markets and Mutations: Mosquito Nets and the Politics of Disentanglement in Global Health. In: *Geoforum* 66 (November), S. 146–155.

Best, Benjamin (2015): *Nachhaltige Urbane Laboratorien*. Diskussionspapier, Wuppertal Institut für Klima, Umwelt, Energie GmbH. Online erhältlich unter: www.itas.kit.edu/downloads/veranstaltung_2015_postwachstumsgesellschaft_best.pdf (zuletzt abgerufen am 7. November 2015).

Bleicher, Alena (2012): Entscheiden trotz Nichtwissen: Das Beispiel der Sanierung kontaminierter Flächen. In: *Soziale Welt* 63 (2), S. 97–115.

Bleicher, Alena; Groß, Matthias (2011): Response and Recovery in the Remediation of Contaminated Land in Eastern Germany. In: Dowty, Rachel A.; Allen, Barbara L. (Hg.): *Dynamics of Disaster: Lessons on Risk, Response and Recovery*. London: Earthscan, S. 187–202.

Bleicher, Alena; Groß, Matthias (2012): Confronting Ignorance: Coping with the Unknown and Surprising Events in the Remediation of Contaminated Sites. In: Kabisch, Sigrun; Kunath, Anna; Schweizer-Ries, Petra; Steinführer, Annett (Hg.): *Vulnerability, Risks, and Complexity: Impacts of Global Change on Human Habitats*. Göttingen: Hogrefe, S. 193–204.

Böschen, Stefan (2013): Modes of Constructing Evidence: Sustainable Development as Social Experimentation – The Cases of Chemical Regulations and Climate Change Politics. In: *Nature + Culture* 8 (1), S. 74–96.

Carrier, Martin; Nordmann, Alfred (Hg.) (2011): *Science in the Context of Application*. Dordrecht: Springer.

Caviezel, Claudio; Revermann, Christoph (2014): *Climate Engineering: Endbericht zum TA-Projekt Geoengineering*. Berlin: Büro für Technikfolgen-Abschätzung beim Deutschen Bundestag (TAB), Arbeitsbericht Nr. 159.

Deitmer, Ludger (2004): *Management regionaler Innovationsnetzwerke: Evaluation als Ansatz zur Effizienzsteigerung regionaler Innovationsprozesse*. Baden-Baden: Nomos.

Görgen, Benjamin; Hoffmann, Jessica; Wendt, Björn (2015): Nachhaltige Stadtentwicklung als soziales Experiment: Erfahrungen aus einer soziologischen Begleitforschung. Vortrag auf der 12. Tagung der *Nachwuchsgruppe Umweltsoziologie (NGU)*, Friedrichshafen, 22.–23. Oktober.

Goffman, Erving (1977 [1974]): *Rahmen-Analyse: Ein Versuch über die Organisation von Alltagserfahrungen*. Frankfurt: Suhrkamp.

Groß, Matthias (2003): *Inventing Nature: Ecological Restoration by Public Experiments*. Lanham, MD: Rowman & Littlefield/Lexington Books.

Groß, Matthias (2006): Community by Experiment: Recursive Practice in Landscape Design and Ecological Restoration. In: McCright, Aaron M.; Clark, Terry N. (Hg.): *Community and Ecology: Dynamics of Place, Sustainability, and Politics*. Oxford: Elsevier, S. 43–62.

Groß, Matthias (2014): *Experimentelles Nichtwissen: Umweltinnovationen und die Grenzen sozial-ökologischer Resilienz*. Bielefeld: Transcript.

Groß, Matthias (2016): Risk and Ignorance. In: Burgess, Adam; Alemanno, Alberto; Zinn, Jens (Hg.): *Routledge Handbook of Risk Studies*. London: Routledge, S. 310–317.

Groß, Matthias; Bleicher, Alena (2013): 'It's Always Dark in Front of the Pickaxe': Organizing Ignorance in the Long Term Remediation of Contaminated Land. In: *Time & Society* 22 (3), S. 316–334.

Groß, Matthias; Hoffmann-Riem, Holger; Krohn, Wolfgang (2005): *Realexperimente: Ökologische Gestaltungsprozesse in der Wissensgesellschaft*. Bielefeld: Transcript.

Handa, Rumiko (2015): *Allure of the Incomplete, Imperfect, and Impermanent: Designing and Appreciating Architecture as Nature*. London: Routledge.

Kowol, Uli (1998): *Innovationsnetzwerke: Technikentwicklung zwischen Nutzungsvisionen und Verwendungspraxis*. Wiesbaden: Deutscher Universitätsverlag.

Kron, Thomas; Schimank, Uwe; Lasarcyk, Christian (2003): Doppelte Kontingenz und die Bedeutung von Netzwerken für Kommunikationssysteme. In: *Zeitschrift für Soziologie* 32 (5), S. 374–395.

Latour, Bruno (2011): From Multiculturalism to Multinaturalism: What Rules of Method for the New Socio-scientific Experiments? In: *Nature + Culture* 6 (1), S. 1–17.

Matthes, Jörg (2014): *Framing*. Baden-Baden: Nomos

McGoey, Linsey (2010): Profitable Failure: Antidepressant Drugs and the Triumph of Flawed Experiments. In: *History of Human Sciences* 23 (1), S. 58–78.

Oreskes, Naomi; Conway, Erik M. (2014 [2010]): *Die Machiavellis der Wissenschaft: Das Netzwerk des Leugnens*. Weinheim: Wiley-VCH.

Potthoff, Matthias (2012): *Medien-Frames und ihre Entstehung*. Wiesbaden: Springer VS.

Schneidewind, Uwe (2014): Urbane Reallabore: Ein Blick in die aktuelle Forschungswerkstatt. In: *Planung Neu Denken (pnd)* 3, S. 1–7.

Schrage, Michael (2014): *The Innovator's Hypothesis: How Cheap Experiments are Worth More than Good Ideas*. Cambridge, MA: MIT Press.

Stocking, S. Holly; Holstein, Lisa (2015): Purveyors of Ignorance: Journalists as Agents in the Social Construction of Scientific Ignorance. In: Groß, Matthias, McGoey, Linsey (Hg.): *Routledge International Handbook of Ignorance Studies*. London: Routledge, S. 105–113.

Van de Poel, Ibo (2009): The Introduction of Nanotechnology as a Societal Experiment. In: Arnaldi, Simone; Lorenzet, Andrea; Russo, Federica (Hg.): *Technoscience in Progress: Managing the Uncertainty of Nanotechnology*. Amsterdam: IOS Press, S. 129–142.

Van der Sluijs, Jeroen P. (2012): Uncertainty and Dissent in Climate Risk Assessment: A Post-Normal Perspective. In: *Nature + Culture* 7 (2). S. 174–195.

Vanderstraeten, Raf (2002): Parsons, Luhmann and the Theorem of Double Contingency. In: *Journal of Classical Sociology* 2 (1), S. 77–92.

Wehling, Peter (2006): *Im Schatten des Wissens? Perspektiven der Soziologie des Nichtwissens*. Konstanz: UVK.

Weick, Karl E.; Sutcliffe, Kathleen (2010 [2007]): *Das Unerwartete managen: Wie Unternehmen aus Extremsituationen lernen*. Stuttgart: Schäffer-Poeschel.

Über den Autor

Matthias Groß ist Professor für Umweltsoziologie an der Friedrich-Schiller-Universität Jena sowie am Helmholtz-Zentrum für Umweltforschung (UFZ) in Leipzig, wo er außerdem Leiter des Departments Stadt- und Umweltsoziologie ist. Seine aktuellen Forschungsschwerpunkte sind alternative Energiesysteme, Realexperimente und der strategische Umgang mit Nichtwissen.

Urbane Atmosphären der Natur

Jürgen Hasse

Am Beginn des 21. Jahrhunderts befinden sich die globalen Ökosysteme in der Situation eines Übergangs. Entgegen der normativen Phrase von gestörten *ökologischen „Gleichgewichten"* rückt die Frage in den Fokus, welche Prozesszustände des Klimas und der Meere (um es bei zwei Beispielen zu belassen) den menschlichen Interessen sowohl lebensweltlich als auch ökonomisch und politisch zuwiderlaufen. In beinahe allen sogenannten „Ökologie"-Debatten geht es nicht um eine *a priori* erhaltenswerte Natur, sondern um die Sicherung von Naturzuständen und -prozessen, die den menschlichen Lebens- und Entwicklungsinteressen entgegenkommen. Auch ästhetische Natur-Erlebnis-Erwartungen folgen Normen, die Produkt kultureller Prägung, insbesondere kulturindustrieller Formatierung durch massenmedial kommunizierte Bilder sind.

Insbesondere in den urbanen Agglomerationen spitzen sich die Paradoxien im Mensch-Natur-Verhältnis zu. Vor dem Hintergrund einer Welt technisch reproduzierter Artefakte erweist sich das industriell Gemachte als erster Stoff der Bildung von Identität. Dabei erscheint die Beheimatung im Milieu einer *zweiten* Natur aber nicht als Ausdruck zivilisationshistorisch bedingter Entfremdung, sondern als Wunsch erster Wahl. Indem der Mensch nicht das Andere der Natur, sondern ein der Natur zugehöriges Wesen ist, das den Gesetzen der Natur unterliegt, verschärft sich die Frage nach den Gegenständen dessen, was in politischen, wissenschaftlichen und philosophischen Diskursen durch kontingente „Natur"-Begriffe kommuniziert wird.

J. Hasse (✉)
Goethe-Universität, Frankfurt, Deutschland
E-Mail: J.Hasse@geo.uni-frankfurt.de

© Springer Fachmedien Wiesbaden GmbH 2017   41
J.-L. Reinermann und F. Behr (Hrsg.), *Die Experimentalstadt,*
DOI 10.1007/978-3-658-14981-9_3

Die folgenden Überlegungen werden mit einer Reflexion zum Begriff der Natur und seiner Bedeutung für die kulturelle Situiertheit des Menschen eingeleitet (Kap. „Einleitung: Vier Thesen für die Experimentalstadt"). Die „erste" scheinbar außerhalb der Natur stehende Welt des Menschen ist die Stadt (Kap. „Experimentelle Kultur und die Governance des Nichtwissens"). Der Vergleich zweier historisch höchst unterschiedlich disponierter Formen atmosphärischer Naturinszenierungen dient der Kontrastierung (Bebauung von Villengrundstücken um 1900 und die postmoderne, metropolitane Praxis des *Guerilla-Gardening*). Vor diesem Hintergrund erweisen sich Atmosphären der Natur als Ausdruck eines symbolisch hoch verschlüsselten Verhältnisses urbaner Lebensformen zu einer hybriden Kultur-Natur. Gleichsam hinter den auf so unterschiedliche Weise inszenierten Atmosphären spielt die leiblich spürbare Natur des Menschen eine emotionale Schlüsselrolle. Es sind vielmehr Gefühls-Programme als *rationale* Strategien, die die Menschen zur Produktion ästhetischer (oft begehbarer) Bilder der Natur antreiben. Mit Michel Foucaults „Technologien des Selbst" plädiert der Beitrag für die Bewusstmachung einverleibter Wahrnehmungsmuster und affektiver Präferenzen im Umgang mit Bildern der Natur (Kap. „Urbane Atmosphären der Natur"). Das Beispiel des Wind-Erlebens umreißt ein mögliches Übungsfeld der Selbstalphabetisierung leiblichen Selbstbewusstseins. Auf dem Hintergrund der übenden Kompetenz eines mehrdimensionalen Bedenkens gesellschaftlicher Natur-Verhältnisse (Kap. „Interventionen als kreative Praxisform: Die Suche nach Neuheit als gesellschaftliches Phänomen"), mündet der Beitrag abschießend in eine postpolitische Perspektive auf das Heidegger'sche Programm der *Sorge*.

1   „Natur" – ein rauschender Begriff

Der Begriff der Natur zerfällt in eine schier endlose und zudem oft widersprüchliche Vielfalt von Bedeutungen. Dennoch besteht in keiner Diskursarena Zweifel an seiner Unverzichtbarkeit (vgl. Kolmer 2011, S. 1565). Die Notwendigkeit eines Natur-Begriffs setzte sich historisch schon früh im Bewusstsein der Menschen fest. Auslösendes Moment war die Erkenntnis der Sonderrolle, die der Mensch in der Natur spielt. Entscheidend war hier aber weniger die „Zerstörung der Natur"[1] durch den Menschen, als die Erkenntnis, dass es zu seiner evolutionären Ausstat-

---

[1]Zur Kritik an der Metapher der „Zerstörung der Natur" vgl. besonders Picht 1990, S. 352–368.

tung gehörte, Natur in neue Form- und Prozesszustände umwandeln zu können. Die frühen begriffsgeschichtlichen Wurzeln des Natur-Begriffs reichen in die Philosophie des 7. bis 5. vorchristlichen Jahrhunderts zurück. Seit dem leisten unterschiedliche Natur-Begriffe vor allem eines: Relationierungen – zwischen Differenzierung *und* Entdifferenzierung (vgl. Honnefelder 2011, S. 1571). Bestenfalls vermitteln sie eine Trennung zwischen dem, was von selber sein kann und dem vom Menschen Gemachten.[2] Was auch immer Menschen im Umgang mit der Natur tun – und sei es im Medium des Denkens *über* Natur – sie tun es aus der Positionalität *zweiter* Natur.

Aus der Sicht der historischen Anthropologie ist die zweite Natur in die Natur des menschlichen Wesens schon eingeschrieben. Durch den Gebrauch seiner Kultur schaffenden (insbesondere kreativen) Fähigkeiten vermag er sich selbst zu überschreiten und Strukturen der ersten Natur zu transformieren (beginnend mit Herstellung und Gebrauch einfacher Werkzeuge). Zweite Natur hat folglich einen Objekt- und einen Subjekt-Bezug. Zum einen umfasst sie die von Menschen hervorgebrachte Welt: „Der Mensch lebt wesentlich in einer ‚zweiten Natur‘, einer von ihm selbst umgeschaffenen und ins Lebensdienliche *seiner* Bedürfnisse umgewendeten Welt, in einer ‚nature artificielle‘, wie dies G. Sorel nennt." (Gehlen 1986, S. 303).[3] Zum anderen umfasst die zweite Natur den Menschen selbst, der deshalb „notwendig sein eigenes Thema" (Gehlen 1986, S. 348) wird. Das hat zur Folge, dass jeder Versuch, Natur *nicht*-anthropozentrisch zu betrachten, auf einen Selbstbetrug hinausläuft, nämlich die Ausblendung der ethischen Verantwortung des Menschen gegenüber den Folgen seiner eigenen Werke. Nur ein anthropozentrischer Begriff der Natur (wie des Naturschutzes) vermag es, Interessen des Menschen zu thematisieren und alle Beziehungen zur Natur (von ihrer Ausbeutung bis zu ihrer Romantisierung) im Fokus ethischer Legitimation zu bedenken.[4]

Gerade im Blick auf das sinnliche wie leibliche *Erleben* und wahrnehmende *Begreifen* von gefühlsmäßig erscheinender, atmosphärischer Natur ist von grundlegender Bedeutung, dass der *sinnliche* Weg zur Natur-Wahrnehmung diesseits romantizistischer Verklärung weder Horizonte einer „authentischen" Natur noch

---

[2]Um das von Menschen *nicht* Gemachte hervorzuheben, sprach Kant von „wirklicher Natur" (vgl. Kolmer 2011, S. 1561).

[3]Georges Eugène Sorel (1847–1922), auf den Gehlen verweist, war französischer Sozialphilosoph.

[4]An anderer Stelle gehe ich dem naturethischen Nutzen eines nicht-anthropozentrischen Naturschutzes genauer nach (vgl. Hasse 2004).

solche eines „guten Zurück zur Natur" aufzuspannen vermag. Das *leibliche* Bewusstsein selbst- wie gegenstandsbezogener Natur-Gefühle spiegelt die aktuelle wie strukturelle Verortung des Menschen in seinem Natur-Metabolismus wider – mögen sich diese in Romantizismen oder im Zuge einer am Heidegger'schen Prinzip der *Schonung*[5] orientierten Selbstsorge ausdrücken.

2   Atmosphären der Natur in der Stadt

Wenn Natur aus der lebensweltlichen Perspektive des urbanen Menschen auch meistens im Anderen dessen gesucht wird, was sie im Raum der Stadt zur Erscheinung bringt, so soll das atmosphärische Natur-Erleben doch gerade aus dieser Perspektive angebahnt werden und nicht aus der des in aller Regel ästhetizistisch verklärten „Landes", dessen oft harmonistisches Zerrbild sich wiederum der Prägung durch urbane Lebensformen verdankt. Die (urbane) „Welt" ist nach Hermann Schmitz nicht als tatsächlicher, gleichsam wirklicher Raum (der Stadt) zu verstehen, sondern als *Deutungsmilieu* und damit als perspektivischer Horizont, auf dem sich „der Weltstoff zur Welt" (Schmitz 1994, S. 115) aufspannt. Wie die „Welt" in diesem allgemeinen Sinne als ein mit Bedeutungen geladenes Interpretations- und Verstehensmuster zu begreifen ist, so ist die *urbane* Welt ein Gefüge aus Deutungsstoffen *urbanen* Lebens.

Im Folgenden wird zunächst am Beispiel von zwei – historisch wie gesellschaftlich für sich je charakteristischen – Kulturen der Inszenierung von Atmosphären der Natur illustriert, in welcher Weise diese jeweils in ihrer eigenen Welt stehen (Abschn. 2.1 und 2.2). Der sich anschließende Aufriss einer programmatischen Übung eines Zur-Sprache-Bringens leiblichen Natur-Erlebens (Abschn. 3) wird die Explikation atmosphärischen Natur-Erlebens am Beispiel des Windes diskutieren. Auch dabei rückt die Stadt in ihrem konstruierten, artifiziellen Charakter in eine Kontrastbeziehung zur ersten Natur des Windes, der in seinem dynamischen und „lebendigen" Wehen den Menschen körperlich wie leiblich berührt.

---

[5]Heidegger versteht „Schonung" als Gebot einfriedender Gewährung von Schutz. Der Begriff der Schonung wird vor allem auf das Geviert (Himmel und Erde, die Göttlichen und die Sterblichen) bezogen. Schutz versteht sich also in einem existenzphilosophischen Sinne und kommt am ehesten dem nahe, was heute unter dem universellen und mehrdimensionalen Prinzip „Nachhaltigkeit" (über die Ökologie hinaus) verstanden wird (vgl. auch Grätzel 2008, S. 82).

2.1   Villen- und Landhausarchitektur um 1900

Zu keiner Zeit bestand die Aufgabe der Architektur nur darin, allein im engeren Sinne „zweckdienliche" Bauten zu errichten. Sie sollte und wollte durch hergestellte Arrangements nicht nur tatsächliche, sondern auch atmosphärisch spürbare Verhältnisse herstellen. Oft stellte sich in der Schaffung von Wohngebäuden samt Garten die Konstruktion bzw. Förderung von Atmosphären der Natur als zentrale Bauaufgabe heraus – vor allem da, wo ein Bauherr über große „landschaftliche" Flächen verfügte und aufgrund der Lagegunst einer Parzelle ästhetisch vielversprechende Blickachsen in sein Wohnen einbeziehen konnte. Der ästhetische Mehrwert solcher Grundstücke schlug stets in einem exponentiellen Maße zu Buche, sodass die Immobilien (schon vor ihrer Bebauung, aber mehr noch danach) extrem teurer waren. Die Villen und Landhäuser, die um 1900 zum Beispiel in den Hamburger Elbvororten (mit Blick auf das Elbtal) gebaut worden sind, geben ein eindrückliches Beispiel. Sie präsentieren sich in (landschafts-) architektonischen Gesten wie atmosphärischem Ausdruckspotenzial als Arrangements, die sich zwar nicht „in" der Stadt befinden, aber doch in einem unmittelbaren Sinne auf die soziale, ökonomische wie artifizielle Erfahrungswelt der Stadt bezogen sind.

Während die Villa „der nach außen repräsentative Bau [war], der noch die Idee des Palais mit seiner Symmetrie in sich trug", betonte das Landhaus „das Unregelmäßige, das als funktionell gedeutet wurde, und lag zu ebener Erde" (Kähler 2012, S. 20). In Theorie und Praxis verwischen die Grenzen zwischen beiden raumgreifenden Architekturformen. Vor allem eines ist ihnen eigen: die ästhetisierende Synthese einer doppelten Architektur, in der Hochbau und Gartenbau verschmelzen. Gelingende Synthesen folgten dabei nie der ästhetischen Sprache der Landschaft, sondern der von Haus und Garten. Das folgende Statement von Heino Grunert idealisiert deshalb die in der Frage des Villen- und Landhaus-Baus im Prinzip naive Perspektive des Landschaftsschutzes. So merkt er zu dem auf abfallendem Gelände mit Elbpanorama 1925 angelegten Garten des in Hamburg Blankenese nach einem Entwurf von Bruno Paul errichteten Hauses Fränkel an: „Der Garten gilt als Beispiel für eine einfühlsame Gestaltung in anspruchsvoller topografischer Lage und Einbeziehung der Umgebung (Elbsicht)" (Grunert 2012, S. 129). Maßgeblich für den Entwurf einer atmosphärisch eindrucksmächtigen Gartenanlage waren – in diesem wie in anderen Fällen – nie Erwägungen des Landschaftsschutzes, sondern die ästhetischen Begehren von Bauherren. Natur und Landschaft sollten im Sinne einer gefühlsmäßig überhöhten Naturästhetik (mit Mitteln des Gartenaus bis an den Rand des Erhabenen getrieben), atmosphärisch inszeniert werden. Dabei war das Ganze in seiner atmosphärischen Eindrucksmacht doppelt codiert – für den privilegierten (Selbst-) Genuss, aber eben auch für die Kommunikation von Macht an die Adresse auserwählter (einflussreicher) Gäste. Nur die besten Lagen konnten sich – in den „richtigen" Händen – als Ressource der Kommunikation von Macht und damit als Medien im Zugang zu sozialem und monetärem Kapital (vgl. Bourdieu 1983) erweisen. Die gesamte gartenarchitektonische Einräumung der umgebenden Landschaft für ein raumgreifendes Wohnen hatte umfriedenden Charakter. Atmosphären des Wohnens sind nicht auf die Umfriedung durch Wand, Dach und Tür im Innenraum eines Hauses beschränkt. Auch die in ihrer Eigenart charakteristische Ästhetik eines arrondierten Grünraums vermittelt eine emotional stimmende Umfriedung. Atmosphären der Natur hatten deshalb auch einen bekleidenden Charakter. Die Arrangements aus Villa und Garten drückten sich nicht zuletzt durch eine *habituelle* Komponente aus. In diesem Sinne denkt Schmitz das Wohnen in einem leibphänomenologischen Verständnis als „Verfügen über Atmosphärisches […] sofern ihm durch eine Umfriedung ein Spielraum gewährt wird" (Schmitz 1995, S. 213).

Bei den zahlreich betriebenen ästhetisch-atmosphärologischen Investitionen ins begehbare Bild von Haus und Freiland bildete die *Fernsicht* eine Essenz der hoch bezahlten Lagegunst. Die immersive wie suggestive Eindrucksmacht der atmosphärisch veredelten „Wohngelände" verdankte sich an erster Stelle der Integration der Flusslandschaft ins Erlebnisbild des Gartens. Sie stand als Symbol der ökonomischen Virulenz der Stadt in einem ästhetischen Kontrast zur Naturinszenierung des Gartens. Aus dessen Perspektive boten sich maritime und zugleich logistische Atmosphären der Hochseeschifffahrt auf der Unterelbe an, die eine Kontrastierung romantizistisch inszenierter Gärten vermittelten.[6]

2.2 Urban Gardening

Als Ausdruck einer spätmodernen urbanen Protestkultur sind jene Mikro-Projekte „urbaner Landwirtschaft" *(Urban Gardening)* zu verstehen, die seit Beginn des

---

[6]Am Beispiel des oberitalienischen Villenbaus des 15. und 16. Jahrhunderts machen Reinhard Bentmann und Michael Müller auf eine verdeckte Wechselwirkung von Ästhetik, Ökonomie und Politik aufmerksam. Wenn die gesellschaftlichen und historischen Verhältnisse mit den um 1900 in den Hamburgischen Elbvororten errichteten Villenbauten auch nicht vergleichbar sind, so dürfte doch der Zusammenhang von Ästhetik, Ökonomie und Politik jenes Grundmuster offenlegen, auf dem sich vor allem in repräsentativen Bauten zu allen Zeiten die gestische Suggestion kulturell distinktiver Bedeutungen nach innen und nach außen so beeindruckend entfalten konnte (vgl. 1992).

21. Jahrhunderts weltweit in einer immer länger werdenden Reihe in Großstädten initiiert worden sind. Auch hier entstehen Atmosphären der Natur, und zwar an den am stärksten verdichteten Orten der zweiten Natur in der Mitte der Stadt. Auf größeren Verkehrsinseln oder ungenutzten innerstädtischen Brachen werden die unterschiedlichsten „landwirtschaftlichen" Produkte in recycelten Bäckerkisten, Reissäcken, Tetra-Paks und Baustoff-Transportsäcken im räumlichen Kleinformat herangezogen. Was mit Kürbis, Kohl, Tomate und Salat in einem untrüglichen Sinne zur ersten Natur gehört, wird aber nur auf den ersten Blick von einer Atmosphäre *der Natur* gerahmt. Auch nur scheinbar weist das Urban Gardening Ähnlichkeiten mit den Schrebergärten auf, die Anfang des 19. Jahrhunderts als sozialpolitische Initiative von Kommunen und Unternehmen zur Linderung der Armut ins Leben gerufen worden sind. Die alternativen Proto-Gärten dienen zwar *auch* dem Ziel der Selbstversorgung mit „lokalen Lebensmitteln". Im Zentrum der von (alternativen) Vereinen betriebenen Projekte steht eine Programmatik, auf die der Name „Guerilla"-Gardening viel eher verweist: Die Anpflanzung alltäglicher Nutzpflanzen auf öffentlichem Grund ist weniger *Agri*-Kultur als politische *Protest*-Kultur, die Fragen der Verteilungsgerechtigkeit und des Zugangs zu (Nahrungs-)Ressourcen in den Fokus rückt.

So stellen sich die atmosphärischen Inseln innerstädtischer Natur-Oasen als symbolische Orte dar, in deren medialer Mitte Politik und nicht Natur steht. „Alternative" Atmosphären dienen der Anbahnung einer zumindest *insularen* Praxis postmoderner Lebensformen der Subsistenzwirtschaft. Deren Gelingen wird durch die Kultivierung einer Atmosphäre der *Gemeinsamkeit* an „einem neuen Ort urbanen Lebens"[7] wesentlich gefördert. Im Mittelpunkt stehen damit soziale Atmosphären, deren Konstitution durch alternative Natur-Milieus gefördert werden soll.[8] *Urban Gardening* versteht sich schließlich als „Kampagne gegen herrschende Stadtplanung und die Kapitalisierung der Subsistenz"[9], setzt also auf die

---

[7]Nomadisch Grün, gemeinnützige GmbH: Prinzessinnengärten – urbane Landwirtschaft. Online erhältlich unter: http://prinzessinnengarten.net/wir/ (zuletzt abgerufen am 28. Oktober 2015).

[8]Das Projekt der Berliner „Prinzessinnengärten" strebt unter anderem das Ziel einer sozialpädagogischen Integration von Jugendlichen in soziale Netze des Quartiers an.

[9]Die „workstation Ideenwerkstatt Berlin e. V. beschäftigt sich seit 1998 kritisch und unkonventionell mit den Themen Arbeit, Existenzsicherung und Lebensgestaltung." Online erhältlich unter: http://www.workstation-berlin.org/index.php?option=com_content&view=article&id=53:urban-gardening&catid=4:garten&Itemid=14, (zuletzt abgerufen am 31. Mai 2016).

soziale Einbindung von Anwohnern in die lokale Arbeit an der Produktion eigener Nahrungsmittel. Die Identifikation mit einer Idee soll auf dem imaginären Boden einer *politischen* Atmosphäre gedeihen. Die Epi-Atmosphäre einer mikrologischen Agrikultur im urbanen Garten ist dieser nur dienlich.

Beide Beispiele haben auf die tiefe Verstrickung urbaner Atmosphären der Natur mit gesellschaftlichen Verhältnissen aufmerksam gemacht. Die ästhetische Produktion von Orten steht im Schnittpunkt spezifischer Programme zur Bearbeitung zweiter Natur. In beiden Beispielen ging es im Effekt weniger um die zweite Natur von Gärten, sondern die *des Menschen* – eingespannt in gesellschaftliche Zwecksetzungen. So sind auch diese Atmosphären der Natur kulturell formatiert, also Ausdruck zweiter Natur. Zwei höchst gegensätzliche urbane Atmosphären der Natur stehen sich hier gegenüber: Im Falle der Bebauung von Villen- und Landhausgrundstücken sentimentalistisch verklärte Wunsch-Erlebnisbilder von Natur, deren Ästhetik das Andere roher und unwirtlicher Natur ist.[10] Im Falle des *Urban Gardening* politisch-programmatisch inszenierte Räume der Kultur- und Systemkritik, die auf ihre Weise verklärt sind. Atmosphären der Natur stehen in modernen Gesellschaften, allzumal in der artifiziellen Welt der Großstadt, in politischen, ökonomischen und sozialpsychologischen Verweisungszusammenhängen.

3   Atmosphären zur Sprache bringen

Das im Folgenden skizzenhaft umrissene Projekt einer Übung der Explikation sinnlichen und leiblichen Naturerlebens im Raum der Stadt hat antizivilisatorischen Charakter. Es hintergeht im Sinne einer progressiven Regression den zivilisationshistorisch „erreichten" Stand der Entsensibilisierung gegenüber äußerer – an umweltlichen Situationen erscheinender – Natur und am eigenen Selbst leiblich erlebbarer Natur. Aber auch eine spürende und sich darin alphabetisierende Kunst der Aussprache sinnlichen Natur-Erlebens kann die zweite Natur des Menschen nicht hintergehen. Sie ist sogar Ausdruck dieser, gleichwohl Spiegel eines Willens zur Ausdehnung der Macht über das eigene Selbst. Jedes theoretische wie praktische Element einer Theorie der Natur kann nur als Teil einer Theorie der Gesellschaft verstanden werden. So hat auch das Projekt leiblicher Selbst-

---

[10]Theodor W. Adorno spricht diese anti-ästhetische Natur als jene „von menschlicher Pflege ungesänftigte Natur [an], über die keine Hand fuhr, alpine Moränen und Geröllhalden, den industriellen Abfallhaufen gleich, vor denen das gesellschaftlich approbierte ästhetische Naturbedürfnis flüchtet" (1970, S. 107).

gewahrwerdung in einer auf rationale Handlung und die Nutzen-Maximierung ausgerichteten Gesellschaft a priori einen kompensatorischen Charakter. Aber es kompensiert in keinem verblendenden, sondern aufklärungsorientierten Sinne. Die Atmosphären der Natur, von denen hier die Rede sein soll, unterscheiden sich kategorial von den oben skizzierten Beispielen, weil sie auf keinen äußerlichen Zweck gerichtet sind, sondern der Selbst-Bildung dienen. Indes ist noch der ästhetizistisch inszenierte Garten zumindest potenziell auch ein solcher medialer Raum der Erfahrung und Reflexion sinnlichen und leiblichen Naturerlebens.

Erst im Lichte der Frage, in welcher Weise etwas im Bereich der ersten Natur Widerfahrendes erlebt und empfunden wird, nimmt sich der Mensch in die Pflicht der Bewusstmachung *einverleibter* Wahrnehmungsmuster. Am Beispiel atmosphärischen klima- und wetterbedingten Erlebens wird zu umreißen sein, worauf solche Schärfung einer doppelten (selbst- wie gegenstandsbezogenen) Aufmerksamkeit diesseits gefühliger Kompensations-Esoterik gerichtet ist. In der zweiten Natur der urbanen Welt sind Situationen des Wetters wie der wehende Wind allgegenwärtig. Wegen ihrer Infra-Normalität werden sie aber im Allgemeinen kein Thema der Selbstgewahrwerdung. Zu einem („sachlichen") Thema wird der Wind, wenn er in einer Weise „auffällig" wird, die ökonomische Interessen oder Ansprüche „guten" Lebens beeinträchtigt und stört – wenn die vom Dach fallenden Pfannen den Versicherungsfall begründen oder der Sturz der Sonnenschirme dem Aufenthalt im sommerlichen Biergarten ein Ende setzt. Dies sind äußerliche Anlässe, die das rationale Handeln herausfordern. Dabei wird übersehen, dass wir den Wind – sein laues und schwaches Wehen anders als sein schneidend kaltes und stürmisches Reißen – auch sinnlich empfinden und in einem leiblichen Sinne zu spüren bekommen.

3.1   Zum sinnlich-leiblichen Erleben von Atmosphären des Windes

In der spätmodernen wissenschaftlich „aufgeklärten" Zeit stellen sich in der Regel *keine* Aufgaben leiblich bewussten Erlebens von Atmosphären des Windes! In zeitgemäßen Wettervorhersagen wird die Stärke eines Windes in km/h angegeben. Solche Abstraktionen verdanken sich der Übertragung naturwissenschaftlicher Messgrößen auf das tägliche Leben (vgl. Schmitz 1989, S. 104). Eine Brücke zum (pathischen) Verstehen spürbaren Windes bilden solche Normierungen nicht. Bestenfalls in einem abstrakten Sinne kombinieren wir mit der Ansage einer Windgeschwindigkeit von 140 km/h katastrophische Ereignisse, weil wir gelernt haben, dass so bezeichnete Orkane oft ein schlimmes Ende nehmen.

Weit überlegen waren die zu Beginn des 19. Jahrhunderts von Sir Francis Beaufort entwickelten Windgeschwindigkeitsskalen. Sie strebten in ihren beinahe unübersehbaren Varianten *leiblich* nachvollziehbare Beschreibungen der Intensität des Windes an. Dabei war stets klar, dass man den Wind nicht selbst, sondern nur am Erscheinen von „etwas" beschreiben konnte. Während die moderne km/h-Taxonomie auf nichts als ein Tempo verweist, war die Beaufort-Skala nach phänomenologischen Kriterien aufgebaut und half dem nach-*fühlenden* Verstehen.[11] Auch die Windstille bezeichnete man einst nicht mit 0 km/h, sondern als eine aktuelle Situation des Wetters, „in der kein Blättchen an den Bäumen sich bewegte". Und man wusste – oder ahnte – aus Erfahrung: „je länger die Windstille dauert, je stärker wütet der auf sie folgende Sturm" (Grimm und Grimm 1991, Bd. 30, S. 326).

Der phänomenologische Blick auf den wehenden Wind spricht diesem eine gewisse eigene Lebendigkeit zu, wie man sie sonst nur bei lebenden Naturwesen kennt. So wurde der Wind als „belebtes, handelndes Wesen" (Grimm und Grimm 1991, Bd. 30, Sp. 232) empfunden. Bei der Unberechenbarkeit der Winde war es kein Wunder, dass die Seeleute in ihnen etwas Geisterhaftes sahen, sodass die Windstille im Sinne einer beseelten Vorstellung des Windes als eine Beratung der Winde verstanden wurde (Grimm und Grimm 1991, Bd. 30, S. 233). Schließlich schwingt in der Rede von den „herrschenden" Winden die Idee eines Windherrschers mit (Grimm und Grimm 1991, Bd. 30, S. 235), der als vogelartiges Luftwesen auch Flügel haben kann (vgl. Grimm und Grimm 1991, Bd. 30, S. 235). Auch in alten Märchen „lebte" der Wind – etwa als „himmlisches Kind".

Diese synästhetischen und metaphorischen Bedeutungen des Windes zeigen auch im täglichen Erleben wehenden Windes ihre Berechtigung. Wie die Luft, so ist auch der Wind unsichtbar. Indem er aber spürbar ist, kann er auch am eigenen Selbst – gleichsam im Sinne einer leiblichen Ansprache – empfunden werden. Der Wind umgreift und umfließt in einem umhüllenden Sinne den eigenen Körper. Im Sturm verändert sich die leibliche Präsenz bewegter Luft, indem sie nicht mehr umhüllt, sondern als eine mächtige unsichtbare Kraft ergreift und angreift.

---

[11]Die Skalen machten einen Unterschied zwischen Wind-Situationen auf See und an Land. Danach war ein stürmischer Wind der Stärke 8 auf See an „ziemlich hohen Wellenbergen" zu erkennen, „deren Köpfe verweht werden" und die „überall Schaumstreifen" haben. An Land werden bei derselben Geschwindigkeit „große Bäume [...] bewegt, Fensterläden [...] geöffnet, Zweige brechen von Bäumen" und beim Gehen müssen erhebliche Behinderungen erwartet werden. N.N.: Beaufortskala, Online erhältlich unter: https://de.wikipedia.org/wiki/Beaufortskala (zuletzt abgerufen am 02. November 2015).

Trifft sie von vorne auf den eigenen Körper, so vermag sich dieser dem andrängenden Druck entgegenstellen. Kommt er von hinten, ist die leibliche Kommunikation in weit größerem Maße gefordert, muss das Gewicht des Körpers – im Bewusstsein erhöhten Sturzrisikos – doch nun rückwärts in eine imaginäre Kraft gleichsam „hineinfallen". Dabei darf die aufgebotene Kraft dem sich widersetzenden Druck des Sturms nur genau so viel Eigen-Gewicht entgegenstellen, wie erforderlich ist, um das fragile Gleichgewicht zu sichern. Dies ist aber in jedem Moment bedroht, denn zur wehenden Natur des Windes gehört seine unvorhersehbare Dynamik und Rhythmik, wonach der Druck in einem Moment noch stärker wird, im nächsten aber schon wieder abflaut. Das Gleichgewicht zwischen andrängender Kraft des Sturmes und aufgebrachtem Gegengewicht durch Schrägstellung des eigenen Körpers muss immer wieder neu austariert werden. Wenn ein Sturm dagegen von der Seite andrängt, ist der leiblich spürende Ausgleich schwerer zu vollziehen. Ein Ausgleich zu den Seiten führt in aller Regel dazu, dass die Balance prekär wird. Kaum deutlicher könnte die Dynamik des Windes als Kraft der Natur – in der Mitte einer artifiziellen urbanen Welt – am eigenen Selbst *spürbar* werden. Die peitschende Dynamik stürmisch-turbulenten Wehens überträgt sich auf das leibliche Befinden. Schon darin wird das aktuelle wie zuständliche Mitsein in der Natur denkwürdig.

Wegen ihrer Lebendigkeit galt Hildegard von Bingen die Windnatur als Metapher für die Dynamik der Welt (Böhme und Böhme 1996, S. 217). Seit der Antike sind die Weltwinde „die kosmischen Kräfte und dynamischen Antriebe der Natur" (Böhme und Böhme 1996, S. 224 f.), und bei Plinius ist der Wind der „Atem, der das Universum hervorbringt" (Böhme und Böhme 1996, S. 236). Er ist ein fundamental schöpferisches aber auch zerstörerisches Element, das uns „bösartig oder sogar dämonisch" (Nova 2007, S. 63) begegnen kann.[12] Die stählernen Windkämme, die der spanisch-baskische Bildhauer Eduardo Chillida an der Küste von San Sebastian mit den Felsen fest verbunden hat, sind „Hörmale" des Windes. Sie verdichten sein Rauschen, bringen es zu Gehör (vgl. auch Nova 2007, S. 157 ff.), und „konnotieren" in gewisser Weise das Gefühl des Umweht-Werdens.

Das personhafte Erleben des Windes (seine „Anthropomorphisierung") steht im Vordergrund einer Windbeschreibung von Paul Volz aus dem Jahre 1910:

---

[12]In einer Ästhetik des Erhabenen drückte sich diese Ambivalenz in den Seestücken aus, die seit dem 16./17. Jahrhundert in der Malerei auf das Meeres- und Wettergeschehen bezogen waren. Darin spielte der Schiffbruch eine zentrale Rolle (vgl. Nova 2007, S. 126 f.).

Auch die Luft ist eine Art Zusammenfassung der unsinnlichen Sphäre; ihrem Wesen nach ist sie vor allem Element, Fluidum; sie tritt aber zuweilen ganz personhaft auf, der Wind kann klagen, heulen, brüllen, säuseln, oder er ist ein Kraftwesen, das stößt, trägt, aufregt, niederdrückt. Er wirkt stürmisch, explosiv, stoßweise eintretend, plötzlich aufhörend, immer vorhanden und immer wirkend, auch wenn man sein Wirken nicht spürt. Er ist das Geheimnis, denn man erfährt seinen Einfluß und sieht ihn doch nicht, weiß nicht, woher er kommt und wohin er geht (zitiert bei Schmitz 1981, S. 272).

Den Wind erleben wir nicht am eigenen Körper, sondern in einem leiblichen Sinne an Empfindungen, die sich vom Körper, der vom Wind getroffen oder berührt wird, auf das gefühlsmäßige Empfinden übertragen. Schmitz merkt dazu an:

Der Kampf mit Wind […] ist selbst eine intensive und rhythmische Konkurrenz von Spannung und Schwellung, engender und weitender Tendenz; bald ist die expansive, um Durchbrechen bemühte, bald die hemmende, aufhaltende, sich gegen den Durchbruch behauptende Rolle auf der Seite des Betroffenen und dann wieder auf der Gegenseite der als energischer Angriff ihm begegnenden Macht (Schmitz 1989, S. 106).

Vor dem Hintergrund sinnlicher wie leiblicher Begegnung erweitert sich der Horizont des *Denkbaren*. Zum Nutzen der Phänomenologie in der Übung genauen Bemerkens, was um uns herum ist und geschieht, merkt Hermann Schmitz an: „Der Fortschritt besteht darin, immer genau zu merken, was merklich ist. Phänomenologie ist ein Lernprozess der Verfeinerung der Aufmerksamkeit und Verbreiterung des Horizonts für mögliche Annahmen" (Schmitz 2009, S. 14). Vorausgesetzt ist hier, dass das Bewusstwerden des spürenden Verwickelt-Seins ins mitweltliche Geschehen der Reflexion erst noch bedarf. Als dessen Basis ist die Explikation von Atmosphären des Windes eine hilfreiche Lektion. „Pure Unmittelbarkeit reicht zur ästhetischen Erfahrung nicht aus. Sie bedarf neben dem Unwillkürlichen auch Willkür, Konzentration des Bewußtseins; der Widerspruch ist nicht fortzuschaffen" (Adorno 1970, S. 109).

3.2 Lebensphilosophische Legitimation

Welchen Erkenntniswert könnte die Übung der Explikation von Atmosphären des Windes haben? Und welchen Nutzen hätte die Schärfung des Bewusstseins für das Leben in einer zweckrationalen Welt, in der es nicht aufs Fühlen von „Belanglosem" ankommt, sondern auf Erfolge in der Sache des Geldes, der Technik, der Macht oder anderer Rationalitäten, die der Logik systemimmanent-instrumenteller Natur-Beziehungen folgen. Diese haben zivilisationshistorisch lange Wurzeln und gehen schon auf die Narrative christlicher Mythen zurück. Danach gilt Natur als etwas *von Gott* Gemachtes (vgl. Vetter 2014, S. 314), *nicht* als das, was aus sich heraus sein kann, sondern Produkt eines imaginären „Schöpfers" ist. Damit wurde Natur zu einem äußerlichen *Gegenstand* der Verfügung, der (wiederum durch „Gott") in die Hand des Menschen gelegt wird. Das Wehen des Windes müsste uns in diesem Lichte als göttliche Geste erscheinen und nicht als eines von vielen Gesichtern dynamischer Prozesse sich selbst regulierender ökosystemischer Kreisläufe.

Die Übung der Aussprache von Atmosphären folgt indes keinem göttlichen Auftrag. Die Aussprache von Atmosphären urbanen Winderlebens folgt einem Ziel der Sorge, die dem stets drohenden Stillstand der Entfaltung des eigenen Selbst gilt. Im Sinne von Michel Foucault wie von Peter Sloterdijk ginge es bei diesem Vorhaben um eine Steigerung selbstverantwortlicher Lebensführung. Mit Nachdruck stellt sich diese Aufgabe in dem historischen und zivilisatorischen Moment, in dem der Staat sukzessive die existenzielle Sorge durch ein immer engmaschigeres System der *Ver*-sorgung aufhebt. So werden die Menschen zu „Erwartern" von Dienst- und Sicherungsleistungen, die abstrakte Institutionen garantieren und über Rechtsansprüche verstetigen (staatliche Garantien, Versicherungen, Verträge, rechtlich verbriefte Ansprüche etc.). Vor diesem Hintergrund reklamiert Sloterdijk (mit Nietzsche), „daß die große Mehrheit der Menschen nicht daran denkt, mehr werden zu wollen, als sie sind. Ermittelt man die Durchschnittsrichtung ihrer Wünsche, ergibt sich der Befund: Sie wollen, was sie haben, nur komfortabler" (Sloterdijk 2009, S. 278).

Die Übung genauen (selbstbezogenen) Wahrnehmens steht diesem Habitus entgegen. Sie versteht sich als ein lebensphilosophisches Projekt, das besonders an den urbanen Menschen adressiert ist, dessen zweite Natur die über den Moment hinausgehende Sorge obsolet gemacht zu haben scheint. Schon Heidegger hatte mit der Metapher des „Gevierts" ein Format der Sorge entworfen, das ein nicht endendes Bedenken der Seinsweise des Menschen auf der Erde und in der Natur zum Ziel hatte.

3.3 Pluralisierung von Kategorien der Vernunft

In einem Kern parteiübergreifender politischer Diskurse und Programme ist die Verantwortung der Menschen im Umgang mit der Natur stets auf die Natur der (Roh-)Stoffe und umweltliche Naturprozesse (Klima) bezogen und nicht auf die Verantwortung gegenüber dem zivilisatorischen Zustand ihrer eigenen Natur. Die Aktualität der Übung pathischer Sensibilität zum Nutzen einer erweiterten Vernunft konkretisiert sich unter anderem in der schnell voranschreitenden Fehlernährung immer breiterer Bevölkerungsschichten (allein in Bezug auf ökologische und nationalökonomische Folgeprobleme zulasten nachkommender Generationen). „Ernährung" gibt es aber nicht als etwas Abstraktes. Der Begriff ist – wie der der Natur – nur ein Platzhalter für Situationen und Vorgänge, die sinnlich konkret sind und im Essen und Trinken lebendig und stofflich (vgl. dazu Hasse 2008). Maßgebend sind dabei oft weniger Bedürfnisse leiblichen Spürens, als Suggestionen eines Marktes sowie kulturindustriell produzierte Begehrnisse. Deshalb reklamiert Gernot Böhme als Teil einer kritischen Theorie der Natur „die Beurteilung von Naturzuständen unter dem Gesichtspunkt der [...] Befindlichkeit in Umgebungen" (1999, S. 65). Angesichts eines sich schnell vermehrenden Wissens um naturwissenschaftlich erklärbare Naturprozesse sowie den organischen Körper des Menschen (und mehr noch sein Gehirn) mangelt es an einer „Theorie der menschlichen Natur im Modus der Subjektivität" (Böhme 1999, S. 66).

Was am Beispiel der Explikation von Atmosphären des Windes nur beginnt, setzt sich – auf der Grundlage übend erfahrenen Könnens differenzierten leiblichen Wahrnehmens – in anderen Bereichen des Mitseins in (zweiter) Natur fort. Was Böhme „Natur selbst *sein*" (Böhme 1999, S. 71) nennt, unterscheidet sich kategorial von naturwissenschaftlichen Objekt-Naturen. Die Fähigkeit zum leiblichen Sich-selbst-Spüren ist das Andere der Fähigkeit, äußerliche Natur-Verhältnisse (wie den Abbau von Kohle) zu bedenken. Bringt sich die Rede über eigenes Natur-Sein in den Diskurs über die Stadt ein, bildet sie ein kategoriales Gegengewicht zur kulturell gewohnten *Objektivierung* von Sachverhalten. Stadt ist dann nicht allein ein Raum materieller und symbolischer Gestaltung durch intelligible Akteure; sie ist auch eine luzide, flüchtige und changierende Welt situativ eindrücklich werdender Natur – einer *natura naturans,* die leiblich berührt und die kulturell verdeckte Basis einer jeden *handelnden* Intervention im städtischen Planungsraum ist. Folglich pluralisieren sich mit der Thematisierung atmosphärischen Befindens in der doppelten Natur der Stadt (der um uns herum wirkenden wie am eigenen Leib spürbaren Natur) die Bezugspunkte der nicht zuletzt wieder rationalen Verfügung über urbane Räume, in denen Menschen in einer beheimatungsfähigen und nicht nur funktionalen Welt *wohnen* wollen.

4   Kreativität und Sorge

Der Mensch steht in seinem zivilisationshistorisch von der Natur entfremdeten und doch unaufhebbar zur Natur gehörigen Leben *a priori* in einer Welt der Kultur. Er kann nur als ein Kultur schaffendes Wesen leben. Dieses Vermögen verdankt er der ihm als Menschen gegebenen Kreativität. Dank ihrer eröffnet er sich Spielräume des Voraus-Denkens in utopische wie dystopische Szenarien möglicher Zukünfte. Damit ist der Mensch – zumindest optional – als ein Sorgender situiert. In der Sorge schert er indes nicht aus seiner Zugehörigkeit zur Natur aus, denn zu deren Programm gehört seine Fähigkeit zur Sorge. Auf säkularen Wegen überwindet er das Programm der christlichen Anthropologie, wonach die Sorge „auf den Herrn zu werfen" (Kranz 1972, S. 1086) ist. So irreversibel der Austritt des Menschen aus dem Paradies, so unverrückbar die von da an auf ihm lastende Sorge *um* und *für* die Belange gelingenden Lebens. Im Fokus der Existenzphilosophie stehen deshalb auch nicht die „kleinen Sorgen" des täglichen Lebens. Prioritär ist *zunächst* die Sorge *um* das eigene und mit der Gemeinschaft der anderen verfugte Leben. Doch schon in der Gewahrwerdung der Denkwürdigkeit nichtschonender Praktiken gesellschaftlicher Lebensführung übersteigt sich die Sorge-*um* in eine Sorge-*für*, in deren Zentrum die Sicherung der Grundlagen des Lebens im Allgemeinen steht. Die Sorge-*für* ist geknüpft an ein „Sich-vorweg-sein als Sein zum eigensten Seinkönnen" (Heidegger 1993, S. 193). Darin kommt „die existenzial-ontologische Bedingung der Möglichkeit des *Freiseins für* eigentliche existenzielle Möglichkeiten" (Heidegger 1993, S. 193) zum Ausdruck.

Zur Wahrnehmung grundlegender Aufgaben der Sorge sind in Demokratien die politischen Akteure der parlamentarisch repräsentierten politischen Parteien ermächtigt. Aufgrund der ihnen übertragenen Macht stehen sie schon formal unter der ethischen Pflicht der verantwortlichen Ausübung existenzieller *Für*-Sorge. Dass sie diese praktisch aber *ad absurdum* führen, ist schon dem Umstand geschuldet, dass Ihr Tun dem *Denken* im Heideggeer'schen Sinne geradezu entgegensteht. Eine jede Sorge-*für* kann sich aber nur im Medium des Denkens entfalten. Damit ist kein tagespolitisch ins Kraut schießendes „Denken" gemeint. „Das Denken denkt, wenn es dem Bedenklichsten entspricht. [...] Bedenklich nennen wir das Unsichere, das Dunkle, das Drohende, das Finstere, überhaupt das Widrige" (Heidegger 1997, S. 10 f.).

Die Aufgaben des Denkens des Bedenklichsten stellen sich insbesondere auf dem Horizont zweier großer struktureller Störungen von globalem wie existenziellem Ausmaß: *erstens* der Störung des Mensch-Natur-Metabolismus, der sich in den Städten zuspitzt (Energieentwertung), zugleich aber auch verschleiert (Krisenablenkung durch „Hyperästhesie"[13]) und *zweitens* der Störung tief greifender post- wie neokolonialer sozioökonomischer Disparitäten, deren Konflikte an territorialen Grenzen eskalieren. Die in die praktische Sorge zu investierende Kreativität steht folglich vor einem Dilemma, dessen Überwindung als historische Aufgabe einstweilen aussteht, denn weder die Massenmedien, noch die

---

[13]Schon Georg Simmel machte eine chronische Überhitzung des Nervenlebens als Charakteristikum urbaner Lebensstile aus (vgl. Simmel 1998).

Institutionen der Politik vermögen sich dieser Aufgaben wirkungsvoll anzunehmen. Wie die Print- und Bildmedien in ihren „Informations"-Angeboten dem Wunschprogramm herrschender Politik folgen müssen und zugleich den Spagat zwischen Unterhaltung und Sedierung zu meistern haben, so müssen parteipolitische Akteure die kleinen Utopien des Volkes um den Preis der Verbiegung[14] des Wirklichen am Leben erhalten. Auch das Volk ist eine zwischen wechselnden Gruppen flottierende „Kundschaft" politischer Parteien, deren Toleranz fürs Zumutbare unter der Macht der Kulturindustrie nur kleine Spielräume für Überraschungen erwarten lässt. Politik, die *tatsächlich* so kühn wäre, das Bedenklichste zu denken, müsste sich über kurz oder lang selbst abschaffen.

An dieser Stelle kann allein ein scheinbar solipsistisches Votum für das (utopische) Projekt einer Selbstsorge stehen, welches die Grenzen des Egoismus dadurch überschreitet, dass sich auch diese Sorge nur im Rahmen *gemeinsamer* Situationen der Lebensführung vollziehen kann. Gerade die produktiv-chaotische wie darin kreative Dynamik metropolitaner Lebensformen (er-)findet immer wieder neue Inseln der Schonung im leiblich-praktischen Spürsinn für das Leben in sozialen Welten und Milieus der (zweiten) Natur. Sie bilden den Keim der Initiierung mitunter schnell um sich greifender sozialer Bewegungen der Krisenprophylaxe wie -überwindung. Denen kann Politik dann schließlich nur noch folgen.

Literatur

Adorno, Theodor W. (1970): *Ästhetische Theorie.* Gesammelte Schriften, Bd. 7. Frankfurt: Suhrkamp.
Barthes, Roland (2010): *Mythen des Alltags.* Aus dem Französischen von Horst Brühmann. Frankfurt: Suhrkamp.
Bentmann, Reinhard; Müller, Michael (1992): *Die Villa als Herrschaftsarchitektur.* Hamburg: Europäische Verlags-Anstalt.
Böhme, Gernot (1999): Kritische Theorie der Natur. In: *Zeitschrift für Kritische Theorie* 5 (9), S. 59–71.
Böhme, Gernot; Böhme Hartmut (1996): *Feuer, Wasser, Erde, Luft. Eine Kulturgeschichte der Elemente.* München: Beck.
Bourdieu, Pierre (1983): Ökonomisches Kapital, kulturelles Kapital, soziales Kapital. In: Kreckel, Reinhard (Hg.): *Soziale Ungleichheit* (= Soziale Welt, Sonderband 2). Göttingen: Schwartz, S. 183–198.

---

[14]„So paradox es ist, *der Mythos verbirgt nichts.* Seine Funktion ist es, zu deformieren, nicht verschwinden zu machen." (Barthes 2010, S. 267). Daraus folgt, dass der Mythos ein Wert ist, der „nicht von der Wirklichkeit gebilligt werden" muss (vgl. Barthes 2010, S. 270).

Gehlen, Arnold (1986): *Der Mensch. Seine Natur und seine Stellung in der Welt* (zuerst 1940). Wiesbaden: Aula.

Grätzel, Stephan (2008): *Grundlagen der Praktischen Philosophie*, Bd. IV (Raum – Zeit – Kausalität). London: Turnshare.

Grimm, Jacob; Grimm Wilhelm (1991): *Deutsches Wörterbuch*, Bd. 30. München: Deutscher Taschenbuch-Verlag.

Grunert, Heino (2012): Neue Gartenkunst im Hamburger Westen. In: Bunge, Hans; Kähler, Gert (Hg.): *Villen und Landhäuser. Bürgerliche Baukultur in den Hamburger Elbvororten von 1900 bis 1935*. München; Hamburg: Dölling und Galitz, S. 115–131.

Hasse, Jürgen (2004): Ästhetik im Spannungsverhältnis von NaturDenken und NaturErleben. Für einen anthropozentrischen Naturschutz. In: Fischer, Ludwig: *Projektionsfläche Natur. Zum Zusammenhang von Naturbildern und gesellschaftlichen Verhältnissen*. Hamburg: University-Press, S. 45–59.

Hasse, Jürgen (2008): Ernährung als Dimension sinnlicher Erfahrung. Für eine Alphabetisierung sinnlicher Wahrnehmung und eine Kritik der Ökonomie. In: Antoni-Komar, Iren; Pfriem, Reinhard; Raabe, Thorsten.; Spiller, Achim: *Ernährung, Kultur, Lebensqualität* (= Wirtschaftswissenschaftliche Nachhaltigkeitsforschung, Bd. 3). Marburg: Metropolis, S. 239–262.

Heidegger, Martin (1993): *Sein und Zeit* (Original 1927). Tübingen: Niemeyer.

Heidegger, Martin (1997): *Was heißt Denken?* (Original 1951/52). Tübingen: Niemeyer.

Honnefelder, Ludger (2011) „Natur" (allgemein). In: Kolmer, Petra; Wildfeuer, Achim G. (Hg.): *Neues Handbuch philosophischer Grundbegriffe, Band 2*. Freiburg; München: Alber, S.1571–1578.

Kähler, Gert (2012): Skizzen zu Politik und Gesellschaft in den Elbvororten 1900 bis 1935. In: Bunge, Hans; Kähler, Gert (Hg.): *Villen und Landhäuser. Bürgerliche Baukultur in den Hamburger Elbvororten von 1900 bis 1935*. München; Hamburg: Dölling und Galitz, S. 7–25.

Kolmer, Petra (2011): „Natur" (allgemein). In: Kolmer, Petra; Wildfeuer, Achim G. (Hg.): *Neues Handbuch philosophischer Grundbegriffe*, Bd. 2. Freiburg; München: Alber, S. 1560–1570.

Kranz, Margarita (1972): Sorge. In: Ritter, Joachim (Hg.): *Historisches Wörterbuch der Philosophie*, Band 9. Basel; Stuttgart, Sp. 1086–1090.

Nova, Alessandro (2007): *Das Buch des Windes. Das Unsichtbare sichtbar machen*. München; Berlin: Deutscher Kunst-Verlag.

Picht, Georg (1990): *Der Begriff der Natur und seine Geschichte* (Studienausgabe). Stuttgart: Klett.

Schmitz, Hermann (1981): *System der Philosophie*, Bd. III (Der Raum), Teil 2 (Der Gefühlsraum) (zuerst 1969). Bonn: Bouvier.

Schmitz, Hermann (1989): *System der Philosophie*. Bd. III (Der Raum), Teil 5 (Die Wahrnehmung) (zuerst 1978). Bonn: Bouvier.

Schmitz, Hermann (1994): *Neue Grundlagen der Erkenntnistheorie*. Bonn: Bouvier.

Schmitz, Hermann (1995): *System der Philosophie*. Bd. III (Der Raum), Teil 4 (Das Göttliche und der Raum) (zuerst 1977). Bonn: Bouvier.

Schmitz, Hermann (2009): *Kurze Einführung in die Neue Phänomenologie*. Freiburg; München: Albert.

Simmel, Georg (1998): Die Großstädte und das Geistesleben (zuerst 1903). In: Lichtblau, Klaus (Hg.): *Soziologische Ästhetik.* Bodenheim: Philo, S. 119–133.

Sloterdijk, Peter (2009): *Du mußt dein Leben ändern.* Frankfurt: Suhrkamp.

Vetter, Helmuth (2014): *Grundriss Heidegger. Ein Handbuch zu Leben und Werk.* Hamburg: Meiner.

Über den Autor

Jürgen Hasse, Dr. rer.nat. habil. (geb. 1949), Frankfurt/M., 1993–2015 Univ. Prof. am Institut für HumangeografieHumangeographie an der Universität Frankfurt/M. Forschungsgebiete: Mensch-Natur-Verhältnisse, Räumliche Vergesellschaftung, phänomenologische Stadtforschung. Zahlreiche Bücher zu kulturwissenschaftlich-phänomenologischen Themen.

Interventionen als kreative Praxisform: Die Suche nach Neuheit als gesellschaftliches Phänomen

Henning Mohr und Friederike Landau

1   „Interventionen" – unterbestimmt oder unbestimmbar?

Seit einigen Jahren lässt sich gesamtgesellschaftlich beobachten, dass Akteur_innen aus Kunst, Architektur oder Design mittels ästhetischer Produktionen neue Gesellschaftsentwürfe aufzeigen und sich dadurch aktiv in die Gesellschaftsgestaltung einbringen (vgl. Laister et al. 2014; Lewitzky 2005; Grothe 2005). Sie tun dies nicht (nur) aus eigener Motivation, sondern auch im Auftrag von öffentlichen Verwaltungen, Unternehmen und Organisationen (vgl. Aßmann et al. 2014; Berthoin Antal 2012; Berthoin Antal und Strauß 2013; Hildebrandt 2014; von Borries 2004). Durch die Beauftragung sollen klassische Entscheidungs- bzw. Entwicklungsprozesse durch neue Kommunikationsweisen geöffnet und durch partizipationsorientierte Aushandlung auch legitimiert werden. Ein Beispiel für diese beauftragte Form der künstlerisch-kreativen Auseinandersetzung mit sozialen Strukturen ist das Projekt *Kolorado Neustadt* des Berliner Architektenkollektivs *Raumlabor,* welches im Auftrag des Stadtplanungsamtes Halle ein Planungskonzept zum zukunftsgerechten Stadtumbau für den Stadtteil Halle-Neustadt entwerfen sollte (Bader und Mayer 2006).

H. Mohr (✉)
TU Berlin, Berlin, Deutschland
E-Mail: Henning.Mohr@campus.tu-berlin.de

F. Landau
Center for Metropolitan Studies, TU Berlin, Berlin, Deutschland
E-Mail: friederike.landau@metropolitanstudies.de

© Springer Fachmedien Wiesbaden GmbH 2017
J.-L. Reinermann und F. Behr (Hrsg.), *Die Experimentalstadt,*
DOI 10.1007/978-3-658-14981-9_4

Anstatt der vorherrschenden Planungslogik zu folgen, lebten Mitglieder von *Raumlabor* einige Monate lang in dem Stadtviertel, um vor Ort ein Gefühl für das soziale Gefüge zu erhalten. Während ihres Aufenthaltes versuchten sie aus dieser Motivation heraus, sich „kreativ" mit den vorgefundenen Lebenswelten der Menschen auseinanderzusetzen, und so neue Interaktionsdynamiken in Gang zu setzen. Das Projekt gipfelte in der Einrichtung des *Hotel Neustadt,* welches temporär in einem leer stehenden Hochhaus in Zusammenarbeit mit unterschiedlichsten Akteur_innen bespielt wurde: Lokale Jugendliche entwarfen beispielsweise eigene Konzepte für die über 90 Zimmer, Künstler_innen veranstalteten ein internationales Theaterfestival. Eine besondere Qualität des Projekts bestand in der gezielten Nutzung vor Ort vorhandener Ressourcen und Infrastrukturen. So baute das Kollektiv im Erdgeschoss des Hotels eine Espressobar auf, die ausschließlich aus den Türen leer stehender Wohnungen der umliegenden Plattenbauten bestand. Die Gruppe verstand sich durch diesen situativen Ansatz als ermöglichende Instanz von Prozessen, die sich durch die Energie aller beteiligten Akteur_innen verstärkten. Ziel der Aktion war es, durch Intensivierung sozialer Austauschprozesse vor Ort die Identifikation der Menschen mit ihrem Viertel zu erhöhen und durch die dabei freigesetzten Handlungspotenziale zukunftsfähige Formen des Zusammenlebens zu entwickeln (Bader und Mayer 2006, S. 185).

Obwohl die entwickelten Planungskonzepte für den Stadtumbau von Halle-Neustadt letztendlich nicht umgesetzt wurden, offenbart das Projekt ein neues (Selbst-) Verständnis gestalterisch agierender Akteur_innen, die sich zunehmend nicht mehr auf ihre funktional differenzierten Disziplinen reduzieren lassen. Stattdessen wollen sie das Soziale insgesamt beeinflussen. Da mit verschiedensten künstlerisch-ästhetischen Methoden gearbeitet wird, lässt sich ein derartiges Vorgehen kaum noch einem bestimmten Feld wie etwa Architektur, Kunst, Design, Performance oder auch dem Bereich der sozialen Arbeit zuordnen. Vielmehr handelt es sich um wechselseitig anschlussfähige, kreative Praxisformen, in denen über die gezielte Nutzung (ästhetischer) Produktionen klassische Wirklichkeitsmodelle infrage gestellt werden, um auf diese Weise Umdeutungen oder Neupositionierungen möglich zu machen. Paula Marie Hildebrandt weist beispielsweise darauf hin, dass es bei diesen ästhetischen Praktiken nicht alleine um Kunst, sondern um eine Vermischung unterschiedlicher Disziplinbezüge handelt. Das scheinbar „künstlerische" Projekt sei zugleich pädagogische Erziehungsmaßnahme, Planungsverfahren oder Wirtschaftsentwicklung (Hildebrandt 2012, S. 738, 2014). Daran anknüpfend macht sie deutlich, dass die hier gemeinten Praxisformen „weniger Werke denn Modelle einer alternativen Wissensproduktion, [im Sinne] der Sichtbarmachung von sozialen Themen und alternativen Stadtnutzungen, kollektiven Handelns, flüchtiger Formen der Beteiligung sind, welche über kulturelle Repräsentationen und Symbolproduktionen hergestellt und organisiert werden" (Hildebrandt 2012, S. 737). Diese Praxisformen, die aus verschiedensten künstlerischen Registern entstehen und dort rezipiert werden, können unter dem Begriff der künstlerischen, kreativen oder ästhetischen[1] „Intervention" zusammengefasst werden. Zwar existieren verschiedene (populär- und quasi-)wissenschaftliche Diskurse zum Begriff der Intervention – etwa in Kunst, Architektur, Design oder Stadtplanung (von Borries et al. 2012; Hartmann et al. 2012; Wenzel 2011; Volke 2010; Raunig 2000; Babias und Könneke 1998; Höller 1995) – dennoch kreisen die bisher in diesem heterogenen Begriffsfeld entstandenen Systematisierungen und Typologisierungen nur *beschreibend* um die Frage, woran man eine Intervention erkennen kann.

Erste Versuche einer Kategorisierung unternahm die DFG-Forscher_innengruppe *Urbane Interventionen* unter Leitung des Designforschers Friedrich von Borries, die sich angesichts der Unschärfen des Interventionsbegriffs vornahm, „mehr über das Wesen des Intervenierens nachzudenken" (von Borries et al. 2012, S. 6). Anhand der hervorgebrachten Veröffentlichungen wie beispielsweise dem *Glossar der Interventionen* (von Borries et al. 2012) ist jedoch zu erkennen, dass die Definitionsarbeit, die den Weg der extremen Ausdifferenzierung in Form einer quasi endlosen Aufzählung von über 100 Adjektiven wählte („kreative Intervention", „künstlerische Intervention", „aktivistische Intervention" etc.), das bestehende Definitionsdilemma der Intervention nicht überwindet. Kriterien wie Zeitlichkeit, räumliche Positionierung oder Aneignung (öffentlicher) Räume, Einbeziehung verschiedener Akteur_innen oder ähnliche beschreibende Kategorien reichen nicht aus, um die Vielzahl bestehender Praktiken, die als Intervention subsumiert werden, analytisch zu fassen (siehe auch Landau und Mohr 2015). Dies ist jedoch nicht auf einen Mangel an Präzision oder Analytik zurückzuführen, sondern verweist auf eine unüberwindbare, strukturelle, und somit *konstitutive* Unbestimmbarkeit von Interventionen. Folglich ergibt sich aus dem Definitionsdilemma ein Analysedilemma.

2 „Intervention" als kreative Praxisform?

Aufbauend auf diesem Interventionsverständnis untersucht dieser Beitrag nicht, was eine Intervention im Sinne einer ontologisierenden Versteinerung *ist,* denn im engeren Sinne hat sie kein *Sein,* also keine essenzielle Grundlage oder einen

---

[1]Zur Problematik, den Begriff der Intervention zu schärfen, siehe nachfolgende Ausführung zum *Glossar der Interventionen.*

interpretationsunabhängigen Wesenskern. Stattdessen wird im Folgenden versucht, Intervention als kreative *Praxisform* der Gesellschaftsgestaltung und -verhandlung nachzuzeichnen. Die These lautet, dass interventionistische Praktiken als Verstärker und Ergebnis einer wissens- und kreativitätsbasierten Innovationsgesellschaft gesehen werden können, die über die permanente Suche nach Neuheit reguliert und gesteuert wird (Hutter et al. 2011). Die auf ständige ästhetische Reizung ausgerichtete Subjektformation ist dabei an eine Reflexivität gekoppelt, die (soziale) Innovationen als zukunftsweisende Problemlösung aufdecken soll und will. Zudem wird das erlebnisorientierte Subjekt in einen sozialen Zusammenhang integriert, in dem es selbst an der Produktion ästhetischer Erlebnisse mitwirken kann, und so als koproduzierende Prosument_in eine neuartige Beziehung mit einem Kunstwerk, -erlebnis oder -prozess eingeht, die die Subjekt-Objekt-Beziehung unterwandert (Fischer-Lichte 2004, S. 63; Reckwitz 2012, S. 107). Im Rahmen dieser Koproduktion ergeben sich utopische oder visionäre Setzungen zur Verhandlung von Zukunft. Dadurch werden Kunst bzw. künstlerische Methoden aufgewertet, da sie sich sowohl durch die permanente Produktion neuer Ästhetiken auszeichnen, als auch auf die Imagination alternativer Gesellschaftsentwürfe spezialisiert sind. Daran anknüpfend entsteht die Frage nach dem Potenzial der Interventionen für die Konstruktion *radikal* neuer Handlungs-, Organisations- und Gesellschaftsformen und die sich anschließende Diskussion, inwiefern die Ent-Ontologisierung oder Ent-Fundamentalisierung des Interventionsbegriffs neue theoretische, diskursive, materiell erfahrbare und empirisch erforschbare Räume für diese kreative Praxisform eröffnet.

3   Über die Bedeutung von Kreativität

Im Zuge eines wachsenden Bedarfs nach kreativen Handlungs- und Problemlösungsformen wird Kreativität zunehmend als Quelle und Motor gesellschaftlicher, sozialer und ökonomischer Innovationen und Veränderungen herangezogen. Nach Andreas Reckwitz (2012) bildet sich eine Art ästhetisches Regulativ der Gesellschaft heraus, welches durch symbolische Repräsentationen und ästhetische Produktionen die Gestaltung der Gesellschaft (mit)beeinflusst. Daran anknüpfend entwickelt dieser das Konzept eines Kreativitätsdispositivs als „[...] Netzwerk von gesellschaftlich verstreuten Praktiken, Diskursen, Artefaktsystemen und Subjektivierungsweisen, die nicht völlig homogen, aber doch identifizierbar durch bestimmte Wissensordnungen koordiniert werden" (Reckwitz 2012, S. 49). Das zentrale Motto in einer kreativitätsbasierten Gesellschaft lautet „Sei kreativ! Mach etwas aus deinem Leben! Tu etwas Verrücktes!" (Raunig

und Wuggenig 2007). Kreativität bedeutet damit nicht nur die Fähigkeit, dauerhaft „dynamisch Neues hervorzubringen", sondern auch eine bestimmte schöp-
ferische Produktionsweise, die sich „an die moderne Figur des Künstlers [sic!],
an das Künstlerische und das Ästhetische" zurückbindet (Reckwitz 2012, S. 10;
Reckwitz 2011, S. 98 ff.). Das Besondere an Künstler_innen ist deren experimentelle Ausrichtung, die „sich niemals mit einer festgefügten Form begnügt, das im
Erproben neuer sozial subversiver Reize zugleich disparate Möglichkeiten des
Subjektseins realisiert" (Reckwitz 2012, S. 299).

Auch Ulrich Bröckling (2007) geht davon aus, dass Kreativität längst ein
gouvernementales Programm und damit einen „Modus der Fremd- und Selbst-
führung" darstellt (Bröckling 2007, S. 153). Als Modus der Weltverarbeitung,
in dem es um die Reformierung und Neukombination von Alltagswissen geht,
„[…] kann die Intervention [eine Sichtbarmachung] bis dahin unbekannter Artefakte, Erkenntnisse und Sinndeutungen sein; neu ist aber auch die Rekombina-
tion oder Variation schon vorhandener, die Privilegierung zuvor entwerteter oder
die Entwertung zuvor privilegierter Artefakte, Erkenntnisse und Sinndeutungen"
(Bröckling 2007, S. 157). Es ist oben bereits deutlich geworden, dass die Sub-
jektivierung und eine damit verbundene Identitätsarbeit keiner eindeutigen Linie
(mehr) folgt. Kreativität kann dahingehend als Reaktion auf bzw. Auseinandersetzung mit dieser Uneindeutigkeit gesehen werden. Diesem Muster folgend
basieren Interventionen als kreative Praxisformen auf Inspiration, Improvisation
und Experimenten (Karow-Kluge 2008; Passoth 2012; Göttlich und Kurt 2012).
Es geht darum, sich mit der jeweiligen Wirklichkeit situativ auseinanderzusetzen,
sich Ressourcen möglichst vielseitig anzueigen und in ästhetischen Formaten zu
verarbeiten (Knoblauch 2011, S. 111). Durch die destabilisierenden Bewegungen
der Intervention können alltägliche Routinen aufgebrochen werden. Dementspre-
chend spielen Interventionen mit Fantasie, Imaginationen, Visionen und Utopien
(Noack 2015; Knoblauch 2011; Imhof 2012), unter Bezugnahmen von Herangehensweisen, wie sie am ehesten im Kunstfeld zu finden sind (Rauterberg 2015;
Reckwitz 2012).

4   Die reflexive Suche nach Neuheit in der Innovationsgesellschaft

Die zunehmende Bedeutung von Kreativität resultiert aus veränderten Formen der
Gesellschaftsgestaltung. Im Kontext des Strukturwandels zu einer postindustriellen bzw. wissens- und kreativitätsbasierten Innovationsgesellschaft (Hutter et al.
2011) ergeben sich Verschiebungen in der Alltagsgestaltung und -regulation des

Sozialen (Beck et al. 1996). Viele klassische Institutionen, Organisationen und
soziale Handlungsweisen stehen im Zuge von Individualisierung, Digitalisierung
und Globalisierung vor strukturellen Herausforderungen oder Umbrüchen. Die
institutionellen Gegebenheiten (re)produzieren gefestigte Strukturen, die ihre
eigene Fortexistenz anstreben und versuchen, ihre internen Herausforderungen
mit bekannten Problemlösungsansätzen zu bearbeiten (Giddens 1996; Beck 1996;
Lash 1996). Aus diesen Selbstblockaden oder -barrieren können sich gesell-
schaftspolitische Polarisierungen entwickeln. Auch führt die steigende Komplexität einer pluralisierten Lebenswelt zu wachsenden und sich wandelnden
Wissens- und Handlungsbeständen. Gerade die reflexive Suche nach alternativen
Problemlösungen, beispielsweise durch eine Adaption oder Subversion bestehender Strukturen, fördert neue Organisations- und Praxisformen abseits der bestehenden institutionellen Apparate. Die Innovationsgesellschaft koppelt die Modi
von Ästhetisierung[2] und Reflexivierung und ermöglicht so potenziell neue Gesell-
schafts- und Organisationsformen. Daraus ergeben sich Innovationsregime, die
als zentrale Regulations- und Steuerungsmechanismen eine Suche nach
Neuheit(en) forcieren, die sich als Innovationen stabilisieren können (Rammert
1997, 2008, 2010).

Dieses Innovationsverständnis umfasst nicht ausschließlich natur- und wirtschaftswissenschaftliche oder technische Errungenschaften, sondern begreift
auch das Soziale als Arena für und von Innovationen (Howaldt und Schwarz
2010, 2012; Schwarz et al. 2010). Das Subjekt ist dazu aufgerufen, sich selbst
und seine intersubjektive Lebenswelt kritisch zu hinterfragen und (experimentell) neue Lebensmodelle zu entwickeln. Demnach wird das Subjekt zunehmend
aus traditionellen Gesellschaftsentwürfen wie Familie, Religion oder Nachbarschaft herausgelöst und auf sich selbst zurückgeworfen (Beck 1986; Beck et al.
1996). Gerhard Schulze macht deutlich, dass sich so ein subjektiver Wechsel
von der Außenorientierung zur Innenorientierung vollzogen hat. Damit seien
nicht mehr die äußeren Vorgaben handlungsleitend, sondern die Gestaltung des
eigenen Selbst und die damit verbundene Identität (2005, S. 35). Dadurch etab-
liere sich eine wachsende Erlebnisorientierung, da immer neue ästhetische Refe-
renzen (Symbole, Zeichen, Artefakte, Events) zur Eigenaffizierung notwendig
werden (Schulze 2005, S. 36 ff.). Daran knüpft sich ein Reflexionsmodus, in
dem sich das Subjekt permanent mit seiner Umwelt abgleichen muss, um neue

---

[2]Die steigende Inwertsetzung der „Ressource" Kreativität und die permanente Affizierung von Subjektiven wird unter anderem als Ästhetisierung bezeichnet (Reckwitz 2012,
Schulze 2005), in der die Produktion immer neuer Ästhetisierungsweisen zum gesamtgesellschaftlichen Regulativ wird (Haug 2009).

Erlebnismöglichkeiten zu finden (Schulze 1994, 2005). Die Effekte der Erlebnisorientierung gehen schließlich in den Modus der Erlebnisrationalität über: „Erlebnisrationalität ist die Systematisierung der Erlebnisorientierung. Das Subjekt wird sich selbst zum Objekt, indem es Situationen zu Erlebniszwecken instrumentalisiert" (Schulze 1994, S. 40). Demnach kompensiert das Individuum die Erosion sozialer Gefüge durch permanente Reizung in Form von immer neuen Erlebnissen oder Zeichen.

Für Zygmut Bauman handelt es sich hier um eine besondere Form der *Life-Politics,* also der zunehmenden Eigenverantwortung zur individuellen Selbstgestaltung: „Wir sind reflexive Wesen, die genauestens jede ihrer Bewegungen beobachten, die selten mit dem zufrieden sind, was sie erreicht haben und die immer wieder nach Verbesserungen streben" (2003, S. 33). Die Entwicklung der Identität verwandelt sich dahingehend von einer *Vor*gabe zu einer *Auf*gabe (Baumann 2003, S. 43). Schließlich bezeichnet Bauman (2010) die Menschen der heutigen Zeit als Lebenskünstler_innen, die permanent daran arbeiten müssen, ein Selbstbild zu kreieren. Eine Aufweichung gesellschaftlich rigider Strukturen ermöglicht zwar einerseits ein größeres Maß an Freiheit zur Gestaltung der eigenen Lebenswelt, allerdings führt diese Desintegration auch zu einem wachsenden Bedürfnis nach anderen sinn- und identitätsstiftenden Formaten.

Die Individualisierung lässt sich aber nicht als Verinselung der Subjekte verstehen. Diese wollen auch weiterhin sinnhafter Bestandteil *inter*subjektiver Gemeinschaften sein, um dadurch ihre Identitäten festigen zu können. Ronald Hitzler et al. (2008) sprechen in diesem Sinne von Formen der posttraditionalen Vergemeinschaftung, in denen die Subjekte meistens nur temporär gemeinsame Erlebnisse erfahren, um sich dadurch für einen gewissen Zeitraum als Teil einer Gruppe zu erfahren. Darin lässt sich auch das oben erwähnte Bedürfnis nach Partizipation, Teilhabe oder Ko-Produktion verorten. Neben „bloßer" Rezeption wächst das Interesse, eine teilnehmende Rolle in ästhetischen Prozessen einzunehmen (Fischer-Lichte 2004). Mark Terkessidis (2015) bezeichnet diesen partizipationsorientierten Handlungsmodus als „Kollaboration". Die Integration in Gemeinschaftsprozesse wirke sinn- und identitätsstiftend, so dass der stattfindende Dialog als Verdichtung von Kommunikation die Etablierung des Neuen befördere: „Nicht der Wettbewerb zwischen Individuen oder Organisationen lässt Neues entstehen, sondern deren Offenheit und Anschlussfähigkeit" (2015, S. 119). Im Kontext dieser unendlich stimulierenden und sich gleichzeitig ständig reproduzierenden ästhetischen Welten lassen sich eben jene ästhetischen Bedürfnisse nicht abschließend befriedigen, weshalb immer neue ästhetische Produktionen notwendig sind. Dieses Bedürfnis wird auch im Sinne einer Ökonomisierung

der Subjekte aufgegriffen. Die scheinbare Notwendigkeit, permanent neue ästhetische Erfahrungen und Erlebnisse zu produzieren, findet sich längst in institutionellen und ökonomischen Gegebenheiten wieder bzw. wird von Unternehmen,
Marken und Organisationen forciert.

Die derzeit zu beobachtenden Interventionspraktiken passen in den hier aufge-
zeigten Gesellschaftsmodus. Sie integrieren Subjekte in sinn- und identitätsstiftende Gesellschaftsexperimente, die permanent neue Erlebnisse ermöglichen. Die
zunehmende Erlebnisorientierung verstärkt die Notwendigkeit der Produktion
von ästhetischen Reizen. Aus diesem Grund werden die kreativen Praktiken und
Ressourcen gestalterischer Disziplinen, wie oben angesprochen, aufgewertet und
fortschreitend normalisiert (Rauterberg 2015).

5 Interventionen – Treiber und Ergebnis einer kreativitätsorientierten Gesellschaft

In einer Gesellschaft, in der Kreativität, die Suche nach dem Neuen und das
Bedürfnis ständiger ästhetischer Affizierung vorherrschen, kann die Intervention
als kreative Praxisform gleichermaßen als Stimulation bzw. Medium des kreativen Subjekts sowie als Effekt oder Produkt einer solchen Gesellschaft verstanden
werden. Im diesem Spannungsfeld zwischen reflexiver, ästhetischer Reizung und
als Verfahren der Neuheitsproduktion können Interventionen (temporär) sinn- und
identitätsstiftende Erlebnisse hervorbringen. Daran knüpfen sich Elemente einer
künstlerischen Welt(v)erarbeitung, die als kritische Praxis die bestehende Wirklichkeit hinterfragen und alternative Imaginationen des Zusammenlebens aufzeigen (können). Unter diesen Bedingungen spielen also Interventionen einerseits
hinsichtlich ihrer Ausrichtung als Dekonstruktion und Kritik oder als Affirmation bestehender Ordnungen eine Rolle. Hierbei sind die Kritik an der Wirklichkeit und ästhetische Reizung miteinander verbunden: Die Beeinflussung durch
eine kreative Praxis eröffnet „Räume für die Ausbreitung der ästhetischen Kritik
eben dieses Macht/Wissen-Komplexes" (Lash 1996, S. 234). Entsprechend dem
Zeitgeist der beschriebenen kreativitäts- und neuheitsbasierten gesellschaftlichen Formation ist die Intervention zudem im Hinblick auf die Erzeugung von
ästhetischer Neuheit interessant, denn „[…] wenn das Kreativitätsdispositiv zur
Hegemonie wird, kann die ästhetische Reflexivität, wie sie zentrifugale Kunst
entwickelt, eine Form annehmen, die Selbstreflexion und Gesellschaftskom-
mentar in einem ist" (Reckwitz 2012, S. 131). Dieses Verständnis untermauert
Reckwitz anhand spezifischer Regime des Neuen, die im folgenden Teil für die
weiteren Überlegungen herangezogen werden.

6 Neu, Neuer, am Neuesten – Die drei Regime des Neuen

Der Ausdruck „Regime" verweist auf eine Verknüpfung zwischen Gesellschaftsregulation und Neuheitsanspruch. Demnach orientieren sich bestimmte Gesellschaftsformate an Neuheitstypen bzw. bevorzugen diese (Reckwitz 2012, S. 44). Das *erste Regime des Neuen* (Neues I) sieht das Neue als Stufe und damit als Teil eines endlich-erschöpflichen Fortschritts. Diese Form der Neuheit ist dann erreicht, wenn das Alte final ersetzt werden kann, etwa wie der Regimewechsel bei einer Revolution. Das *zweite Regime des Neuen* (Neues II) fasst das Neue als Steigerung und Überbietung auf. Zu denken wäre etwa an technisch-naturwissenschaftliche Entwicklungen, die Bestehendes verbessern, ohne es gleichsam zu ersetzen. Durch die Auf- oder Ausreizung von Wahrnehmungsordnungen – Affizierungen – in Form von Verlangsamung, Vergrößerung, Verschleierung, Vervielfältigung etc. wird der „normative Anspruch der Verbesserung" anvisiert. Das *dritte Regime des Neuen* (Neues III), welches das Neue „[…] als perzeptiv-affektiv wahrgenommener und positiv empfundener Reiz" begreift (Reckwitz 2012, S. 45), stellt vorerst das umfassendste Moment von Neuheitserzeugung in einer Gesellschaft dar, die eine Ästhetisierung durch permanente Affizierung der kreativen Subjekte vorantreibt. Das Neue als Reiz steht für die ständige Produktion[3] neuer Reize. Hier liegt auch das interessante Moment für Überlegungen über Interventionen: die künstlerisch-kreative Praxis, also die Intervention, zielt auf den (temporären) Aufbau einer *ästhetischen* Situation, und nimmt sich damit zumindest zeitweise dem Bedürfnis nach Reizung und Neuheit an, indem diese Praxis die Subjekte affiziert, bewegt und im Sinne des Konzepts der Prosument_in auch einbezieht.

7 Ermöglichen Interventionen *radikale* Neuheit?

Die Ausführungen bis zu diesem Punkt haben gezeigt, dass Interventionen als kreative Praxisform über den Modus einer permanenten Affizierung ein Potenzial zur Neuheitserstellung haben. Auf der Suche nach neuen Handlungs-, Organisations- und Gesellschaftsformen *können* Intervention als kreative Praxisform über Produktion

---

[3]Trotz dieses schöpferischen Beiklangs ist Raunigs Ausführung zu beachten, dass Interventionen auch im Bereich des „Präproduktiven" liegen, sie also in engeren Sinne nicht die materielle Produktion eines (Kunst-)Werkes anstreben, sondern „[…] statt einer Arbeit an Produkten […] die Arbeit an den Mitteln der Produktion" sind (Raunig 2000, online). So wird Intervention als *prozessuale* Strategie begriffen.

ästhetischer Ereignisse Neuheit schaffen, indem sie bestehende Sinnzusammenhänge re-kombinieren und so neue Gesellschaftsmodi erstellen. Die Affizierungsmechanismen der Interventionen stimulieren das kreative Subjekt permanent – teilweise auch ungefragt – und bieten ständig neue Verknüpfungs-, Wahrnehmungs-, Deutungs- und Erlebniskonfigurationen an. Nichtsdestotrotz orientieren sich Interventionen im bisher dargestellten Sinne an existierenden Ordnungen und versuchen, diese durch Neuverhandlungen, Verschiebungen etc. eben diese *bestehenden* Systeme zu verändern. Obwohl angenommen wird, dass im Rahmen des Regime Neues III neue Handlungsspielräume und Gesellschaftsmodelle entstehen können, liegt die gesellschaftliche Veränderung im Sinne sozialer Innovationen zunächst jedoch nur in der Erstellung von *ästhetisch* neuen Kontexten.

Als ausblickende Überlegung stellt sich nun die Frage, inwiefern Interventionen auch als Praxisform *radikaler* Neuheit zu denken wären. Der hier zugrunde liegende Begriff des Radikalen ist angelehnt an Ernesto Laclaus und Chantal Mouffes Konzept der radikalen Demokratie (Mouffe und Laclau 2001), die eine Transformation bestehender Machtverhältnisse ebenso umfasst wie die Konstruktion einer neuen Hegemonie (Mouffe 2005, S. 53). In diesem Kontext soll die Radikalität auf das Denken von Neuheit bezogen werden, welches also sowohl bestehende Neuheitsverständnisse transformieren als auch eine neue Hegemonie des Neuen konstruieren kann. Die Transformation bestehender Neuheitsverständnisse bezieht sich dabei auf die drei besprochenen Regime des Neuen; die Entstehung einer neuen Hegemonie soll unter Neues IV konzeptualisiert werden. Hier ist zu berücksichtigen, dass das radikal Neue und somit auch ein Regime des Neuen IV sozialontologisch mit einem Verständnis von Gesellschaft zu denken ist, welches – über konstruktivistische Ansätze hinausgehend – die generelle Abwesenheit von Gesellschaft annimmt und in diesem Sinne *post*fundamentalistisch[4] ist (Marchart 2013).

Auf der (kollektiven) Suche nach *radikaler* Neuheit, die nicht dem ästhetischen Apparat des Kreativitätsdispositivs verhaftet bleibt, soll die Intervention als ent-fundamentalisierende Praxis der Neuheitserzeugung skizziert werden. Hierbei handelt es sich um einen experimentellen Gedankengang, der als Anregung zur

---

[4]Gemäß einem postmarxistischen oder postfundamentalistischen Gesellschaftsverständnis darf „[…] die moderne Abwesenheit letzter Gründe (wie Gott, Vernunft oder Geschichte) nicht mit der Abwesenheit aller Gründe verwechselt werden […] – das wäre ein bloßer Antifundamentalismus" (Marchart 2013, S. 11). Eine postfundamentalistische Gesellschaftsbetrachtung gibt sich weder der Positivität und Selbstgenügsamkeit eines Fundamentalismus noch einem totalisierenden Antifundamentalismus hin, sondern kann durch Betonung der ontologischen Abwesenheit eines gesellschaftlichen Fundaments auf die unüberwindbare Konstruiertheit von „Gesellschaft" verweisen, was potenziell emanzipatorische Handlungs- und Gestaltungsspielräume eröffnet.

Diskussion über den Interventionsbegriff und seine möglichen theoretischen und empirischen Ausgestaltungen dienen soll. Der (Re-)Produktion der Gesellschaft und ihren Handlungslogiken folgend verharrt der Einfluss vieler konkreter Interventionen im Alltäglichen. Die kunstnahen Projekte verbleiben in der Logik von Neues II und Neues III: Kunstprojekte, die in soziale Sinnzusammenhänge wie z. B. Nachbarschaften, urbane Räume oder Organisationen intervenieren, belaufen sich primär auf die normative Verbesserung von sozialen Kontexten (äquivalent zum „Mandat" des Neuen II) oder eine ästhetische Affizierung (gemäß Neues III). Dies wird unter Stichworten wie „Aktivierung" etc. subsumiert. Festzuhalten ist jedoch, dass, wenn sich Gesellschaft als soziales Objekt auflöst, auch die potenziell affirmative Funktion der Intervention entproblematisiert wird – dann könnte die Intervention im Sinne eines *vierten Regimes des Neuen* als Praxisform des *radikal* Neuen auf den Plan treten.

8   Ausblick: Ein viertes Regime des Neuen?

Spricht Andreas Reckwitz bei der Beschreibung des Regimes des Neuen I vom Wunsch der Erreichung eines *absoluten,* endlich-erschöpflichen Fortschritts – einer abstrakten Perfektion oder Revolution – wird das fundamentalistische oder essenzialistische Verständnis dieser Neuheitserzeugung deutlich. Für die Konzeption von Interventionen als Praxisform des radikal Neuen ist das Regime des Neuen I daher für unsere weiteren Überlegungen weitgehend uninteressant. Auch wenn das Regime des Neuen II das absolut zu erreichende Fortschrittsdenken hin zu einem endlosen Verbesserungsdenken entwurzelt, verlässt dieses superlativistische Steigerungs- und Intensivierungsdenken das Terrain eines linearen Fortschrittsdenken nicht. Das Regime des Neuen III, welches Reckwitz am ausführlichsten beschreibt, da es aufgrund seiner affizierenden Funktion am stärksten zur Bedürfnisbefriedigung permanenter Kreativitätsausübung und Neuheit beiträgt, bleibt einem relationalen, relativen Verhältnis von Neuheit verhaftet. Neuheit als Reiz ist „[…] nicht der Fortschritt oder die Überbietung, sondern es ist die Bewegung selbst, die Abfolge von Reizen, der das Interesse gilt […]" (Reckwitz 2012, S. 45). Die angesprochene *Bewegung* scheint zirkulär, Reckwitz spricht lediglich von einer *Dynamisierung* des Sozialen durch das permanent Neue, es bleibe „weitgehend normativ neutralisiert" (2012, S. 45). Zwar produziert das Kreativitätsdispositiv Abweichungen von der Norm, „[…] trotzdem und gerade darin findet eine ästhetische Normalisierung statt, die auf eine Erwartbarkeit zweiter Ordnung des Verhaltens setzt: eine paradoxe Erwartbarkeit der Produktion von Abweichungen, die prämiert werden" (Reckwitz 2012, S. 47). Die

Deviation ist somit funktionalisiert, d. h. sie soll der (kreativen) Ausbeutung oder Herstellung von ästhetischen Objekten, Atmosphären oder Affekten dienen. Der Begriff Affekt beschreibt hier nicht nur ein Gefühl, sondern „einen komplizierten Zustand, in dem Wahrnehmung, Wissen, Urteilskraft und Handlung zusammenkommen" (Terkessidis 2015, S. 40). Affekt ist somit Ausdruck der Integration des Subjekts in einen intersubjektiven Sinnzusammenhang, in dem Identitäten im Sinne mentaler Infrastrukturen produziert und beeinflusst werden können. Zudem verweist die „paradoxe Erwartbarkeit der Produktion von Abweichungen" auf eine Grundierung, Begründung oder „Fundamentalisierung" von kreativen Handlungsweisen, worauf die antizipierten Abweichungen fußen. Obwohl Reckwitz das dritte Regime des Neuen in Relation mit den drei „entnormativierten Differenzbegriffen" des Originellen, des Interessanten und des Überraschenden verortet (Reckwitz 2012, S. 46), und das ästhetisch Neue „rein über seine Differenz zu vorhergehenden Ereignissen, über seine Differenz als Anderes zum Identischen" (Reckwitz 2012, S. 47) beschreibt, bietet er keine ausführliche ontologisch fundierte, differenztheoretische Ausarbeitung der Neuheitsregime an.

9 Neues IV – konstitutiv kontingent & konfliktreich (3 K)

Zur postfundamentalistischen Konzeptualisierung von Neuheit wird Oliver Marcharts Interventionsverständnis herangezogen: „Mit einer Intervention werden neue diskursive Objekte konstruiert" (2013, S. 301). Die Anbindung einer postfundamentalistischen Perspektive zur oben besprochenen Neuheitsdiskussion bzw. -obsession bietet sich somit an. Darüber hinaus erläutert Marchart Interventionen als radikal-konstruktivistischen „[...] Eingriff auf der Ebene der Denkbarkeit theoretischer Objekte im Sinne der Reartikulation in einem Feld vorgegebener traditionaler Möglichkeiten" (Marchart 2013, S. 201). Unter Bezugnahme auf die Begriffe Konfliktualität, Kontingenz, Antagonismus und Artikulation wäre ein viertes Regime des Neuen denkbar, welches das *Neue als konstitutiv kontingent und konfliktreich* (3 K) konzeptualisiert.

So kann die konstitutive Ambivalenz sowie die unauslöschlich antagonistische Dimension einer Intervention beleuchtet werden, die als „[...] Rückseite all der Grundbegriffe an nichts anderes erinnert als an die Kontingenz und Konfliktualität sozialer Ordnung" (Marchart 2013, S. 425). Als Extrapolation der diskutierten drei Regime des Neuen *könnte* das Regime des Neuen IV das Fundament sozialer Objektivität generell infrage stellen und somit neue Handlungs-, Organisations- und Gesellschaftsformen im Sinne einer neuen Sozialität bzw. sozialen Objektivität provozieren.[5] Die analytische Unschärfe des Interventionsbegriff, der wie oben dargestellt vielseitig beklagt wurde, erhält in einem postfundamentalistischen Gesellschaftsverständnis eine produktive Schwingung und ein neues Potenzial als Praxisform. Die inhärente Mehrdeutigkeit einer Intervention, sowohl aufseiten der ästhetisch agierenden Akteur_innen und deren Intentionalitäten als auch aufseiten der Rezipient_innen, also den erzeugten Wirkungen, Affekten oder Atmosphären, die eine Intervention auslöst, wird für eine 3 K-Intervention als *konstitutiv* erachtet. In der Thematisierung und der Sichtbarmachung der strukturellen Uneindeutigkeit oder Kontingenz sozialer Objektivität *kann* ein gegenhegemoniales und emanzipatorisches Diskurs- und Handlungspotenzial von 3 K-Interventionen für eben diese kreative Praxisform liegen.[6]

10   Intervention als Artikulationspraxis

Um die ent-fundamentalisierte Form der Intervention noch einmal besser als Praxisform greifen zu können, erfolgt der Rückgriff auf den Begriff der „Artikulation" von Mouffe und Laclau. Als Praxis definiert, stellt die Artikulation eine Form von partiellen Fixierungen temporärer Bedeutungen des Sozialen dar. In einem postmarxistischen Verständnis ist das Soziale selbst ohne Fundament oder Essenz und (be)gründet sich erst durch einen Konstruktionsprozess: „Durch den Prozess der Artikulation werden frei flottierende (differenzielle) Elemente in eine diskursive Formation eingebunden und überhaupt erst bedeutungstragend" (Marchart 2013, S. 309). Es ist also festzuhalten, dass Artikulation immer nur die zeitweise und stets partielle Fixierung von Bedeutungs- und Sinnordnungen inmitten eines Feldes, das unüberwindbar kontingent und konfliktuell ist, erreichen kann. Eben dies passt auf die 3 K-Intervention, sodass diese Form der Intervention als instituierend-destituierende Artikulationspraxis zu verstehen ist, d. h. zur Gründung und Ent-Gründung des Sozialen. Ähnlich wie das oben skizzierte Interventionsverständnis ist sie einerseits Handlungsform, die den Entwurf und Konstruktion einer neuen sozialen Ordnung ermöglicht, andererseits dekonstruiert sie bestehende, objektivierte gesellschaftliche Ordnungen. Darüber hinaus ist die 3 K-Intervention

---

[5]Hierbei ist Rachel Maders Hinweis zu beachten, dass Kontingenz oder Ambiguität jedoch nicht *per se* emanzipatorisch sind (Mader 2014, S. 10). Die gilt auch für das Phänomen der Intervention.
[6]Diese theoretische Überlegung erhebt keinen Anspruch auf eine allgemeine, empirische oder kausal erzeugbare Gültigkeit dieser Idee.

jedoch als Artikulationspraxis ontologisch völlig ent-gründet. Sie ist quasi ein Ereignis *radikaler Negativität* im Sinne einer Abwesenheit eines letzten Grundes und könnte so Ereignis oder Praxis des radikal Neuen sein. Die gesellschaftliche Formation, in die Intervention eingreifen wollte, existiert im engeren Sinne gar nicht (mehr). Stattdessen wird „Gesellschaft" als Gerinnung kontingenter sozialer Praktiken sichtbar. Die 3 K-Intervention bleibt immer *im Werden*. Mithilfe der Verschiebung von der (affirmativen) Intervention hin zu einem Verständnis der 3 K-Intervention als postfundamentalistischer Artikulationspraxis wird die ontologische Abwesenheit von „Gesellschaft" sichtbar, erlebbar, erforschbar und somit veränderbar.

11   Fazit

Die Intervention als kreative Praxisform von und für ästhetisch geleitete Gesellschaftsgestalter_innen aus Feldern wie Design, Architektur oder Kunst verkoppelt schließlich mehrere Prämissen der Neuheitserstellung: Während künstlerisch-kreative Herangehensweisen sich vielfach der Neuheit als Steigerung (Neues II) und Neuheit als ästhetischem Reiz (Neues III) zur Befriedigung von Erlebnisreizen bedienen, stellt das Regime des Neuen IV eine neue Möglichkeitstopografie für Gesellschaftsgestaltung und -verhandlung auf. Durch die ontologische Ent-Gründung der Intervention stehen die Grundlagen sozialer Wirklichkeiten neu und radikal zur Disposition und können dadurch andere Formen des Zusammenlebens möglich machen. Mit diesem ent-fundamentalisierten Verständnis ist die Praxisform der Intervention räumlich und erkenntnistheoretisch geöffnet worden. Sie ist für urbane und ländliche Räume interessant, um mit „kreativen" Herangehensweisen neue Handlungs-, Organisations- und Gesellschaftsmodelle zu erproben. Im Rahmen der analytischen Diskussion der Prämissen von Interventionen wurde erkenntlich, dass es an empirischen Auseinandersetzungen zum Phänomen der Intervention mangelt. Somit sollen die Überlegungen zur 3 K-Intervention nicht nur weitere Diskussionen über die theoretischen Parameter von Interventionen stimulieren, sondern auch im Rahmen empirischer (Er-)Forschungen neue Dimensionen der Interventionen freisetzen.

Literatur

Aßmann, Katja; Crepaz, Lukas; Heilmeyer, Florian (2014): *Urbane Künste Ruhr. Arts in Urban Space 2012 | 2013 | 2014*. Berlin: Distanz.

Babias, Marius; Könneke, Achim (1998): *Die Kunst des Öffentlichen. Projekte/Ideen/ Stadtplanungsprozesse im politischen/sozialen/ öffentlichen Raum*. Dresden: Verlag der Kunst.

Bader, Markus; Mayer, Christof (2006): Kolorado Neustadt. Aktive Diversifizierung und situative Praxis im Stadtumbau. In: *Informationen zur Raumentwicklung* 3/4, S. 179–189.

Bauman, Zygmut (2003): *Flüchtige Moderne*. Frankfurt: Suhrkamp.

Bauman, Zygmut (2010): *Wir Lebenskünstler*. Frankfurt: Suhrkamp.

Beck, Ulrich (1986): *Risikogesellschaft. Auf dem Weg in eine andere Moderne*. Frankfurt: Suhrkamp.

Beck, Ulrich (1996): Das Zeitalter der Nebenfolgen und die Politisierung der Moderne. In: Beck, Ulrich; Giddens, Anthony; Lash, Scott (Hg.): *Reflexive Modernisierung. Eine Kontroverse*. Frankfurt: Suhrkamp, S. 19–112.

Beck, Ulrich (2007): *Schöne neue Arbeitswelt*. Frankfurt: Suhrkamp.

Beck, Ulrich, Giddens, Anthony; Lash, Scott (Hg.) (1996): *Reflexive Modernisierung. Eine Kontroverse*. Frankfurt: Suhrkamp.

Berthoin Antal, Ariane (2012): Artistic intervention residencies and their intermediaries: A comparative analysis. In: *Organizational Aesthetics*, 1, S. 44–67.

Berthoin Antal, Ariane; Strauß, Anke (2013): *Artistic interventions in organizations: Finding evidence of values-added*. Research report. Berlin: WZB.

Bröckling, Ulrich (2007): *Das unternehmerische Selbst – Soziologie einer Subjektivierungsform*. Frankfurt: Suhrkamp.

Fischer-Lichte, Erika (2004): *Ästhetik des Performativen*. Frankfurt: Suhrkamp.

Giddens, Anthony (1996): Leben in einer posttraditionalen Gesellschaft. In: Beck, Ulrich, Giddens, Anthony; Lash, Scott (Hg.) (1996): *Reflexive Modernisierung. Eine Kontroverse*. Frankfurt: Suhrkamp, S. 113–194.

Göttlich, Udo; Kurt, Ronald (2012): *Kreativität und Improvisation. Soziologische Positionen*. Wiesbaden: Springer VS.

Grothe, Nicole (2005): *InnenStadtAktion – Kunst oder Politik? Künstlerische Praxis in der neoliberalen Stadt*. Bielefeld: Transcript.

Hartmann, Doreen; Lemke, Inga; Nitsche, Jessica (2012): Interventionen. Grenzüberschreitungen in Ästhetik, Politik und Ökonomie. München: Fink.

Haug, Wolfgang Fritz (2009): *Kritik der Warenästhetik. Gefolgt von Warenästhetik im High-Tech-Kapitalismus*. Frankfurt: Suhrkamp.

Hildebrandt, Paula Marie (2012): Urbane Kunst. In: Eckhardt, Frank: *Handbuch Stadtsoziologie*. Wiesbaden: Springer VS, S. 721–744.

Hildebrandt, Paula Marie (2014): *Staubaufwirbeln oder die Kunst der Partizipation*. Dissertation an der Bauhaus-Universität Weimar. Online erhältlich unter: http://e-pub. uni-weimar.de/opus4/frontdoor/index/index/docId/2158 (zuletzt abgerufen am 24. September 2015).

Hitzler, Ronald; Honer, Anne; Pfadenhauer, Michaela (2008): *Posttraditionale Vergemeinschaftung*. Wiesbaden: Springer VS.

Höller, Christian (1995): Fortbestand durch Auflösung. Aussichten interventionistischer Kunst. In: *Texte zur Kunst* 20, S. 109–117.

Howaldt, Jürgen; Schwarz, Michael (2010): Soziale Innovation – Konzepte, Forschungsfelder und -perspektiven. In: Howaldt, Jürgen; Jacobsen, Heike (Hg.): *Soziale Innovation. Auf dem Weg zu einem postindustriellen Innovationsparadigma.* Wiesbaden: Springer VS, S. 87–108.

Howaldt, Jürgen; Schwarz, Michael (2012): Zur Rolle der Sozialwissenschaften in gesellschaftlichen Innovationsprozessen. In: Beck, Gerald; Kropp, Cordula: *Gesellschaft innovativ. Wer sind die Akteure?* Wiesbaden: Springer VS, S. 47–64.

Hutter, Michael; Knoblauch, Hubert; Rammert, Werner; Windeler, Arnold (2011): *Innovationsgesellschaft heute: Die reflexive Herstellung des Neuen.* Technical University. Technology Studies Working Paper, TUTS-WP-4-2011.

Imhof, Kurt (2012): Der Zusammenhang von Unsicherheit und Kreativität in Wissenschaft und Gesellschaft. In: Göttlich, Udo; Ronald, Kurt (Hg.): *Kreativität und Improvisation. Soziologische Positionen.* Wiesbaden, Springer VS, S. 149–163.

Karow-Kluge, Daniela (2008): *Gewagte Räume. Experimente als Teil von Planung zwischen Wissenschaft, Gesellschaft und Kunst.* Dissertation an der Gottfried Wilhelm Leibniz Universität Hannover. Online erhältlich unter: http://edok01.tib.uni-hannover.de/edoks/e01dh08/578878593.pdf (zuletzt abgerufen am 10. März 2015).

Knoblauch, Hubert (2011): Alfred Schütz, die Phantasie und das Neue. Überlegungen zu einer Theorie des kreativen Handelns. In: Schröder, Norbert; Bidlo, Oliver (Hg.): *Die Entdeckung des Neuen. Qualitative Sozialforschung als Hermeneutische Wissenssoziologie.* Wiesbaden: Springer VS, S. 99–116.

Laister, Judith; Makovec, Margarethe; Lederer, Anton (2014): *The Art of Urban Intervention. Die Kunst des urbanen Handelns.* Wien: Löcker.

Landau, Friederike; Mohr, Henning (2015): Interventionen als Kunst des urbanen Handelns? Rezension zu Judith Laister / Anton Lederer / Margarethe Makovec (Hg.) (2014): Die Kunst des urbanen Handelns / The Art of Urban Intervention. In: *sub\urban. zeitschrift für kritische stadtforschung.* Band 3, 1.

Lash, Scott (1996): Reflexivität und ihre Doppelungen: Struktur, Ästhetik und Gemeinschaft. In: Beck, Ulrich; Giddens, Anthony; Lash, Scott: *Reflexive Modernisierung. Eine Kontroverse.* Frankfurt: Suhrkamp, S. 195–288.

Lewitzky, Uwe (2005): *Kunst für alle? Kunst im öffentlichen Raum zwischen Partizipation, Intervention und Neuer Urbanität.* Bielefeld: Transcript.

Mader, Rachel (2014): *Radikal Ambivalent. Engagement und Verantwortung in den Künsten heute.* Zürich-Berlin: Diaphanes.

Marchart, Oliver (2013): *Das unmögliche Objekt.* Berlin: Suhrkamp.

Mouffe, Chantal (2005): *On the Political.* London: VersoBooks.

Mouffe, Chantal; Laclau, Ernesto (2001 [1985]): *Hegemony and Socialist Strategy. Towards a Radical Democratic Politics.* 2. Aufl., London: VersoBooks.

Noack, Anika (2015): *Soziale Innovation in Berlin-Moabit. Zur kommunikativen Aushandlung von Neuem durch Raumpioniere im städtischen Kontext.* Wiesbaden: Springer VS.

Passoth, Jan-Hendrik (2012): Heterogene Praktiken, variable Kreativitäten. In: Kurt, Ronald; Göttlich, Udo (Hg.): *Kreativität und Improvisation. Soziologische Positionen* Wiesbaden: VS, S. 45–62.

Rammert, Werner (1997): Innovation im Netz. Neue Zeiten für technische Innovation: heterogen verteilt und interaktiv vernetzt. In: *Soziale Welt* 48, S. 397–416.

Rammert, Werner (2008): *Technik und Innovation.* Technical University. Technology Studies Working Paper, TUTS-WP-1-2008.

Rammert, Werner (2010): *Die Innovation der Gesellschaft.* Technical University. Technology Studies Working Paper, TUTS-WP-2-2010.

Raunig, Gerald (2000): Grosseltern der Interventionskunst, oder Intervention in die Form. Rewriting Walter Benjamin's „Der Autor als Produzent". Online erhältlich unter: http://eipcp.net/transversal/0601/raunig/de (zuletzt abgerufen am 29. Oktober 2015).

Raunig, Gerald; Wuggenig, Ulf (2007): *Kritik der Kreativität.* Wien: Turia + Kant.

Rauterberg, Hanno (2015): *Die Kunst und das gute Leben. Über die Ethik der Ästhetik,* Frankfurt: Suhrkamp.

Reckwitz, Andreas (2011): Vom Künstlermythos zur Normalisierung kreativer Prozesse: Der Beitrag des Kunstfeldes zur Genese des Kreativsubjekts. In: Menke, Christoph; Rebentisch, Juliane (Hg.): *Kreation und Depression. Freiheit im gegenwärtigen Kapitalismus.* Berlin: Kadmos, S. 98–117.

Reckwitz, Andreas (2012): *Die Erfindung der Kreativität. Zum Prozess gesellschaftlicher Ästhetisierung.* Frankfurt: Suhrkamp.

Schulze, Gerhard (1994): Gehen ohne Grund. Eine Skizze zur Kulturgeschichte des Denkens. In: Kuhlmann, Andreas (Hg.): *Philosophische Ansichten der Kultur der Moderne.* Frankfurt: Fischer, S. 79–130.

Schulze, Gerhard (2005): *Die Erlebnisgesellschaft. Kultursoziologie der Gegenwart.* Frankfurt; New York: Campus.

Schwarz, Michael; Birke, Michael; Beerheide, Emanuel (2010): Die Bedeutung sozialer Innovationen für eine nachhaltige Entwicklung. In: Howaldt, Jürgen; Jacobsen, Heike (Hg.): *Soziale Innovation. Auf dem Weg zu einem postindustriellen Innovationsparadigma.* Wiesbaden: Springer VS, S. 165–180.

Terkessidis, Mark (2015): *Kollaboration.* Frankfurt: Suhrkamp.

Volke, Kristina (2010): *Intervention Kultur: Von der Kraft kulturellen Handelns.* Wiesbaden: Springer VS.

von Borries, Friedrich (2004): *Who's afraid of Niketown? Nike-Urbanis, Branding and the City of tomorrow.* Rotterdam: Episode Publishers.

von Borries, Friedrich; Hiller, Christian; Kerber, Daniel; Wegner, Friederike; Wenzel, Anna Lena (2012): *Glossar der Interventionen.* Berlin: Merve.

Wenzel, Anna-Lena (2011): *Grenzüberschreitungen in der Gegenwartskunst. Ästhetische und philosophische Positionen.* Bielefeld: transcript.

Über die Autoren

Henning Mohr ist Sozialwissenschaftler mit einem Schwerpunkt im Feld innovativer Methoden für die Stadt- und Regionalentwicklung. Im Mai 2016 hat er seine Dissertation über die Einbindung künstlerischer Strategien in den Strukturwandel des Ruhrgebiets (am Beispiel von Projekten der Kulturorganisation Urbane Künste Ruhr) eingereicht, für die er innerhalb des DFG-Graduiertenkollegs „Innovationsgesellschaft heute" (TU Berlin, Institut für Soziologie) eine Förderung erhielt. Mit wissens-, stadt- und innovationssoziologischen Ansätzen versucht Henning Mohr die fortschreitende Funktionalisierung des Künstlerischen als Methode der Gesellschaftsgestaltung nachzuzeichnen. In seiner Forschung beschäftigt er sich ausführlich mit dem Bedeutungswachstum künstlerischer Prozesse in einer wissens- und kreativitätsbasierten Gesellschaft, die sich zunehmend über eine Suche nach dem (ästhetisch) Neuen reguliert.

Friederike Landau ist politische Theoretikerin und Stadtsoziologin. Seit Januar 2015 promoviert sie im Rahmen eines Promotionsstipendiums der Heinrich-Böll-Stiftung zum Entstehungsprozess der spartenübergreifenden Künstler_innen-Aktionsplattform Koalition der Freien Szene in Berlin und deren a(nta)gonistischem Verhältnis zur Berliner Kulturverwaltung im Rahmen von Politikgestaltungsprozessen. Weitere Interessens- und Forschungsschwerpunkte sind politische Organisationsformen von Künstler_innen und künstlerischer Aktivismus in einem potenziell postpolitischen Zeitalter, kritische Perspektiven auf den Diskurs der Kreativen Stadt sowie Theorien und Praktiken von Cultural Governance.

Teil II
Vom Experimentieren in Städten

Reallabore als kreative Arenen der Transformation zu einer Kultur der Nachhaltigkeit

Felix Wagner

1 Einleitung

„Gesellschaftliche Transformation" ist in den letzten Jahren geradezu ein Schlagwort in der Öffentlichkeit geworden, zumindest in der wissenschaftlich und gesellschaftspolitisch interessierten. Es braucht von daher auch nicht mehr unbedingt am Anfang eines Artikels mit Beispielen aktueller Krisen oder ökologischer (Problem-) Entwicklungen auf die Notwendigkeit eines Wandels hin zu Nachhaltigkeit hingewiesen werden. Dies ist mittlerweile weitgehend Common Sense. Dass dieser Wandel nicht nur ökologisch zu betrachten und technisch zu lösen oder vielleicht noch durch klassische politische Steuerungselemente in Kombination mit verändertem Verbraucherverhalten zu erreichen ist, mag zwar mittlerweile in der gängigen Rhetorik angekommen sein, aber in der politischen und gesellschaftliche Praxis ist diese Erkenntnis bislang nur marginal umgesetzt.

Welche Rolle kann nun Wissenschaft, gerade auch in Form von Interventionen in die gesellschaftliche Realität, darin erfüllen? Es ist ja zunehmend die Rede davon, dass wir uns in einer Wissensgesellschaft befinden, deren Alltag von Wissen und damit natürlich auch maßgeblich von Wissenschaft geprägt ist. Es soll an dieser Stelle nicht um die generelle Beziehung von Wissenschaft und Gesellschaft, bzw. Forschung und Alltag gehen. Im Fokus steht vielmehr die Frage, inwiefern Wissenschaft zu nachhaltigem gesellschaftlichem Wandel beitragen kann und wie dies durch das Format „Reallabor", als ein auf vielfältige Weise Akteure und diverse Ansätze einbeziehender, kreativer Prozess, geschehen kann.

F. Wagner (✉)
Research in Community, Freiburg, Deutschland
E-Mail: f.wagner@researchincommunity.net

© Springer Fachmedien Wiesbaden GmbH 2017
J.-L. Reinermann und F. Behr (Hrsg.), *Die Experimentalstadt,*
DOI 10.1007/978-3-658-14981-9_5

Zunächst kam das Thema Nachhaltigkeit, respektive überhaupt die Erkenntnis von „Grenzen des Wachstums", aus der Wissenschaft selbst in die gesellschaftliche Wahrnehmung, durch den gleichnamigen und viel zitierten Bericht des Club of Rome (Meadows 1972). Zwanzig Jahre später war auf dem „Weltgipfel" in Rio de Janeiro, der UNO-Konferenz über Umwelt und Entwicklung, in der daraus resultierenden „Agenda 21" ein eigenes Kapitel dem Thema „Wissenschaft im Dienst der Nachhaltigen Entwicklung" gewidmet. Hieraus resultierte eine verstärkte Wahrnehmung dieser Aufgabe von Wissenschaft.

Trotz einiger Ausnahmen[1] handelt es sich bislang um mehr oder minder klassische Forschung, die objektiv und dadurch auch frei von Normativität, Erkenntnisse liefern soll, aufgrund deren dann Entscheidungen in Politik und Gesellschaft getroffen werden können. Im Jahre 2011 erschien das Hauptgutachten des Wissenschaftlichen Beirats der Bundesregierung Globale Umweltfragen (WBGU), das schon im Titel Stoff für das Legendäre birgt: „Welt im Wandel – Gesellschaftsvertrag für eine Große Transformation". Nicht nur, dass dadurch der Begriff „Große Transformation" geprägt und salonfähig gemacht wurde, der Bericht zeichnet sich auch durch klare Verortungen und Appelle aus. Es geht dabei um nicht weniger als darum, eine intendierte gesellschaftliche Transformation zu gestalten. Als die zwei zentralen Akteure werden hierfür der „gestaltende Staat" und die „Pioniere des Wandels" genannt (WBGU 2011, S. 7). Diese „Change Agents" setzen sich für bestimme Veränderungen aktiv ein und „verbreiten Innovationen, indem sie eine Politik des „Weiterso-wie-bisher" hinterfragen, eine alternative Praxis schaffen und somit etablierte Weltbilder und Pfade in Frage stellen" (WBGU 2011, S. 257).

Das Transformationswissen und vor allem auch die sozialen Innovationen dieser „Vorreiter" sollen aus den gesellschaftlichen Nischen, in denen sie sich quasi quer zum Mainstream entwickeln, in die gesellschaftliche Breite gebracht werden. Die Aufgabe von Wissenschaft im Sinne von Forschung ist hierbei als zweifache formuliert worden. Zum einen soll eine Transformationsforschung entstehen. Ein Forschungsfeld, das sich generell mit Transformationsprozessen sowie deren Dynamiken und beeinflussenden Faktoren, auch gerade unter Einbezug historischer Beispiele, beschäftigt. Die zweite Aufgabe wird als transformative Forschung bezeichnet, diese soll direkt und konkret Transformation fördern. Hierzu hat sich, vor allem aufgrund eines Artikels des DFG-Präsidenten Peter Strohschneider (2014), eine lebhafte Debatte entwickelt, inwiefern transformative

---

[1]Zum Beispiel Sustainability Science, transdisziplinäre Forschung und sozial-ökologische Forschung.

Forschung das Selbstverständnis und die gesellschaftlichen Aufgaben von Wissenschaft gefährdet, beziehungsweise diese in sinnvoller Weise erweitert (Grunwald 2015a; Rohe 2015; Schneidewind 2015a; Wissel 2015).

2 Reallabore als neues transdisziplinäres Forschungsformat

2.1 Aufkommen des Konzeptes

Im deutschsprachigen Raum erschien der Begriff „Reallabor" zum ersten Mal an geradezu überraschender Stelle, im Ausschuss des Bundestages „Bildung, Forschung und Technikfolgenabschätzung" im Jahr 2012. Hier forderte Uwe Schneidewind analog der Natur- und Technikwissenschaften die Einrichtung von „Reallaboren" als Forschungsinfrastrukturen für Transformationsforschung, die die „wissenschaftliche Gestaltung und Begleitung von umfassenden gesellschaftlichen Transformationsprozessen" ermöglichen (Schneidewind 2012, S. 2).

Ab 2013 sind erste Artikel und Texte zu dem Konzept Reallabore entstanden (Flander et al. 2014; Schäpke et al. 2015; Schneidewind 2014; Schneidewind und Scheck 2013; Schneidewind und Singer-Brodowski 2013; Wagner 2014; Wagner und Grunwald 2015). Mittlerweile erfreut sich die Bezeichnung „Reallabor" bei (Forschungs-) Projekten, Diskussionen, Workshops und Stellenausschreibungen reger Verwendung.

Selbst der Wissenschaftsrat, als das wichtigste wissenschaftspolitische Beratungsgremium in Deutschland, führt in seinem Positionspapier 2015 „Zum wissenschaftspolitischen Diskurs über Große gesellschaftliche Herausforderungen" Reallabore prominent als Formate für transdisziplinäre und transformative Forschung auf (Wissenschaftsrat 2015).

Große Popularität hat der Ansatz von Reallaboren vor allem durch den Strategieprozess „Wissenschaft für Nachhaltigkeit" in Baden-Württemberg gewonnen. Hierfür wurde 2012 eine gleichnamige Expertengruppe einberufen, die in ihrem Bericht Empfehlungen an die Landesregierung formulierte, wie Wandel durch Wissenschaft und zugleich auch Wandel in der Wissenschaft stattfinden kann (MWK 2013). Als das zentrale Mittel wurde hierbei die Einrichtung von Reallaboren genannt.

Eine historische Verortung des Ansatzes und In-Relation-Setzung zu aktuellen vergleichbaren Forschungskonzepten steht noch weitgehend aus. In den USA gab es bereits zu Beginn des 20. Jahrhunderts prominente Vorläufer Stadt als ein Labor für soziologische Prozesse zu begreifen (Chicagoer Schule). Ab dem

Ende der 1950er Jahre erarbeitete Donald Campbell das Konzept des Quasiexperimentes, bei dem Implikationen und Methoden des Labors auf die Gesellschaft übertragen werden. Eine ausführliche und gute Beschreibung dieser Ansätze und der Zusammenhang zu dem Konzept „Realexperimente" findet sich bei Matthias Groß et al. (2005). Die Verbindungen, Unterschiede und Gemeinsamkeiten zu aktuellen englischsprachigen Konzepten wie living lab, urban lab oder transition lab (z. B. Evans et al. 2015; Evans und Karvonen 2014; Nevens et al. 2013; Voytenko et al. 2015) sind bislang nur fragmentarisch aufgezeigt worden (Schäpke et al. 2015).

2.2   Was sind Reallabore?

Reallabore sind spezifische Kontexte in der gesellschaftlichen Realität, in denen explizit Transformationsprozesse angeregt und wissenschaftlich untersucht werden sollen. In transdisziplinären Kooperationen von Wissenschaftler_innen und Praxisakteur_innen sollen hierbei Transformationswissen geschaffen, erprobt und evaluiert werden. Ziel ist, dass diese Veränderungsimpulse auch in anderen gesellschaftlichen Kontexten Anwendung finden, also übertragbar sind.

Wenn spezifische Transformationsansätze, soziale, ökonomische und technische Innovationen oder auch gesetzliche Neuregelungen in gesellschaftlicher Realität ausprobiert werden, lässt sich dies als Realexperiment bezeichnen. Findet dieses Experiment in einem wissenschaftlichen Rahmen statt, also mit entsprechenden Prämissen und Regeln, dann kann man von einem Reallabor sprechen.[2]

Wie die Regeln und Prämissen für Reallabore spezifisch aussehen sollen, darüber sind sich die Beteiligten der Debatte noch nicht einig. Klar ist, dass es sich um transdisziplinäre Forschung handelt, die auch den Anspruch von praktischer Relevanz hat und damit transformativ wirkt. Reallabore stellen ein Format dar, in dem es zu einer Synthese von Theorie und Praxis kommen kann und zu einem Übergang von „Wissen zu Handeln" (MWK 2013, S. 31). Die theoretischen Erkenntnisse und die praktischen Entwicklungen aus den Reallaboren sollen dann als Inspiration, Innovationen und Transformationswissen Veränderungsprozesse in der Gesamtgesellschaft anregen (siehe Abb. 1).

---

[2]Ob die Hauptautoren zu „Realexperimenten" (Groß et al. 2005) dies auch so sehen, ist noch abzuwarten, diesbezügliche Artikel sind derzeit in Vorbereitung.

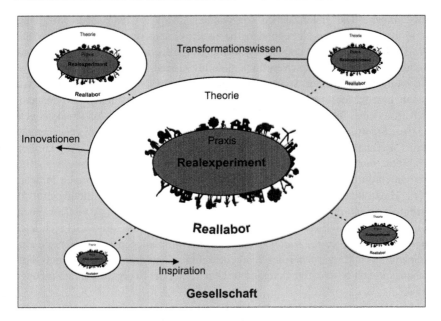

Abb. 1 Reallabore als Verbindung von Theorie und Praxis gesellschaftlicher Transformation. (Quelle: Wagner und Mende, veröffentlicht in Wagner und Grunwald 2015)

3 Reale Entwicklung von Reallaboren

Zunächst ist festzuhalten, dass es bislang keinen Zertifizierungsprozess oder dergleichen gibt, die Bezeichnung Reallabor stellt auch keinen geschützten Begriff dar. Es sind erste Kriterien formuliert worden (MWK 2013, S. 30), die vor allem das Kodesign und die Koproduktion (also die Transdisziplinarität), die Langfristigkeit und eine kontinuierliche Reflexion betonen. Allerdings stellen diese „Anforderungen" keine bindenden Vorgaben dar. Es ist davon auszugehen, dass es Forschungsprojekte gibt, die an sich den Kriterien für Reallabore entsprechen, aber sich begrifflich nicht daran anlehnen. Vice versa geht nicht unbedingt bei allen Projekten mit der Bezeichnung Reallabor ein wirklich entsprechendes Forschungsdesign einher, doch als „Label" hat der Begriff für Förderanträge und Marketing Attraktivität bekommen.

Namentlich und quasi amtlich sind 14 Reallabore in Baden-Württemberg, die zwei Förderlinien aus dem Strategieprozess „Wissenschaft für Nachhaltigkeit" entstammen.[3] Die ersten sieben sogenannten „Ba-Wü-Labs" haben im Januar 2015 ihre konkrete Arbeit begonnen, die zweite Gruppe startete Anfang 2016. Die Projekte sind inhaltlich und in der Ausrichtung divers. Alle sind natürlich dem Leitbild der Nachhaltigkeit verpflichtet, darüber hinaus handelt es sich jedoch um ein weites thematisches Spektrum. Dieses reicht in der ersten Förderlinie von nachhaltiger Mobilitätskultur, klimaneutraler Hochschule über die (Wieder) Schaffung einer lokalen Textilwirtschaft und Space Sharing[4] bis zu Themen nachhaltiger Stadt(quartiers) entwicklung. In der zweiten Förderlinie, die die thematische Vorgabe „Reallabor Stadt" setzte, finden sich ebenfalls Projekte zur Mobilität, durch technische Entwicklung von selbstfahrenden Transporteinheiten und durch die Verbesserung des Nahverkehrs als auch der Situation von Fußgängern. Hinzu kommen aktuelle Themen von Schulumbauten als Bildungsorte für Nachhaltigkeit und Faktoren für erfolgreiche Integration von Asyl Suchenden. Digitalisierung spielt eine große Rolle in dieser Förderlinie, dies zeigt sich auch an einem Reallabor, das digitale Verfahren und Simulationen zur verstärkten Partizipation von Bürgern bei der Stadtentwicklung entwickelt. Ein weiteres Forschungsprojekt beschäftigt sich mit der Umsetzung der Energiewende im urbanen Raum.

Mit den Förderlinien soll auch das Format Reallabor selbst erforscht, weiterentwickelt und publik gemacht werden. Es ist eine Begleitforschung eingerichtet worden, die wissenschaftstheoretische und praktische Grundlagen erarbeiten soll und darüber hinaus zur prozessorientierten Unterstützung der Forschungsprojekte zur Verfügung steht (Schäpke et al. 2015).

3.1 Potenziale und Problematiken

Die dem Format Reallabor zugrunde gelegte Kooperation von Theorie und Praxis stellt das große Potenzial und zugleich aber auch die Krux dar. Eine ausführliche Auflistung darin liegender Möglichkeiten, aber auch Hindernisse ist bei Felix Wagner und Armin Grunwald (2015) dargelegt worden. An dieser Stelle soll auf drei spezielle Punkte eingegangen werden:

---

[3]Online erhältlich unter: www.reallabore-bw.de (zuletzt abgerufen am 03. Januar 2016).
[4]Nutzungsintensivierung von Gebäudebestand durch Mehrfachnutzung.

1. Spannungsfeld der Akteurskonstellationen

Die Betonung der Wichtigkeit von Transdisziplinarität hat in den letzten Jahren signifikant zugenommen, allerdings wird bei näherer Betrachtung auch deutlich, dass es sich trotz wissenschaftspolitischer Aktivitäten vonseiten der (organisierten) Zivilgesellschaft[5] noch lange nicht um eine gleichberechtigte Kooperation handelt. Die Beteiligung der Praxispartner beschränkt sich zumeist auf eine vorangehende Befragung zu den Problematiken und am Ende auf die Einschätzung der Ergebnisse, eine wirkliche Kogestaltung und Koproduktion des Forschungsprozesses findet kaum statt (Ober 2014, 2015). Trotz klarer Positionen zu der Rolle von Wissenschaft im Transformationsprozess (Schneidewind 2015b; Wittmayer und Schäpke 2014) sind Fragen des Ownership in der Reallabordebatte nicht ausreichend geklärt. In den bisherigen Konzepten findet sich ein eindeutiges Primat der Wissenschaft, Forscher initiieren in Reallaboren Transformationsansätze unter Einbezug von Praxispartnern. Dies spiegelt sich auch in den Antrags- und Ausschreibungsverfahren wider, diese sind nahezu ausschließlich von wissenschaftlicher Seite angehbar. Der offensichtliche Widerspruch zu der proklamierten Kooperation auf „Augenhöhe" ist bislang noch nicht ausreichend reflektiert worden.

2. Spannungsfeld Laborexperiment vs. Realexperiment

An Reallabore wird der Anspruch gestellt, dass Implikationen und Verfahrensweisen „klassischer" wissenschaftlicher Forschung auf reale gesellschaftliche Kontexte übertragen und modifiziert werden (Schneidewind und Scheck 2013, S. 229; WBGU 2014, S. 93). Dies ist natürlich nicht ohne Weiteres möglich, handelt es sich doch um sehr unterschiedliche Settings. Abb. 2 soll die darin vorhandenen komplementären Polaritäten verdeutlichen. In einem Labor ist weitgehend eine Kontrolle über relevante Faktoren und Verfahrensweisen gegeben. In der gesellschaftlichen Realität ist eine solche Kontrolle kaum möglich, dafür ist wiederum eine große Passung mit dem Kontext, für den die Forschungsergebnisse vorgesehen sind, gegeben (externe Validität). In beiden Settings können Experimente daraufhin ausgelegt sein, Wissen über kausale Zusammenhänge herstellen zu wollen oder Einblicke in die Komplexität des Untersuchungsfeldes zu erhalten.

---

[5]z. B. BUND (2012), Zivilgesellschaftliche Plattform Forschungswende; Kühling et al. (2015).

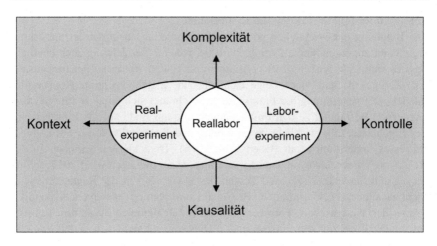

Abb. 2 Reallabor als Synthese der Polaritäten von Labor und Realität. (Eigene Darstellung)

Reallabore sollten, um ihr volles Potenzial auf wissenschaftstheoretischer und gesellschaftspraktischer Ebene wirklich zu nutzen, als Synthese dieser vier Polaritäten konzipiert werden. Ausgeprägter als bei reinen „Feldversuchen" wäre eine verstärkte Kontrolle und damit auch Aussagen über Zusammenhänge ermöglicht, was wiederum auch gezielte Interventionen zulassen würde. Zugleich müsste aber auch gewährleistet sein, dass es sich bei den Experimenten nicht um reine Reduktion auf einzelne Wirkzusammenhänge handelt, da ansonsten niemals der Komplexität gesellschaftlicher Realität adäquat begegnet werden könnte, um damit auch „sozial robustes Wissen" (Nowotny et al. 2014) zu schaffen.

3. Strukturelle Limitiertheit der bisherigen Reallaboransätze

Für das Elaborieren des Konzeptes Reallabor werden die Forschungsprojekte und die Begleitforschung in den beiden Förderlinien in Baden-Württemberg große Fortschritte ermöglichen. Von den transformativen Auswirkungen her betrachtet, also der Frage nach konkreten und nachweisbaren gesellschaftlichen oder wissenschaftskulturellen Veränderungen. muss allerdings davon ausgegangen werden, dass diese schon rein strukturell limitiert sind. Dies liegt maßgeblich an der notwendigen Fokussierung auf einzelne Themen als auch an der auf drei Jahre begrenzten Laufzeit.

4   Kultur der Nachhaltigkeit

Um einen wirklichen Wandel zu Nachhaltigkeit bewirken zu können, werden einzelne Transformationsansätze nicht ausreichen, die zudem meist ökologische „Sauberkeit" versprechen, ohne dass sich an der gesellschaftlichen und individuellen Lebensweise etwas ändern müsste. Es braucht vielmehr einen *cultural shift* hin zu einer Kultur der Nachhaltigkeit. Gemeint ist damit die Gesamtheit einer gesellschaftlichen Lebensweise, die alle Dimensionen der Nachhaltigkeit (ökologisch – sozial – ökonomisch) in ihre Leitwerte und vor allem in die Routinen der Alltagspraxis integriert. Nachhaltiges Handeln muss also alltäglich werden und eine entsprechende Kultur aus sich selbst heraus in gewisser Weise Nachhaltigkeit reproduzieren.

Eine zukunftsfähige Gesellschaft steht vor der Herausforderung, gleichzeitig menschliche Bedürfnisse und Systemnotwendigkeiten einer nachhaltigen Entwicklung zu erfüllen. Es gilt hierbei auch aufzuzeigen, dass Nachhaltigkeit zwar mit einem gewissen Verzicht auf bestimmte gewohnte und bequeme Verhaltensweisen einhergeht, aber durchaus mit Wohlstand und sogar einem Zuwachs an Lebensqualität verbunden sein kann.

Erste Annäherungen an das Konzept einer Kultur der Nachhaltigkeit sind bereits erfolgt (Krainer 2007; Parodi et al. 2010; Wagner 2012, 2014). Trotz vieler bekannter Facetten und Ansätze sind das Wesen und die Funktionsweise einer solchen möglichen Gesellschaft noch nicht ausreichend verstanden. Basierend auf ausführlichen Studien zu Ökodörfern[6] konnte allerdings ein erstes Orientierungsmodell zur Erforschung und Gestaltung einer solchen gesellschaftlichen Transformation entwickelt werden. Das „Rad der Nachhaltigkeit" (RdN) (Wagner 2012, 2014) symbolisiert den Zugang zu einer Kultur der Nachhaltigkeit über drei Ebenen (siehe Abb. 3). Die äußerste Ebene repräsentiert die Voraussetzungen (und gleichzeitig Zielsetzungen) einer nachhaltigen Entwicklung (Ebene der Systembedingungen). Die innerste Ebene steht für grundlegende menschliche Bedürfnisse und Bedingungen für Lebensqualität aus individueller Sicht (Ebene der menschlichen Bedürfnisse). Die mittlere Ebene stellt die Verbindung zwischen der ersten und dritten Ebene her, und ist damit die genuin auf den Gestaltungsprozess bezogene Ebene der Umsetzung, die damit auch für das Format Reallabor die größte Relevanz besitzt.

---

[6]Ökodörfer (ecovillages) ist eine Bezeichnung für intentionale Gemeinschaften, die in Formen gemeinsamen Wohnens und Arbeitens Lebensweisen schaffen wollen, die sozial, ökologisch und ökonomisch nachhaltig sind.

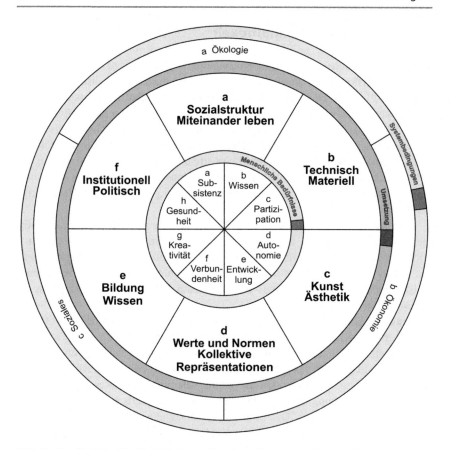

Abb. 3 Das Rad der Nachhaltigkeit als Gestaltungsinstrument für eine Kultur der Nachhaltigkeit. (Quelle: Wagner 2012, 2014)

Die drei Ebenen sind als beweglich zueinander konzipiert, das heißt, es lassen sich immer wieder neue Kombinationen der einzelnen Facetten erstellen. Das RdN ist damit als ein heuristisches Modell zu verstehen, das weniger zu analytisch kausalen Aussagen führen soll, als zu einem systemischen Denken anregen, das auch die Vernetzung und die nicht unbedingt beherrschbaren Dynamiken der Wechselwirkungen verdeutlicht. Kultureller Wandel in eine bestimmte Richtung ist letztendlich nicht kausal herstellbar, aber zumindest anregbar.

5   Reallabor Lebenswelt

Aufbauend auf obigen Überlegungen folgt nun eine kurze Skizze, wie das Format Reallabor noch wesentlich ausgeprägter eine kreative Arena des Zusammenspiels von Theorie und Praxis für eine Kultur der Nachhaltigkeit werden könnte. Betrachtet man zunächst den Begriff Arena, dann deutet dies auf einen Ort des Geschehens hin, mit einem klaren Bezug zur Öffentlichkeit, von dem auch erwartet wird, dass ihm ein gewisses Spektakel innewohnt. Bildlich gesprochen ist im Sinne der Transformation hierbei weniger an Gladiatoren als vielleicht an Zirkusartisten zu denken: Schausteller, die eine Art Akrobatik und mitunter fragile Balance von Realitätskonstrukten ausführen. Gesellschaftliche Dynamiken und Transformationsansätze könnten so auf den „Brettern, die die Welt bedeuten" inszeniert und ausagiert werden und dies zugleich mit dem Novum einer wissenschaftlicher Begleitung und Gestaltung des Prozesses.

Etymologisch entstammt Arena dem lateinischen Wort für Sand. Nun wäre es nicht ganz angebracht, daraus zu folgern, dass mit dieser potenziellen Arena, die hier skizziert wird, metaphorisch Sand ins Getriebe des nichtnachhaltigen Gesellschaftssystems gestreut werden soll. Aber eine solche muss trotzdem als ein Ort für „Pioniere des Wandels" geschaffen werden, der auch gezielt kreativen Raum für Unkonventionelles bietet. Als „Inseln der Heterodoxie" bezeichnen Uwe Schneidewind und Mandy Singer-Brodowski (2013, S. 101) Reallabore. Auch hier sollte gelten, weder im Sinne einer Irrlehre gegen das Orthodoxe, noch als Ort des reinen Dagegen, sondern als Freiraum der Möglichkeiten. Als ein geschützter Rahmen, in dem für Pioniere des Wandels Gestaltungsräume für innovative Ansätze auch ganz grundlegender Art möglich sind. Metaphorisch könnte man sich dabei Gewächshäuser für die Kulturpflänzchen einer nachhaltigen Gesellschaft vorstellen. Dies mag zunächst sehr utopisch klingen und ist auch durchaus so zu verstehen, aber entspringt letztendlich nur den notwendigerweise hochgesteckten Zielen. Auch in dem erwähnten Expertenbericht „Wissenschaft für Nachhaltigkeit" wird im Vorwort prominent von Frau Ministerin Theresia Bauer darauf hingewiesen, welche Herausforderung Nachhaltigkeit eigentlich darstellt: „Wir müssen die Art und Weise, wie wir leben und wirtschaften grundlegend ändern, wenn wir unseren Wohlstand sichern wollen, ohne auf Kosten anderer Regionen oder künftiger Generationen zu leben" (MWK 2013, S. 7).

Demzufolge braucht es nicht weniger als ein „Reallabor Lebenswelt", bei dem der Titel Programm ist: Es muss darum gehen, wirklich umfassend Lebenswelt zu gestalten und zu erforschen!

Dies betrifft ein breites Spektrum von Themen. Hierzu gehören Themen der Produktion und der Reproduktion von Wissen bis zu Materie, des Umgangs mit Bedürfnissen und Gefühlen, Governance Formen, ökonomische Konzepte, Fragen der Ernährung, des Wohnens und der Mobilität bis hin zu Ausdrucksformen der Kunst (siehe die Facetten der Ebene der Umsetzung im „Rad der Nachhaltigkeit", Abb. 3).

Es ist dabei sicherlich nicht möglich, alle Aspekte gesellschaftlichen Seins zu berücksichtigen. Aber auf der Suche nach zukunftsfähigen und menschlich erfüllenden Lebensformen braucht es trotzdem einen derartigen Versuch, aus den vielen Ansätzen und Transformationspfaden ein möglichst zusammenhängendes Bild zu schaffen. Denn bislang weiß noch niemand genau, wie eine Kultur der Nachhaltigkeit wirklich beschaffen sein könnte und welche Formen diese im alltäglichen Erscheinungsbild annehmen könnte. Es fehlt hierbei – zumindest neben Allmachtsträumen grüner Technologien (Grunwald 2015b) – an anschaulichen Visionen, die auch auf eigene Aktivitäten inspirierend wirken (Welzer und Wiegand 2011). Schließlich gibt es noch keine wirklich vertretbare Lösung für den Uransatz des Leitbildes nachhaltiger Entwicklung, wie ein Leben in Wohlstand geführt werden kann, ohne dies auf Kosten anderer Personen oder zukünftiger Generationen zu tun. Um hierbei nicht in einer „passiven Mittäterschaft" verhaften zu bleiben, gibt es noch viel zu tun.

Ein Reallabor Lebenswelt wäre also zugleich Experimental- und Forschungsstätte sowie Lebensort und Arbeitsstelle. Diese Konstruktion wirft natürlich viele Fragen auf, wie z. B. nach Möglichkeiten Gesellschaft überhaupt als Labor zu betrachten (Groß et al. 2005; Guggenheim 2012; Krohn 2011; Krohn und Weyer 1989) und der Agency, also der Frage, wer eigentlich in welchem Zusammenhang was zu entscheiden hat oder über welche Handlungsbefugnis verfügt.

Räumlich gesehen würde sich für ein solches Reallabor am besten ein geografisch lokalisierbarer Ort eignen, der nicht abgeschlossen, aber doch von dem sonstigen gesellschaftlichen Kontext differenzierbar ist. Bezüglich der Anschlussfähigkeit und der Übertragbarkeit des Projektes, sollte es sich um einen siedlungsnahen Ort oder direkt um bewohnten Kontext handeln.[7] Möglich wären hierbei Anwesen in ruralem Raum, Gemeinden oder Stadtteile mit ausreichend Gestaltungmöglichkeiten. In mehrfacher Hinsicht wären hierfür Konversionsflächen besonders geeignet. Die genannte Expertengruppe „Wissenschaft für Nachhaltigkeit" kam unter dem Stichwort „Reallabor Konversionsflächen" zu dem gleichen Schluss:

---

[7]Natürlich mit der Voraussetzung, der Bereitschaft und Motivation ein experimenteller Transformationsort zu werden, oder zumindest einen solchen zu beherbergen.

Die in vielen Landesteilen anstehende Umwandlung militärisch genutzter Flächen sollte mit dem Aufbau von Reallaboren verknüpft werden. Hier sind verschiedene Untersuchungsschwerpunkte denkbar […], in denen nachhaltigkeitsorientierter Konsum und alternative Lebens- und Wirtschaftsformen erprobt und evaluiert werden können (MWK 2013, S. 38).

Ein solches Reallabor müsste von einer großen Anzahl von diversen Beteiligten vollzogen werden, um ausreichend kulturelle und funktionale Komplexität zu schaffen. Ein derartiges Vorhaben namens Projekt Lebensdorf, das leider letztendlich an der Platzsuche scheiterte, bezifferte die angemessene Zahl auf ca. 1000 Personen (Wagner 2013). Es sollte sich hierbei um eine ausgewogene Mischung aus bereits motivierten „Pionieren des Wandels", kompetenten Wissenschaftler_innen und interessierten politischen Entscheidungsträgern, sozusagen den „Überzeugungstätern" und noch zu gewinnenden Bürger_innen und anderen Personen und Institutionen vor Ort handeln. Ein detailliertes Forschungs- und Entwicklungsdesign müsste dann ortsspezifisch und vor allem in enger Kooperation mit allen Beteiligten geschaffen werden.

6 Fazit und Ausblick

Die Rolle von Wissenschaft für gesellschaftlichen Wandel ist dabei, sich neu zu formulieren und zu vollziehen. Das Format von Reallaboren ist hierbei ein Untersuchungsfeld, das auch einen praktischen Rahmen bietet als empirischer Prüfstand für transformative Forschung, also selbst als Reallabor für angewandte Transformationsforschung fungieren kann.

Reallabore können große Beiträge zur Erforschung und Entstehung einer Kultur der Nachhaltigkeit leisten, wenn ihnen entsprechend strukturell die Möglichkeiten dazu gegeben werden. Die verlockende Idee auf diese Weise neue Prototypen von Gesellschaftssystemen oder zumindest Wissen über umfassende Transformationspfade zu kreieren, mag als Hybris erscheinen und wirft die generelle Frage auf, inwiefern und inwieweit ein System sich selbst reflektieren und bewusst verändern kann. Prinzipiell ist natürlich davon auszugehen, dass Veränderung machbar ist, allerdings nicht unbedingt kontrollierbar und im kausalen Sinne herstellbar. Ein solcher Prozess der Wissensproduktion und der Realitätskonstruktion lässt sich folglich eher als ein Oszillieren um ein Ideal verstehen. Bildlich gesprochen, handelt es sich um ein Vorantasten auf Transformationspfaden, aber eben kein blindes, sondern auf der Basis von epistemologischen Verfahrensweisen und als methodisch gestützte Entwicklung. Ein ideales Reallabor ist an sich Utopie und nicht erreichbar, handelt es sich dabei doch um die Unmöglichkeit der „Quadratur eines hermeneutischen Zirkels" (Wagner und Grunwald 2015). Trotzdem braucht es solche experimentellen Freiräume, das Unmögliche zu wagen, um als kreative Interventionen zur Transformation beizutragen. Es kann hierbei auch auf bereits vorhandene, zum Teil aber nur bedingt strukturierte Erfahrungen in der transdisziplinären Wissenschaft und der Zivilgesellschaft (z. B. Ökodörfer, Transition Initiativen, Commons) zurückgegriffen werden. Für die Realisierung eines solchen weitreichenden Vorhabens, wie das skizzierte Reallabor Lebenswelt, bedarf es politischer und öffentlicher Unterstützung, langfristiger Finanzierung und dem Gestaltungswillen von vielen Beteiligten, wirklich auch etwas an den kulturellen Mustern unserer Gesellschaft zu ändern.

Literatur

BUND (Bund für Umwelt und Naturschutz Deutschland) (2012): *Nachhaltige Wissenschaft: Plädoyer für eine Wissenschaft für und mit der Gesellschaft*. Diskussionspapier.

Evans, James; Karvonen, Andrew (2014): Give me a laboratory and I will lower your carbon footprint!: urban laboratories and the governance of low-carbon futures. In: *International Journal of Urban and Regional Research,* 38, (2), S. 413–430.

Evans, James; Jones, Ross; Karvonen, Andrew; Millard, Lucy; Wendler, Jana (2015): Living labs and co-production: university campuses as platforms for sustainability science. In: *Current Opinion in Environmental Sustainability,* 16, S. 1–6.

Flander, Katleen de; Hahne, Ulf; Kegler, Harald; Lang, Daniel; Lucas, Rainer; Schneidewind, Uwe; Simon, Karl-Heinz; Singer-Brodowski, Mandy; Wanner, Matthias; Wiek, Arnim (2014): Resilienz und Reallabore als Schlüsselkonzepte urbaner Transformationsforschung: Zwölf Thesen. In: *GAIA – Ecological Perspectives for Science and Society,* 23 (39), S. 284–286.

Groß, Matthias; Hoffmann-Riem, Holger; Krohn, Wolfgang (2005): *Realexperimente: Ökologische Gestaltungsprozesse in der Wissensgesellschaft.* Science studies. Bielefeld: Transcript.

Grunwald, Armin (2015a): Transformative Wissenschaft – eine neue Ordnung im Wissenschaftsbetrieb? In: *GAIA – Ecological Perspectives for Science and Society,* 24 (1), S. 17–20.

Grunwald, Armin (2015b): Ökomodernismus ist verantwortungsethisch nicht haltbar. In: *GAIA – Ecological Perspectives for Science and Society,* 24 (4), S. 249–253.

Guggenheim, Michael (2012): Laboratizing and de-laboratizing the world: changing sociological concepts for places of knowledge production. In: *History of the Human Sciences,* 25 (1), S. 99–118.

Krainer, Larissa (Hg.) (2007): *Kulturelle Nachhaltigkeit: Konzepte, Perspektiven, Positionen.* München: oekom.

Krohn, Wolfgang (2011): „Realexperimente: Laboratorien der Gesellschaft" In: Gamm, Gerhard (Hg.): *Philosophie in Experimenten:Versuche explorativen Denkens,* Edition Moderne Postmoderne. Bielefeld: transcript, S. 283–301.

Krohn, Wolfgang; Weyer, Johannes (1989): Gesellschaft als Labor: Die Erzeugung sozialer Risiken durch experimentelle Forschung. In: *Soziale Welt,* 40, (3), S. 349–373.

Kühling, Wilfried; Kurz, Rudi; Weiger, Hubert (2015): Forschung, bitte wenden! Wissenschaftspolitik für nachhaltige Entwicklung. In: *Politische Ökologie* (140), S. 30–36.

Meadows, Dennis L. (1972): Die Grenzen des Wachstums: Bericht des Club of Rome zur Lage der Menschheit, Stuttgart: Dt. Verl.-Anst.

MWK (Ministerium für Wissenschaft, Forschung und Kunst Baden Württemberg) (2013): *Wissenschaft für Nachhaltigkeit: Herausforderung und Chance für das baden-württembergische Wissenschaftssystem.*

Nevens, Frank; Frantzeskaki, Niki; Gorissen, Leen; Loorbach, Derk (2013): Urban Transition Labs: co-creating transformative action for sustainable cities. In: *Journal of Cleaner Production,* 50, S. 111–122.

Nowotny, Helga; Scott, Peter; Gibbons, Michael; Opolk, Uwe (2014): *Wissenschaft neu denken: Wissen und Öffentlichkeit in einem Zeitalter der Ungewißheit,* 4.Aufl. Weilerswist: Velbrück Wiss.

Ober, Steffi (2014): *Partizipation in der Wissenschaft: Zum Verhältnis von Forschungspolitik und Zivilgesellschaft am Beispiel der Hightechstrategie.* München: oekom.

Ober, Steffi (2015):Motoren der Transformation: Zivilgesellschaftliche Organisation in der Forschung. In: *Politische Ökologie,* 140, S. 99–104.

Parodi, Oliver; Banse, Gerhard; Schaffer, Axel (Hg.) (2010): *Wechselspiele: Kultur und Nachhaltigkeit: Annäherungen an ein Spannungsfeld.* Global zukunftsfähige Entwicklung – Nachhaltigkeitsforschung in der Helmholtz-Gemeinschaft 15. Berlin: Ed. Sigma.

Rohe, Wolfgang (2015): Vom Nutzen der Wissenschaft für die Gesellschaft: Eine Kritik zum Anspruch der transformativen Wissenschaft. In: *GAIA – Ecological Perspectives for Science and Society,* 24 (3), S. 156–159.

Schäpke, Niko; Singer-Brodowski, Mandy; Stelzer, Franziska; Bergmann, Matthias; Lang, Daniel (2015): Creating Space for Change: Real-world Laboratories for Sustainability Transformations: The Case of Baden-Wuerttemberg. In: *GAIA – Ecological Perspectives for Science and Society,* 24 (4); S. 281–283.

Schneidewind, Uwe (2012): Stellungnahme: Öffentliches Fachgespräch zum Thema „Nachhaltigkeits- und Transformationsforschung" am 27. Juni 2012. A-Drs. 17(18)281 a.

Schneidewind, Uwe (2014): Urbane Reallabore – ein Blick in die aktuelle Forschungswerkstatt. In: *pnd -online,* (III), S. 1–7.

Schneidewind, Uwe (2015a): Transformative Wissenschaft – Motor für gute Wissenschaft und lebendige Demokratie. In: *GAIA – Ecological Perspectives for Science and Society,* 24 (2), S. 88–91.

Schneidewind, Uwe (2015b): Verantwortung für die Gesellschaft: Wissenschaft in der Großen Transformation. In: *Politische Ökologie,* 140, S. 18–23.

Schneidewind, Uwe; Scheck, Hanna (2013): Die Stadt als „Reallabor" für Systeminnovationen. In: Rückert-John, Jana (Hg.): *Soziale Innovation und Nachhaltigkeit:Perspektiven sozialen Wandels,* 1.Aufl., Wiesbaden: VS, S. 229–248.

Schneidewind, Uwe; Singer-Brodowski, Mandy (2013): *Transformative Wissenschaft: Klimawandel im deutschen Wissenschafts- und Hochschulsystem*. Marburg: Metropolis.

Strohschneider, Peter (2014): Zur Politik der Transformativen Wissenschaft. In: Brodocz, André; Herrman; Schmidt, Rainer; Schulz, Daniel; Schulze Wessel Julia (Hg.): *Die Verfassung des Politischen*. Wiesbaden: Springer Fachmedien Wiesbaden, S. 175–192.

Voytenko, Yuliya; McCormick, Kes; Evans, James; Schliwa, Gabriele (2015): Urban living labs for sustainability and low carbon cities in Europe: towards a research agenda. In: *Journal of Cleaner Production*. doi: 10.1016/j.jclepro.2015.08.053.

Wagner, Felix (2012): A Culture of Sustainability. In: Andreas, Marcus; Wagner, Felix (Hg.): *Realizing Utopia:Ecovillage Endeavors and Academic Approaches*. *In:* RCCPerspectives 8/2012, S. 57–69.

Wagner, Felix (2013): Vom Lebensdorf zur Lebenswelt. In: *Oya* (20), S. 82–83.

Wagner, Felix (2014): *Gelebte Versuche einer Kultur der Nachhaltigkeit: Psychologische Aspekte von Ökodörfern als Reallabore der Transformation*. Dissertation, Albert-Ludwigs-Universität. Online erhältlich unter: http://www.freidok.uni-freiburg.de/volltexte/9381/pdf/Dissertation_Wagner_2013.pdf (zuletzt abgerufen am 01. Juni 2016).

Wagner, Felix; Grunwald, Armin (2015): Reallabore als Forschungs- und Transformationsinstrument. Die Quadratur des hermeneutischen Zirkels. In: *GAIA – Ecological Perspectives for Science and Society*, 24, (1), S. 26–31.

WBGU (2011): *Welt im Wandel: Gesellschaftsvertrag für eine große Transformation*. 2.Aufl. Berlin: WBGU.

WBGU (2014): *Klimaschutz als Weltbürgerbewegung*. Berlin: WBGU.

Welzer, Harald Wiegand, Klaus (Hg.) (2011): *Perspektiven einer nachhaltigen Entwicklung: Wie sieht die Welt von morgen aus?* Frankfurt: Fischer.

Wissel, Carsten von (2015): Die Eigenlogik der Wissenschaft neu verhandeln: Implikationen einer transformativen Wissenschaft. In: *GAIA – Ecological Perspectives for Science and Society*, 24, (3), S. 152–155.

Wissenschaftsrat (2015): *Zum wissenschaftspolitischen Diskurs über Große gesellschaftliche Herausforderungen*. Positionspapier, Drs. 4594–15.

Wittmayer, Julia M.; Schäpke, Niko (2014): Action, research and participation: roles of researchers in sustainability transitions. In: *Sustainability Science*, 9, (4), S. 483–496.

Über den Autor

Felix Wagner, promovierter Psychologe auf der Suche nach Möglichkeiten gesellschaftliche Systeme zu therapieren, Vorstand von Research in Community e. V., einem Netzwerk zur Verstärkung transdisziplinärer Kooperation von Wissenschaft und Pionieren des Wandels, Referent „Wissenschaft für Nachhaltigkeit" und damit am Ministerium Wissenschaft, Forschung und Kunst Baden-Württemberg für die Reallabore zuständig.

Temporäre urbane Interventionen in der Stadtplanungspraxis

Sabine Drobek und Minh-Chau Tran

1 Ziele und Herausforderungen in der Stadtplanung

Urbane Räume bilden heute den Lebensraum für den Großteil der Bevölkerung. Zugleich unterliegt die urban gebaute Umwelt ständig neuen Einflüssen – und damit verändern sich auch räumliche und funktionale Strukturen. Stadtentwicklung muss gegenwärtig auf Herausforderungen wie Klimawandel, steigenden Energieverbrauch, zunehmende Mobilitätsbedürfnisse, Gesundheitsförderung, soziale Gerechtigkeit und demografischen Wandel reagieren. Für viele Stadtbewohner sind diese globalen Themen zwar medial präsent, sie scheinen aber mit ihrem täglichen Lebensalltag wenig zu tun zu haben. Es gibt viele Möglichkeiten, die großen Themen für den Alltag herunter zu brechen. In jüngster Zeit werden verstärkt temporäre urbane Interventionen diskutiert, um den einzelnen Bürger mit alternativen (Straßen-)Raumgestaltungen und -nutzungen vor allem im öffentlichen Raum zu konfrontieren. Wie sich Interventionen mit experimentellem Charakter in die Stadtplanungspraxis mit welchen Instrumenten integrieren lassen und was sie zur nachhaltigen Stadtentwicklung beitragen können, wird in diesem Beitrag beleuchtet. Zudem wird skizziert, welches Potenzial Interventionen als innovativer Baustein für die Verknüpfung zwischen Wissenschaft und Praxis haben kann. Zuvor soll aufgezeigt werden, welche Handlungsfelder und Maß-

S. Drobek (✉) · M.-C. Tran
Universität Duisburg-Essen, Essen, Deutschland
E-Mail: Sabine.Drobek@uni-due.de

M.-C Tran
E-Mail: minh-chau.tran@uni-due.de

© Springer Fachmedien Wiesbaden GmbH 2017
J.-L. Reinermann und F. Behr (Hrsg.), *Die Experimentalstadt,*
DOI 10.1007/978-3-658-14981-9_6

nahmen Stadtplanung, Stadterneuerung, Stadtgestaltung, Stadtentwicklung und Verkehrsplanung im Kontext einer nachhaltigen Stadtentwicklungspolitik beeinflussen können und welche Rolle hierbei der öffentliche Raum und die Interventionen spielen.

1.1 Nachhaltige Stadtentwicklung – gesetzlich verankert

Durch die Novellierung des Raumordnungsgesetzes 1998 (§ 1 Abs. 2 ROG) und des Baugesetzbuches 2004 (§ 1 Abs. 5 Satz 1 BauGB) ist die Leitvorstellung der Nachhaltigkeit im deutschen Raumordnungs- und Bauplanungsrecht verankert. Die Stadtplanung soll u. a. dazu beitragen, eine menschenwürdige Umwelt zu sichern sowie den Klimaschutz und die Klimaanpassung, insbesondere auch in der Stadtentwicklung, zu fördern, sowie gleichzeitig die städtebauliche Gestalt und das Orts- und Landschaftsbild baukulturell zu erhalten und zu entwickeln (vgl. § 1 Abs. 5 BauGB). Darüber hinaus hat sich Deutschland verpflichtet, Emission von Treibhausgasen national bis 2020 gegenüber 1990 um 40 % und bis 2050 um 80 % zu senken (vgl. Bundesregierung 2009).

1.2 Handlungsfeld Mobilität – Technische Maßnahmen reichen nicht

Insbesondere im *Verkehrssektor* bestehen Potenziale zur Reduktion der CO_2-Emissionen. Die Mobilität von Personen, Gütern und Dienstleistungen ist ein wichtiger Faktor für den erreichten ökonomischen und sozialen Wohlstand; allerdings führt das derzeitige Maß an Verkehr, insbesondere in Form des motorisierten Verkehrs, zu erheblichen ökologischen[1] und sozio-ökonomischen[2] Belastungen (vgl. Bundesregierung 2002, S. 137; Enquete-Kommission 1994,

---

[1]Zum Beispiel Verbrauch von nicht-erneuerbaren Energieträgern, Emissionen von Luftschadstoffen, Lärmbelastungen, Flächenverbrauch, Versiegelung und Fragmentierung der Landschaft (Destatis 2003, S. VII).
[2]Starke Beeinträchtigung der Wohnumfeldqualität durch hohe Verkehrsbelastung und Schadstoffe; sinkende Aufenthaltsqualität in Innenstädten; Sicherheitsprobleme für „unterprivilegierte" Verkehrsarten (Fußgänger, Radfahrer); Benachteiligung und Ausschluss nicht motorisierter Personen (vgl. Kölz 2010, S. 232).

S. 77 ff.; Destatis 2003, S. VII). Der Straßenverkehr emittiert in erheblichem Maße klimaschädigende, toxische und kanzerogene Schadstoffe. 2012 lag der Anteil des Verkehrssektors an den CO_2-Emissionen in Deutschland bei rund 20 % (davon 95 % im Straßenverkehr) und nahm seit 1990 im Vergleich zu anderen Sektoren[3] nur um 5,6 % ab (vgl. BMWi 2015, Tab. 10). Dem stehen wiederum deutliche Verbesserungen bei der *Energieeffizienz* und ein wachsender *Anteil regenerativer Kraftstoffe* gegenüber (vgl. BMWi 2015, Tab. 8b). Zentrale Herausforderung wird sein, Kraftstoffverbrauch und CO_2-Emissionen bei absehbar weiter steigenden Verkehrsleistungen zu reduzieren und dabei gleichzeitig eine für alle bezahlbare und zugängliche Mobilität zu erhalten (vgl. dena 2013, S. 4).

Ursachen für die Zunahme der Verkehrsleistung und somit des Kraftstoffverbrauchs in Deutschland sind u. a. die immer noch zunehmende Entmischung, steigende Zersiedelung und disperse sowie verkehrsaufwendige Siedlungsstruktur (vgl. UBA 2010; Meyer 2013, S. 13).

Trotz aller Anstrengungen zu fahrzeug-, verkehrs- und steuerungstechnischen sowie ordnungsrechtlichen Verbesserungen sinken der Energieverbrauch[4] und die Emissionen der emittierten Schadgase des Verkehrs bisher nicht oder allenfalls marginal (vgl. Meyer 2013, S. 13). Auch zukünftig werden sinkende Verbräuche durch Verbesserungen der Fahrzeugtechnologie teilweise durch eine Zunahme der Verkehrsleistung bzw. die Nachfrage nach Personen- und insbesondere Güterverkehrsleistungen aufgezehrt. Insofern wird eine Reduzierung des Energieverbrauchs im Verkehr nicht ohne Reduktion der Fahrleistungen auskommen (vgl. dena 2013, S. 25).

1.3   Räumliche Faktoren nachhaltiger Stadtentwicklung

Eine wichtige Voraussetzung zur Reduzierung der Verkehrsleistung ist v. a. die *Schaffung verkehrsarmer Siedlungsstrukturen* (vgl. UBA 2010 u. a.). Ein zentra-

---

[3]Der *Kohlendioxidausstoß* ist seit 1990 um 23 % zurückgegangen, jedoch unterschiedlich je nach Sektor: So konnte das *verarbeitende Gewerbe* (12 % der CO_2-Emissionen) seine CO2-Emissionen innerhalb der vergangenen 20 Jahre um rund 35 % senken. Die *Haushalte* (12 % der CO_2-Emissionen) sowie die *Energiewirtschaft* (47 % der CO_2-Emissionen) konnten ihren CO_2-Ausstoß seit 1990 um 28 % sowie 15 % reduzieren. Der *Verkehrssektor* verzeichnete mit knapp 6 % die geringste CO_2-Minderung (vgl. BMWi 2015, Tab. 10).
[4]Der Verkehrssektor verbraucht in Deutschland rund ein Fünftel (28 %) der Endenergie, wobei hier sogar eine Zunahme seit 1990 um knapp 10 % (Stand 2012) zu verzeichnen ist (vgl. BMWi 2015, Tab. 5).

les Instrument hierfür ist eine regionale und städtische Verkehrs- und Siedlungs-
planung, einhergehend mit qualitativen, städtebaulichen Maßnahmen, die kurze
Wege schafft und damit weniger Verkehr erfordert. Dazu zählen hauptsächlich
Maßnahmen zur *Verlagerung* von Verkehr auf umweltverträglichere Verkehrsmit-
tel (Bus, Bahn, Rad, Fuß, Schienengüterverkehr und die Binnenschifffahrt) sowie
die Schaffung von *verkehrsvermeidenden* Siedlungs- und Wirtschaftsstrukturen
(vgl. Gertz und Holz-Rau 1994; Hesse 1995; Holz-Rau 1997; Holz-Rau und Kutter 1995; Emmelmann 2013). *Verkehrsvermeidung* bedeutet eine Reduzierung
des Verkehrsaufwandes. Sie zielt damit auf eine Verkürzung der zurückgelegten
Distanzen bei gleich bleibender Anzahl der Aktivitäten (vgl. Gertz und Holz-Rau
1994, S. 17). Die kürzeren Distanzen erleichtern den Alltag und können zu einer
Verlagerung der Verkehrsmittelwahl zugunsten des Umweltverbundes beitragen
(Verkehrsverlagerung).

2   Attraktivierung der Stadt-Öffentlichkeit und öffentlicher Raum

Ziel ist daher die Schaffung eines attraktiven, sicheren und „gesunden" Wohn-
umfeldes, bei dem der *öffentliche Raum* eine essenzielle Rolle spielt. Freiräume
erfüllen in Abhängigkeit von Faktoren wie etwa ihre *Lage, Größe, Verteilung und
Ausstattung* usw. zahlreiche Funktionen. *Multifunktionalität* ist ein Grundmerk-
mal vor allem der *öffentlichen* Freiräume. Bei stadtplanerischen Überlegungen
sollten möglichst viele Nutzungen und Ansprüche berücksichtigt werden. Generell können Freiräume soziale, ökologische, ästhetische/gliedernde und wirtschaftliche Funktionen erfüllen (vgl. Ziegler-Hennings 2011, S. 176–179; Richter
1981, S. 15).

Die europäische Stadt lebt im Spannungsverhältnis zwischen Öffentlichkeit
und Privatheit. Mit dem Verlust seiner kommunikativen Funktion wird der öffentliche Raum – noch gefördert durch zunehmenden Medienkonsum und den Rückzug ins Private („Cocooning") – gleichsam schleichend entwertet. Zudem ist seit
den 1980er Jahren eine zunehmende Privatisierung und Kommerzialisierung des
öffentlichen Raumes durch die modernen Betriebsformen des Einzelhandels und
der Freizeitindustrie zu beobachten. Dieser Raum mit öffentlicher Nutzung, aber
privatem Hausrecht, macht sich unabhängig von einer urbanen Umgebung. Parallel dazu wird der öffentliche Raum ganzjährig als Erlebnis, als Event inszeniert.
Hier berichten die Praktiker bzw. Stadtverwaltungen von starker Inanspruch-
nahme bis hin zur „Übernutzung" der öffentlichen Räume (vgl. Kuklinski 2003,
S. 41). Urbanes Leben etabliert sich zunehmend auch außerhalb der traditionellen

Zentren in der Peripherie der Städte mit großflächigen kommerziellen Agglomerationen wie Factory-Outlet-Centern, welche sich dort zu sogenannten „Nicht-Orten" verdichten, die den Verlust von Ortsqualitäten zum Ausdruck bringen (vgl. Augé 1994).

Öffentlichkeit als Teil der Stadtkultur ist nicht nur eine Frage der allgemein zugänglichen Plätze, Parks und sonstigen Einrichtungen, sondern sie beginnt im *Wohnbereich*. Dieser muss Vielfalt, Begegnung und Integration bieten. Eine Eigenschaft der Öffentlichkeit und des öffentlichen Raumes umfasst die wechselseitige Aufmerksamkeit füreinander, die ein Grundelement des sozialen Lebens und ein unverzichtbarer Tatbestand städtischen und auch nachbarschaftlichen Zusammenlebens ist (vgl. Schäfers 2003, S. 18).

Der öffentliche Raum ist äußerst vielfältig und erfüllt unterschiedliche Funktionen. *Straßen* und *Wege* haben überwiegend transitorische Funktionen (Erschließung, Bewegung, Transport), *Plätze* und *Parks* sind auf Handel, Aufenthalt, Begegnung, Kommunikation, Versammlung, Feste und Erholung angelegt (vgl. Pesch und Kappler 2010, S. 18). Der als solcher physisch wahrnehmbare und verständliche öffentliche Raum ist insofern die „Schnittstelle" zwischen der Stadt als sozialem und der Stadt als baulich-räumlichem Gebilde (vgl. Frick 2011, S. 155). Zudem wird mit dem öffentlichen Raum ebenfalls der Begriff *„Urbanität"* (lat. von urbs, d. h., „Stadt") assoziiert, welcher ein von wachem Geschichtsbewusstsein getragenes politisches Engagement und eine *aktive Mitwirkung der Stadtbürgerschaft an der Gestaltung* voraussetzt (vgl. Salin 1960 zit. in Borchard 1980, S. 83). „Der öffentliche Raum ist eine Alltagsschule, in dem zivilisiertes Verhalten durch Teilnahme am öffentlichen Leben gelernt wird" (Curdes 1997, S. 209).

Urbanität kann allerdings nicht baulich erzeugt werden. Raum und Struktur können Urbanität begünstigen. Josef Steinbach (1994, S. 209) weist darauf hin, dass zumindest drei Bereiche beim Entstehen von Urbanität zusammenwirken: Urban orientierte Lebensstile, eine bestimmte Form der gesellschaftlichen Organisation (Organisationsmuster) und *urbanitätsfördernde städtebauliche Strukturen*. In der Literatur findet man ein detailliertes Repertoire an *„unterstützenden Merkmalen"* der Raumstrukturen, die als Beurteilungskriterien für Urbanität bzw. den öffentlichen Raum herangezogen werden können (vgl. Kallmeyer et al. 1998, S. 99; Curdes 1997, S. 210 f.; Feldtkeller 1994, S. 162 f.). Gehl hat sich beispielsweise in seinem Buch „Life between buildings. Using public space" sehr differenziert mit den baulich-räumlichen Voraussetzungen sozialer Synergien beschäftigt. Er untersucht darin die Bedingungen, unter denen sich „Leben zwischen den Gebäuden" im öffentlichen Raum entfaltet (vgl. Gehl 1996, S. 11 ff.). Die baulich-räumlichen Merkmale beziehen sich jeweils auf die verschiedenen Maßstabsebenen und zusätzlich auf bauliche Details der Straßen und Plätze.

Tab. 1 Kriterien zur Förderung des urbanen, öffentlichen Raums. (Quelle: eigene Darstellung auf Basis von Kallmeyer et al. 1998, S. 99; Curdes 1997, S. 210 f.; Feldtkeller 1994, S. 162 f.)

Elemente des urbanen, öffentlichen Raumes	
Erreichbarkeit und Zugänglichkeit	Gestaltungselemente:
Vielfalt, Kleinräumigkeit und Dichte der Funltionen und Nutzungen	umschlossene straßen-/Platzräume Orientierung der Gebäude zu den öffentlichen Räumen vielfältige Baukörper – und
klar definierte öffentlichen und private Räume	Fassadengestaltung funktionsangepasste Maßstäblichkeit und Proportionen Mischung der Baualter einfache, multifunktionale Räume

Unterstützende Merkmale ergeben kein Rezept für die Planung, aber sie beschreiben und begrenzen das Handlungsfeld für die Stadtentwicklung und den Stadtumbau (vgl. Frick 2011, S. 62). Denn für die Einwohner und Passanten stellt der gebaute öffentliche Raum ein Angebot dar, das genutzt oder nicht genutzt werden kann. Er determiniert nicht, aber er ermöglicht (oder verhindert). Wenn ihnen kein geeigneter öffentlicher Raum zur Verfügung steht, finden öffentliche Aktivitäten woanders oder aber gar nicht statt (vgl. Gehl 1996, S. 131).

Aus einer umfassenden Literaturrecherche wurden die wichtigsten, für den öffentlichen urbanen Stadtraum charakterisierenden Kriterien identifiziert (siehe Tab. 1).

Entscheidend ist hier die Frage, wie diese abstrakten Ergebnisse aus der Wissenschaft in der baulichen Stadtgestaltungspraxis angewendet werden können. Die Aufgabe der Planungswissenschaft besteht daher u. a. darin, sie für die Planungs- und Städtebaupraxis zu operationalisieren.

3   Urbane Interventionen als Mittel zur Erprobung einer Nachhaltigkeitsstrategie

Hier setzen urbane Interventionen im Stadtraum an. Sie stellen ein experimentelles Mittel zur Erprobung einer Nachhaltigkeitsstrategie im sozial-ökologischen Verständnis dar. Seit mehr als zehn Jahren häufen sich Publikationen zu diesem Thema (z. B. Oswalt et al. 2014; Below und Schmidt 2014; Beeren et al. 2013, 2014; von Keitz und Voggenreiter 2014; Feireiss und Hamm 2015). Festzustellen ist, dass es unterschiedlichste Begriffsverständnisse hierzu gibt – je nach fachlichem Zugang und Intention –, aber auch viele inhaltliche Überschneidungen.

Verwandte oder in ähnlichen Kontexten auftauchende Begriffe sind z. B. Raumaneignung, Raumproduktion, temporäre Nutzung oder Zwischennutzung, strategische Planung, Reallabor oder Realexperiment. Im englischsprachigen Raum stößt man auch auf Begriffe wie Tactical Urbanism oder Place-Making. Gleichzeitig geht es immer auch um partizipative Prozesse, um Teilhabe und Mitsprache an planerischen Prozessen.

Im Folgenden wird zunächst die Rolle von urbanen Interventionen im Stadtentwicklungsprozess skizziert. Danach folgt eine kurze Übersicht über bestehende Begriffsverständnisse hierzu, um das eigene Verständnis aus Sicht der Stadtplanung und des Städtebaus herauszustellen. Auf Basis eines durchgeführten Studierendenseminars werden Empfehlungen für die Planung und Umsetzung von Interventionen dargestellt.

3.1 Ausgangssituation – Interventionen in der Stadtentwicklung

Ökonomischer Strukturumbruch, demografische Entwicklungen und gesellschaftlicher Wertewandel führen zu veränderten Rahmenbedingungen für die Planung, der Großteil unserer Städte ist schon gebaut. Planung muss sich vor diesem Hintergrund heute mehr mit Bestandsentwicklung als mit Neubau beschäftigen. Dabei geht es um Stadtreparatur, Stadtumbau und -erneuerung, um Quartiersentwicklung, um den Umgang mit ungenutzten Räumen und vernachlässigten Straßenzügen oder stark verkehrsbelasteten Quartieren, letztlich im Grunde immer um die Zukunftsfähigkeit unserer Städte.

Vermehrt wird auf die Grenzen etablierter Planungsinstrumente hingewiesen. Vorgeschlagen wird z. B. eine: „intelligente Einführung temporärer Nutzungen in eine neue Form der Stadtplanung, die auf der Formalisierung des Informellen und der Informalisierung des Formellen basiert" (Christiaanse 2014, S. 6). Auf Seiten von Politik und Verwaltung ist zudem die Aufmerksamkeit gegenüber bürgerschaftlichem Engagement gewachsen – nicht zuletzt aufgrund der Komplexität der Aufgaben und geringer werdender Handlungsspielräume. Gleichzeitig warten die Bürger nicht auf Beteiligung sondern engagieren sich selbst in der Entwicklung von Quartieren. „Heute sind die Menschen weniger geneigt, für 'große Entwürfe' zu kämpfen [...]. Jedoch sind viele bereit, sich in kleineren, überschaubaren Fragen zu engagieren [...]" (Below und Schmidt 2014, S. 11).

Durch temporäre Interventionen, die gemeinsam entwickelt werden, können Alternativnutzungen eines Stadtraumes nach Bedürfnissen der Bewohner und Nutzer sichtbar gemacht und getestet werden. Sie unterliegen nicht dem Druck, einen vorgegebenen Endzustand erreichen zu müssen, sondern umfassen Möglichkeiten des Ausprobierens, Verhandelns und Korrigierens. Interventionen initiieren einen offenen Planungsprozess durch kooperative Produktion (Buttenberg et al. 2014).

Diese Planungen gehen nicht mehr von der Kommune aus, vielmehr entstehen in informellen Prozessen neue Kooperationen (Willinger 2014). Im Rahmen dieser Planungsdebatte stehen Möglichkeiten im Mittelpunkt, die lokalen Akteure zu befähigen, nicht nur als temporäre Raumpioniere aufzutreten, sondern als Träger urbaner Prozesse dauerhaft einbezogen zu werden. Mittlerweile haben sich in vielen Städten „Raumunternehmen"[5] entwickelt, die Ausdruck einer nutzergetragenen Stadtentwicklung sind (Buttenberg et al. 2014, S. 4 ff.). Ein erwachtes Bewusstsein für Stadtqualitäten und die Rückgewinnung von Stadträumen scheinen dieser Entwicklung zusätzlich Dynamik zu verleihen. Dabei geht es gleichzeitig auch um das Hinterfragen des bisherigen Rollenverständnisses von Planern, Stadtmanagern oder Investoren.

3.2   Begriffsverständnisse – Disziplinäre Zugänge, unterschiedliche Sichtweisen

Der Begriff *„Intervention"* leitet sich vom lateinischen „intervenire" ab und bedeutet sinngemäß „dazwischenkommen" oder „dazwischentreten". Das besondere Arbeitsfeld von urbanen Interventionen ist meist der öffentliche Raum. Sie reichen von kleinen Eingriffen wie temporäre Kunstinszenierungen bis hin zu großen Bauprojekten, die das Stadtbild und die Struktur langfristig verändern. Sie können „ungeplant" durch Bewohner- und Privatinitiativen entstehen und/ oder auch vonseiten der Stadtverwaltung geplant sein. Dabei können sowohl die Zusammensetzung der Akteure als auch zeitliche Prozessphasen variieren.

Den Begriff *„urbane Intervention"* findet man häufig im Feld der Kunst, die Interventionen als „sozial-aktivistische Kunstform" versteht, „die sich selbst gesellschaftliche Verantwortung zuschreibt und deshalb den geschützten Ausstellungsraum verlässt und in die Realität der Stadt eingreifen möchte" (von Borries et al. 2013, S. 6). Während Kunstprojekte die vernachlässigten Stadträume vielmehr markieren oder auf stadtgesellschaftspolitische Themen aufmerksam

---

[5]Der Begriff wurde im Juni 2010 im Rahmen eines Workshops mit der Montag Stiftung Urbane Räume, der Bergischen Universität Wuppertal, dem studio uc, Berlin und dem Institut Arbeit und Technik, Gelsenkirchen (IAT) entwickelt.

machen, ändern oft erst gezielte Baumaßnahmen Plätze oder ganze Stadtviertel langfristig.

Enge Überschneidungen gibt es daher zum Feld Architektur und Städtebau. Neben Neu- und Umbauten gibt es kleinere raumverändernde Interventionen, die zunächst vielleicht nur eine Nische verändern, langfristig gesehen jedoch ein wichtiges Glied in der Kette der Umstrukturierungsprozesse sind.

3.3   Interventionen aus Sicht der Stadtplanung und des Städtebaus

Diese Grundgedanken führen zu den Fragen, die aus Sicht der Stadtplanung und des Städtebaus von praktischem Interesse sind: Wie lassen sich Interventionen in Planungsprozesse und das vorhandene Planungsinstrumentarium integrieren, damit es nicht nur bei einer einmaligen Aktion bleibt? Wie schafft man aus einer erfolgreichen temporären Interventionen eine langfristige Umsetzung („from pilot to permanent"), um nachhaltige Verhaltensweisen effektiv etablieren zu können?

Unter *„urbaner Intervention"* wird aus dieser Perspektive der Eingriff bzw. die zeitlich begrenzte Veränderung von räumlichen Strukturen im städtischen Zusammenhang verstanden. Der Stadtraum wird als Experimentierlabor für eine nachhaltige Stadtentwicklung gesehen. Interventionen werden hier als Instrument der prozessualen Stadtentwicklung, als Teil von Planungs- und Beteiligungsprozessen und als städtebaulicher Lösungsvorschlag interpretiert. Sie können Ergebnis eines Beteiligungsprozesses sein und als Vorstufe zu einem zukünftigen Projekt dienen.

Ziel derartiger Interventionen ist es, durch städtebauliche Umgestaltung und/oder Umnutzung des öffentlichen Raums Impulse für Veränderungen in Verhaltensweisen, Gewohnheits- und Denkmuster der Bewohner und Nutzer zu geben und auf Augenhöhe mit der Bürgerschaft darüber zu diskutieren. Verfestigte Strukturen sollen aufgebrochen und den Menschen Zusammenhänge zwischen ihrem eigenen Verhalten und der Qualität des Stadtraumes aufgezeigt werden. Mit geringen Mitteln sollen alternative Stadtraumnutzungen demonstriert werden, um Voraussetzungen zu schaffen z. B. für Urbanität, Identifikation und soziale Teilhabe im öffentlichen Raum und um diese Potenziale (er)lebbar zu machen. Im Idealfall folgt eine permanente Umsetzung der Maßnahmen. Events, Festivals oder Aktionen können als zusätzliche Maßnahmen während einer Intervention zur Unterstützung der Öffentlichkeitswirksamkeit, Kommunikationsmöglichkeiten und Ideengenerierung durchgeführt werden, sind hier aber nicht als Selbstzweck zu verstehen.

Stadtplanerische Interventionsversuche spielen vor allem auf *Quartiersebene* eine große Rolle, da diese auch heute noch entscheidende Bezugsgrößen für das Alltagsleben vieler ihrer Bewohner sind. Interventionen waren stets nicht nur Einzelmaßnahmen eines städtischen Amtes, sondern ein integriert geplanter und gezielt gesetzter „Impuls". Sie waren und sind dann besonders effektiv, wenn sie unmittelbar an bestehende Aktivitäten sozialer Gruppen anknüpfen und aus dem Alltag der Bewohner entwickelt werden. Das Handlungswissen der Verwaltung und der Alltag der Stadtbewohner sind daher sinnvoll zu verknüpfen. „Die sonst so getrennten Handlungsansätze Bottom-up und Top-down werden so zu zwei Seiten ein und derselben Medaille" (Below und Schmidt 2014, S. 10).

3.4   Interventionen als experimentelles Lehrformat

Um der vielfach geforderten stärkeren Praxisorientierung in der Hochschullehre zu begegnen und die Lücke zwischen Hochschule, Wissenschaft und der realen Welt in den Quartieren zu schließen, müssen neue Lehrformate getestet und angewendet werden.

Im Rahmen eines Seminars am Institut für Stadtplanung und Städtebau der Universität Duisburg-Essen befassten sich daher Studierendengruppen mit dem Thema „Urbane Interventionen im Stadtraum". Das Seminar setzte sich aus Studierenden der Masterstudiengänge Bauingenieurwesen und Urbane Systeme zusammen. Sie entwickelten in interdisziplinären Gruppen Konzepte für Urbane Interventionen an drei unterschiedlichen Standorten in Essen-Rüttenscheid. Wie können urbane Interventionen dazu beitragen, orts- und bevölkerungsspezifische Bedürfnisse der Bewohner und Nutzer zu erfassen und zu bewerten, um darauf aufbauend Maßnahmen zur langfristigen Verbesserung der Lebensqualität zu formulieren?

Die Standortkriterien für die Umsetzung von Interventionen sind eng an die genannten Elemente des urbanen, öffentlichen Raums angelehnt (siehe Tab. 1). Zusätzliche Standortvoraussetzungen und -überlegungen umfassen je nach Interventionsart (Abb. 1, 2, und 3):

- Vermeidung von Hauptverkehrs- und Transitstraßen
- nutzungsgemischte Straßen oder Quartiere mit hoher Dichte
- Straßen mit niedriger Geschwindigkeit oder geringem Verkehrsvolumen
- angrenzende Nutzungen
- Nähe zu Schulen

Abb. 1 Rüttenscheider Stern (Essen) vor und während der temporären Intervention. (Quelle: Institut für Stadtplanung und Städtebau, Universität Duisburg-Essen)

Abb. 2 Annastraße (Essen) vor und während der temporären Intervention. (Quelle: Institut für Stadtplanung und Städtebau, Universität Duisburg-Essen)

Abb. 3 Rüttenscheider Straße (Essen) vor und während der temporären Intervention. (Quelle: Institut für Stadtplanung und Städtebau, Universität Duisburg-Essen)

- Auswirkungen für die Bewohner und Geschäfte
- Nutzbarkeit für alle, Zugänglichkeit für mobilitätseingeschränkte Menschen
- Beantragung und Genehmigung erforderlich
- Plan zur Instandhaltung
- wetter- und jahreszeitenabhängige Nutzung

Um eine möglichst hohe Akzeptanz und Unterstützung der Anwohner im Umfeld der ausgewählten Standorte zu erreichen, wurden im Vorfeld der Interventionen Ortsbegehungen durchgeführt, wodurch Erkenntnisse in Bezug auf räumliche Gegebenheiten sowie auf das Nutzungs- und Aneignungsverhalten des Raumes durch die Passanten gewonnen werden konnten. Dies diente der Erstellung eines quantitativen Fragebogens, mit dem insgesamt etwa 280 Stadtbewohner befragt wurden.

Die temporären Umgestaltungen der Flächen, die normalerweise dem motorisierten Individualverkehr gewidmet sind, haben bei den Stadtbewohnern überwiegend positive Reaktionen hervorgerufen. Etwa 75 % der Befragten empfinden den Anteil an öffentlichen Grünflächen innerhalb des Quartiers als zu gering. Außerdem könnte eine attraktivere Gestaltung von Umsteigeorten zu einem umweltfreundlicheren Verkehr beitragen. Denn mehr als die Hälfte aller Befragten wünschen sich einen attraktiven Aufenthaltsort, an dem sie in angenehmer Atmosphäre auf die U-Bahn, Tram oder den Bus warten können.

Eine detaillierte Wirksamkeitsanalyse konnte aus Zeit- und Budgetgründen nicht durchgeführt werden. Dennoch können folgende praktische Empfehlungen für die Planung und Umsetzung von urbanen Interventionen im Stadtraum aus den „Lessons Learned" abgeleitet werden:

Einbindung der Standortwahl in bestehende Planungsüberlegungen
Nicht alle Stadträume sind gleichermaßen als Standort für urbane Interventionen geeignet. Insbesondere jene Stadtteile und Standorte bieten gute Voraussetzungen, die in der Nähe der Innenstadt liegen oder ein eigenes Nahversorgungszentrum haben, eine hohe Bevölkerungsdichte, eine Mischung der Funktionen und neben dem motorisierten Verkehr auch noch eine überdurchschnittlich hohe Anzahl an Fußgängerverkehr aufweisen. Die letztliche Entscheidung ist aber auf kleinräumiger Ebene und kontextabhängig zu treffen. Zudem können nicht in allen öffentlichen Räumen dieselben Strategien angewendet werden. Es gilt, Überlegungen zur Standortwahl und somit auch die Konzeption der Intervention in bestehende Planungen oder Projekte der Kommune sinnvoll einzubinden.

Beteiligung von Partnern und Mobilisierung finanzieller Ressourcen
Um Interventionen im Stadtraum durchzuführen, braucht es politische Zustimmung. Daher müssen frühzeitig Gespräche insbesondere mit Entscheidungsträgern der Stadtverwaltung und -politik geführt sowie geeignete Ansprechpartner der Stadt identifiziert werden, die den Prozess organisatorisch und formalrechtlich unterstützen. In diesem Zuge muss auch die Finanzierungsfrage z. B. für Genehmigungen, Verkehrssicherungsmaßnahmen, Materialien sowie die Frage der Übernahme der rechtlichen Verantwortung geklärt werden. Eine Koordination der städtischen Akteure (z. B. aus dem Stadtplanungsamt, Verkehrsamt, Grünflächenamt) ist unabdingbar notwendig.

Im zweiten Schritt sollte die jeweilige Bezirksvertretung informiert und einbezogen werden. Diese bildet die politische Schnittstelle zwischen Bürgern und Kommunalpolitikern. Gleichzeitig müssen wichtige Akteure wie Einzelhändler oder soziale Institutionen im Quartier identifiziert und Einzelgespräche geführt werden, um im Idealfall eine frühzeitige breite Zustimmung zu erhalten. Kommunikation, eine frühe Aktivierung und Einbindung der Akteure sowie die Bildung einer Kerngruppe (Schlüsselakteure) sind hier entscheidende Faktoren.

Vorlaufzeit für die Planung
Für eine verhältnismäßig kleine Intervention, wie sie im studentischen Seminar durchgeführt wurde, sind mehrere Monate allein nur für die Planungsphase zu einzukalkulieren. Größere und zugleich öffentlichkeitswirksamere Interventionen, die mit breiteren Akteurskreisen als Ergebnis von Beteiligungsprozessen mit einem gemeinsam definierten Ziel umgesetzt werden sollen, sind aufwands- und kostenintensiver und mit entsprechend längerer Vorlaufphase zu planen.

Termine, Zeitraum und Dauer der Intervention
Bei einer Einbindung der Intervention in die universitäre Lehre muss die Organisation, Planung und Durchführung der Intervention an die Semester- und Jahreszeit angepasst werden. Die Dauer der Intervention selbst ist sinnvoll zu gestalten. Je länger die Intervention dauert, desto größer ist die Außen- und Innenwirkung, desto mehr Daten können gesammelt werden und desto größer ist die Tiefenschärfe der Ergebnisse. Verhaltensänderungen im Alltag zu verschiedenen Tageszeiten an verschiedenen Wochentagen und unter verschiedenen Wetterbedingungen können somit besser erfasst werden, um Nutzungsmuster und mögliche Konflikte zu erkennen und frühzeitig gemeinsam Lösungen zu finden. Eine länger andauernde Intervention hat zudem stärkeren Effekt auf das Alltagsleben der Quartiersbewohner im Hinblick darauf, alte Gewohnheitsmuster zu überdenken.

Vorbereitende, begleitende und nachträgliche wissenschaftliche Untersuchungen

Die im studentischen Seminar durchgeführte Intervention ist als „Light"-Variante zu verstehen, was das Finanzbudget, den zeitlichen Rahmen und den gestalterischen und organisatorischen Aufwand betrifft. Wird eine Intervention im Rahmen eines geförderten Projekts durchgeführt, muss mit einem vergleichsweise hohen Kostenaufwand gerechnet werden. Um durch die Intervention, verstanden als Testlauf oder Teil eines offenen (Planungs-)Prozesses, Lerneffekte erzielen zu können, z. B. auch im Hinblick auf eine permanente Umsetzung, und um diese auf weitere Vorhaben zu übertragen, ist eine wissenschaftliche Begleitforschung zur systematischen Evaluation des Prozesses und des Ergebnisses notwendig.

Es lassen sich für raumverändernde Interventionen neben dem experimentellen Charakter folgende zentrale Zielvorstellungen aufstellen:

1. Das Herunterbrechen abstrakter urbaner gesellschaftlicher Themen auf konkrete Handlungspraktiken im konkreten Raum. Das Abstrakte wird erlebt und gelebt.
2. Die Einflussnahme auf den Stadtraum und auf menschliche Wahrnehmungs- und Verhaltensweisen. Es geht um raumverändernde Gestaltung und interaktive soziale Prozesse.
3. Die Verstetigung oder dauerhafte Dynamik im Idealfall. Der temporäre Eingriff wird zur permanenten Umsetzung.
4. Die Verknüpfung zwischen Wissenschaft und Praxis in einem offenen (Planungs-)Prozess. Forschende Perspektive und gestaltende Praxis sind eng verknüpft (z. B. Effektevaluation).

4   Integration von temporären urbanen Interventionen in die Stadtplanungspraxis

(Temporäre) Urbane Interventionen können innerhalb der Stadtplanungspraxis von großem Nutzen sein. Als „Testlauf" von Maßnahmen kann der Prozess der „Intervention" im Vorfeld oder parallel zur informellen Planung bzw. Konzepterstellung in Kooperation mit verschiedenen öffentlichen und privaten Akteuren stattfinden, bevor die Planung förmlich im Rahmen der formellen Instrumente festgeschrieben wird. Darüber hinaus muss sich Planung dem „Ungeplanten" öffnen und Bottom-up-Prozesse zulassen, insbesondere da die Stadtplanung vor dem Hintergrund personeller und finanzieller Ressourcenknappheit auf die Übernahme von Maßnahmen durch „Private" angewiesen ist. Urbane Interventionen seitens der Bürgerschaft oder privater Initiativen stellen „Ungeplantes" dar, das langfristig in Planungsprozesse „formalisiert" werden muss.

Die kommunale Verwaltung verfügt über ein breites Spektrum an Instrumenten zur Durchsetzung von Zielen der Nachhaltigkeit bzw. zur Aufwertung des urbanen öffentlichen Raums und zur Verkehrsvermeidung und -verlagerung. Die kommunale Steuerung der Stadtstruktur insgesamt gründet auf *planungs- und bauordnungsrechtlichen* Instrumenten und verwandten Rechtsvorschriften, d. h. durch rechtliche Beeinflussung in Form von rechtlicher Rahmengebung auf *ökonomischen* und marktwirtschaftlichen Instrumenten sowie auf *Kommunikations- und Informationsinstrumenten,* d. h. durch Beratung und Überzeugungsarbeit seitens der Kommune bei Bevölkerung, Grundstückseigentümern, Investoren und Politik.

Grundlegend für erfolgreiche Stadtplanung sind neben den rechtsförmlichen Instrumenten insbesondere *informelle Pläne* z. B. in Form von Stadtentwicklungskonzepten und Verkehrsentwicklungsplänen (Gesamtstadt), Stadtteil- und Quartierskonzepten oder städtebaulichen Rahmenplänen, die insbesondere für gestalterische Belange von Bedeutung sind. Sie dienen der fachlichen Fundierung der rechtsformlichen Planungen und zugleich der Vorbereitung planerischer Entscheidungen im Prozess der politischen Willensbildung der kommunalpolitischen Entscheidungsträger. Diese Pläne sind häufig auch gut geeignet, Planungsbetroffene in den Planungsprozess aktiv einzubeziehen und auf diese Weise potenzielle Widerstände, Nutzungskonflikte zu erkennen und planerisch aufzugreifen sowie zu einer besseren Akzeptanz und Unterstützung der Planung bei den Betroffenen zu sorgen (vgl. Difu 2011, S. 35). Insbesondere im Rahmen des Stadtumbaus spielen informelle und rahmensetzende Instrumente eine große Rolle. Diese Instrumente werden vor allem dann eingesetzt, wenn es zunächst vor allem um die Bestimmung der Perspektiven für die künftige Entwicklung geht, wenn für private Investitionen ein Rahmen definiert werden soll und der Umbauprozess flexibles Handeln erfordert (vgl. Junker & Kruse und BGS 2003, S. XV). Insbesondere hier können temporäre Interventionen in Kooperation mit den jeweiligen Bewohnern, Eigentümern, der lokalen Wirtschaft als alternative „Entwürfe" erlebt werden. Übergeordnete Behörden ziehen informelle Planungen als Entscheidungshilfe bei der Beurteilung, Förderung und Genehmigung städtebaulicher Planungen und Maßnahmen insbesondere in bestehenden Quartieren heran. Für den Bürger sollten informelle Planungen Vorinformationen liefern und zum besseren Verständnis einer geplanten Maßnahme dienen. Sie erleichtern somit den komplexen und langwierigen Prozess der Bauleitplanung mit ihren klaren und starren

Vorgaben über Inhalte und Verfahren und sorgen für eine bessere Koordination aller kommunalen Fachplanungen und Ressortaktivitäten (z. B. Verkehrsplanung, Infrastrukturplanung, Sozialplanung, usw.) (vgl. Ettl und Zängle-Koch 2003, S. 285–289).

Bei der Neuordnung der Entwicklung im Siedlungsbestand – beispielsweise beim Umbau von öffentlichen (Straßen-)Räumen – kommen insbesondere auch die formellen Instrumente des *Besonderen Städtebaurechts* wie die Durchführung von Sanierungs-, Stadtumbau- und Entwicklungsmaßnahmen zum Tragen. Auf Grundlage dieser durchführungsorientierten Rechtsinstrumente können Ziele des Stadtumbaus und der Stadterneuerung, unterstützt durch geeignete Förderprogramme, umgesetzt werden (vgl. Difu 2011, S. 35). Auch im Rahmen dieser förmlichen Prozesse können urbane Interventionen als Entscheidungshilfe bei der Festlegung von Maßnahmen im öffentlichen Raum dienen. Aufgrund der Umsetzungsorientierung sind diese Instrumente vor allem für komplexere Projekte des Stadtumbaus in Gebieten mit städtebaulichen Missständen bzw. der Erfordernis einer städtebaulichen Neuordnung geeignet, wo es auf eine Initiierung privater Investitionen, kommunale Vorleistungen und auf eine Synchronisierung von öffentlichen und privaten Maßnahmen ankommt. Damit kann die Kommune mehrere finanzielle, planerische und rechtliche Instrumente kombinieren und die Chancen einer erfolgreichen Umsetzung komplexer städtebaulicher Vorhaben erhöhen (vgl. Junker & Kruse und BGS 2003, S. XVII). Die komplexen Herausforderungen der Stadterneuerung konzentrieren sich nicht nur auf städtebauliche und gestalterische Sanierungsaufgaben, sondern umfassen auch wirtschaftliche, soziale und ökologische Aspekte (vgl. Büchner 2010, S. 307, 341).

Urbane Interventionen können somit ebenfalls mehr als nur Eventcharakter haben und als Umsetzungsvorbereitung realer Maßnahmen dienen, vor allem wenn sie als Teil informeller Planungskonzeptionen und -prozesse integriert werden. Insbesondere im Rahmen des Besonderen Städtebaurechts können urbane Interventionen, gestützt über die Städtebauförderung, Umsetzungschancen haben und weitere Maßnahmen auch von privater Seite fördern. Die rechtsförmlichen Instrumente im Rahmen des *Allgemeinen Städtebaurechts* (Bebauungsplan, vorhabenbezogener Bebauungsplan, städtebaulicher Vertrag) kommen in der Regel erst dann zum Einsatz, wenn konkrete Investitionen rechtlich abgesichert worden sind.

5 Fazit – Integration innovativer Lehrformate an der Schnittstelle zwischen Wissenschaft und Praxis

Politische Bildung ist eine Voraussetzung, wenn es darum geht, die Planung und Politik auf der einen Seite und die Bevölkerung auf der anderen Seite zur Umsetzung von kleinräumigen baulich-gestalterischen Maßnahmen als Baustein von übergeordneten Konzepten zur nachhaltigen Stadtentwicklung zu mobilisieren. Der erste Schritt ist die Sensibilisierung der Beteiligten und Betroffenen z. B. durch temporäre Interventionen. Weitere notwendige Schritte umfassen die Akteursbündelung, die Planung/Projektierung, die Umsetzung und den Betrieb.

Die Aufgabe, Menschen zu nachhaltigeren Verhaltensweisen zu animieren, dürfte daher in Zukunft innovative Beteiligungs- und Kommunikationsformate sowie geeignete Instrumente erfordern. Universitäten können dabei neben ihren Standardlehrformen durch die Anwendung neuer praxisorientierter Lehrformate die Stadtverwaltung, Politik und betroffene Akteure unterstützen. Durch ihre Ressourcen wie Wissen, Zeit und Personal können sie einen Beitrag zur langfristigen Entwicklung und Gestaltung unserer Städte leisten – nicht nur bei der räumlichen Gestaltung, sondern auch bei der gemeinsamen Gestaltung räumlicher Prozesse mit den Menschen vor Ort.

Auf der anderen Seite lernen Studierende durch die Integration lebensweltlicher Probleme in den akademischen Lernprozess reale konkurrierende Interessenslagen in der Stadt kennen und können ihr Wissen dadurch iterativ anwenden. Die Zusammenarbeit in interdisziplinären Teams und das Denken in komplexen urbanen Zusammenhängen können dadurch gefördert werden.

Zugleich sind aus Sicht von Stadtplanern und politischen Entscheidungsträgern dringend praxisbezogene Evidenzen erforderlich, die die Wirksamkeit bestehender Planungspolitik bewerten. Gelegenheitsfenster sollten daher genutzt werden, indem Interventionsideen z. B. mit bestehenden Initiativen oder Stadtumbauprojekten verknüpft werden. Somit bietet sich die besondere Gelegenheit für die Forschung, z. B. „natürliche Experimente" durchzuführen, um Vorher-Nachher-Effekte zu evaluieren.

Wollen Kommunen zukunftsfähig sein, müssen sie letztlich mehr Risikobereitschaft zeigen, ihre eingefahrenen Planungsabläufe infrage stellen und eine Experimentierkultur in der Planung entwickeln. Universitäten als Vermittler zwischen Zivilgesellschaft, Planung und Politik sowie als Wissensverbreiter können ihnen dabei auf dem Weg zu einer nachhaltigeren Stadt helfen. Die Zeit ist reif dafür: Das ansteigende bürgerschaftliche Engagement, ein gewachsenes Nachhaltigkeitsbewusstsein vor allem in der jüngeren Bevölkerung sowie der Wandel in der Mobilitätskultur schaffen hierfür günstige Rahmenbedingungen. Letztlich sind gute planerische Ansätze, politische Zustimmung, juristisches Wissen, die Beteiligung von Interessensgruppen und eine ressortübergreifende Vernetzung der Akteure notwendig, um gemeinsam Stadträume zu schaffen für gesundes, soziales, energieeffizientes, klimagerechtes Alltagshandeln.

Literatur

Augé, Marc (1994): *Orte und Nicht-Orte. Vorüberlegungen zu einer Ethnologie der Einsamkeit*. Frankfurt: Fischer Verlag.

Baugesetzbuch (BauGB): *Baugesetzbuch in der Fassung der Bekanntmachung vom 23. September 2004* (BGBl. I S. 2414) zuletzt geändert durch Art. 1 G zur Stärkung der Innenentwicklung in den Städten und Gemeinden und weiterer Fortentwicklung des Städtebaurecht v. 11.6.2013 (BGBl. I S. 1548).

Beeren, Willem-Jan; Bering, Ulrich; Kluge, Florian (2013): *Raum auf Zeit – Temporäre Interventionen im öffentlichen Raum*. Bd. 1. Aachen: Beeren Bering Kluge.

Beeren, Willem-Jan; Bering, Ulrich; Kluge, Florian (2014): *Raum auf Zeit – Temporäre Interventionen im öffentlichen Raum*. Bd. 2. Aachen: Beeren Bering Kluge.

Below, Sally; Schmidt, Reiner (Hg.) (2014): *Auf dem Weg zur STADT ALS CAMPUS*. Berlin: Jovis.

Borchard, Klaus (1980): *Zwischen Transformation und Tradition: Städtebau in der zweiten Hälfte des 20. Jahrhunderts*; Gerd Albers zum 60. Geburtstag; Mitwirkende Personen: Gerd Albers; Lehrstuhl f. Städtebau u. Regionalplanung an der TU München. München.

Büchner, Hans (2010): Bauleitplanung als kommunale Gesamtplanung und die Zulässigkeit von Bauvorhaben. In: Bott, Helmut; Jessen, Johann; Pesch, Franz; Universität Stuttgart, Städtebau-Institut (SI) (Hg.): *Lehrbausteine* Städtebau: Basiswissen für Entwurf und Planung, 6. überarbeitete Auflage. Stuttgart: Städtebau-Institut/Universität Stuttgart, S. 307–328.

Bundesministerium für Wirtschaft und Energie (BMWi) (Hg.) (2015): *Zahlen und Fakten – Energiedaten. Nationale und internationale Entwicklung*. Berlin: BMWi.

Bundesregierung (Hg.) (2002): *Perspektiven für Deutschland – Unsere Strategie für eine nachhaltige Entwicklung (Nationale Nachhaltigkeitsstrategie)*. Berlin: Presse- und Informationsamt der Bundesregierung.

Bundesregierung (Hg.) (2009): *Der Koalitionsvertrag zwischen CDU, CSU und FDP. 17. Legislaturperiode. Wachstum. Bildung. Zusammenhalt*. Berlin: Presse- und Informationsamt der Bundesregierung.

Buttenberg, Lisa; Overmeyer, Klaus; Spars, Guido (Hg.) (2014): *Raumunternehmen – Wie Nutzer selbst Räume entwickeln*. Berlin: Jovis.

Christiaanse, Kees (2014): Vorwort. In: Oswalt, Philipp; Overmeyer, Klaus; Misselwitz, Philipp (Hg.): *Urban Catalyst: Mit Zwischennutzung Stadt entwickeln*. Berlin: DOM publishers, S. 5–6.

Curdes, Gerhard (1997): *Stadtstruktur und Stadtgestaltung*, 2. Auflage. Stuttgart; Berlin; Köln: Kohlhammer.

Destatis; Statistisches Bundesamt (Hg.) (2003): *Energieverbrauch und Luftemissionen des Sektors Verkehr – Nach Verkehrsträgern und Produktionsbereichen / privaten Haushalten*. Band 12 der Schriftenreihe „Beiträge zu den Umweltökonomischen Gesamtrechnungen". Endbericht – Kurzfassung. Metzler/Poeschel.

Deutsche Energie-Agentur GmbH (dena) (Hg.) (2013): *Hintergrundpapier: Energieverbrauch und Energieträger im Straßenverkehr bis 2025*. Berlin: dena.

Deutsches Institut für Urbanistik GmbH (Difu) (Hg.) (2011): *Klimaschutz in Kommunen – Praxisleitfaden*. In Kooperation mit: Institut für Energie- und Umweltforschung Heidelberg GmbH (ifeu), Klima-Bündnis – Climate Alliance – Alianza del Clima e. V., Frankfurt a. M. Gefördert durch das Bundesministerium für Umwelt, Naturschutz und Reaktorsicherheit (BMU), Berlin: Difu.

Emmelmann, Manuel (2013): *Mobilitätsverhalten in Abhängigkeit der Siedlungsstruktur und Wohnzufriedenheit – Ein Vergleich von innerstädtischen Eigentumswohnungen und einem suburbanen Wohngebiet am Beispiel Leipzig*. Diplomarbeit. München: GRIN.

Enquete-Kommission „SE" (Schutz der Erdatmosphäre) des 12. dt. Bundestages (Hg.) (1994): *Mobilität und Klima, Wege zu einer klimaverträglichen Verkehrspolitik*. Bonn: Bonner Universitäts-Buchdruckerei.

Ettl, Karlheinz; Zängle-Koch, Judith (2003): Rahmenbedingungen und Aufgabenbereiche von Raumordnung und Stadtplanung. In: Bott, Helmut; Jessen, Johann; Pesch, Franz, Universität Stuttgart, Städtebau-Institut (SI) (Hg.): *Lehrbausteine Städtebau: Basiswissen für Entwurf und Planung*, 3. Ausgabe. Stuttgart: Verlag?, S. 273–304

Feldtkeller, Andreas (1994): *Die zweckentfremdete Stadt. Wider die Zerstörung des öffentlichen Raumes*. Frankfurt; New York: Campus.

Feireiss, Kristin; Hamm, Oliver G. (Hg.) (2015): *Transforming Cities. Urban Intervention in Public Space*. In Kooperation mit der Senatsverwaltung für Stadtentwicklung und Umwelt, Berlin. Berlin: Jovis.

Frick, Dieter (2011): *Theorie des Städtebaus: Zur baulich-räumlichen Organisation von Stadt*; 3. veränderte Auflage. Tübingen: Wasmuth.

Gehl, Jan (1996): *Life Between Buildings: Using Public Space*. Copenhagen: The Danish Architectural Press.

Gertz, Carsten; Holz-Rau, Christian (1994): Konzepte städtischer Planung zur Vermeidung von Verkehrsaufwand. In: Forschungsverbund Lebensraum Stadt (Hg.): *Gestaltungsfelder und Lösungsansätze. Berichte aus den Teilprojekten*, Band III/3. Wuppertal: Ernst & Sohn, 13–69.

Hesse, Markus (1995): *Verkehrswende. Ökologisch-ökonomische Perspektiven für Stadt und Region*. Hannover: Metropolis.

Holz-Rau, Christian; Kutter, Eckhard (1995): Verkehrsvermeidung – Siedlungsstrukturelle und organisatorische Konzepte. In: *Materialien zur Raumentwicklung*, Heft 73, Bonn.

Holz-Rau, Christian (1997): Siedlungsstrukturen und Verkehr. In *Materialien zur Raumentwicklung*, Heft 84, Bonn.

Junker & Kruse, Stadtforschung – Stadtplanung; BGS Büro für Gewerbeplanung und Stadtentwicklung (2003): *Städte als Standortfaktor – Neue Stadtumbaupotenziale*. Kurzfassung. Im Auftrag vom Bundesamt für Bauwesen und Raumordnung (BBR), Dortmund.

Kallmeyer, Herbert; Benecke, Jochen; Distler, Andreas (1998): *Siedlungsmodelle*. München/New York: Prestel.

Kölz, Günter (2010): Städtischer Verkehr. In: Bott, Helmut; Jessen, Johann; Pesch, Franz, Universität Stuttgart, Städtebau-Institut (SI) (Hg.): *Lehrbausteine Städtebau: Basiswissen für Entwurf und Planung*, 6. überarbeitete Auflage. Stuttgart: Städtebau-Institut, S. 229–246.

Kuklinski, Oliver (2003): Öffentlicher Raum – Ausgangslagen und Tendenzen in der kommunalen Praxis. Ausgewählte Ergebnisse des Forschungsprojektes „Städte als Standortfaktor: Öffentlicher Raum". In: *Öffentlicher Raum und Stadtgestalt*, hrsg. BBR, Informationen zur Raumentwicklung, Heft 1/2, S. 39–46.

Meyer, Johannes (2013): *Nachhaltige Stadt- und Verkehrsplanung – Grundlagen und Lösungsvorschläge*. Wiesbaden: Vieweg+Teubner Verlag.

Oswalt, Philipp; Overmeyer, Klaus; Misselwitz, Philipp (2014): *Urban Catalyst: Mit Zwischennutzung Stadt entwickeln*. Berlin: DOM publishers.

Pesch, Franz; Kappler, Johannes (2010): Die europäische Stadt. In: Bott, Helmut; Jessen, Johann; Pesch, Franz, Universität Stuttgart, Städtebau-Institut (SI) (Hg.): *Lehrbausteine Städtebau: Basiswissen für Entwurf und Planung*, 6. überarbeitete Auflage. Stuttgart: Städtebau-Institut, S. 11–30.

Richter, Gerhard (1981): *Handbuch Stadtgrün – Landschaftsarchitektur im städtischen Freiraum*. München: BLV-Verlagsgesellschaft.

Salin, Edgar (1960): Urbanität. In: Deutscher Städtetag (Hg.): *Erneuerung unserer Städte*. Vortrag Edgar Salins beim Deutschen Städtetag in Augsburg mit dem Titel „Urbanität", Stuttgart/Köln: W. Kohlhammer, S. 9–34.

Schäfers, Bernhard (2003): Ansprüche der demokratisch verfassten Gesellschaft an den öffentlichen Raum. In: *Öffentlicher Raum und Stadtgestalt*; hrsg. BBR, Informationen zur Raumentwicklung, Heft 1/2, S. 15–20.

Steinbach, Josef (1994): Urbanität – Beiträge zu einem verhaltenstheoretischen und planungsbezogenen Konzept. In: *Raumforschung und Raumordnung*, 3, S. 212–221.

Umweltbundesamt (UBA) (Hg.) (2010): CO_2-*Emissionsminderung im Verkehr in Deutschland. Mögliche Maßnahmen und ihre Minderungspotenziale*. Ein Sachstandsbericht des Umweltbundesamtes. Texte 05. Ort: Umweltbundesamt.

von Borries, Friedrich; Hiller, Christian; Wegner, Friederike; Wenzel, Anna-Lena (2013): *Urbane Interventionen Hamburg*. Berlin: Merve.

von Keitz, Kay; Voggenreiter, Sabine (Hg.) (2014): *Architektur im Kontext. Die Entwicklung urbaner Lebensräume jenseits von Masterplan und Fassadendiskussion*. Berlin: Jovis.

Willinger, Stephan (2014): Informeller Urbanismus. Einführung. In: *Informationen zur Raumentwicklung*, Bundesinstitut für Bau-, Stadt- und Raumforschung BBSR (Hg.), Heft 2.

Ziegler-Hennings, Christiane (2011): Freiraumplanung. (Unter Mitarbeit von Gisela Schulte-Daxbök.) In: Schulte, Karl-Werner; HonRICS (Hg.): *Immobilienökonomie – Band 3. Stadtplanerische Grundlagen*, 2. vollständig überarbeitete Auflage. München: Oldenbourg, S. 173–203.

Sinnvolles Vergnügen. Hybridisierte Protestereignisse als kreative Intervention im Stadtraum

Gregor J. Betz

1 Einleitung

Seit jeher wird der Stadtraum als Ort für politische Manifestationen, Machtbe-kundungen und Aushandlungsdiskurse um gesellschaftliche Entscheidungen genutzt (vgl. beispielsweise Conrad et al. 2016; Rucht 1999). Die dort konzent-rierte (zunehmend mediale) Öffentlichkeit lässt auf die notwendige Aufmerksam-keit für wie auch immer geartete Inszenierungsinteressen hoffen (vgl. Prisching 2011). Protest und politische Prozessionen gehören somit zum fest institutionali-sierten Standardrepertoire klassischer Interventionen im Stadtraum.

Nicht erst seit der proklamierten ‚Spaßgesellschaft' erwarten Teilnehmer von Protest kurzfristige, als Vergnügen erfahrene Erlebniselemente. Bereits beim ers-ten ‚Internationalen Kampftag der Arbeiterbewegung' – dem heutigen Tag der Arbeit am 1. Mai – im Jahr 1890 mündeten die politischen Aktivitäten in einem Fest (vgl. Rucht 2001). Die Studentenbewegungen ab 1968 waren gekennzeich-net durch vielfältige expressive Elemente (vgl. Fahlenbrach 2007) und auch frühe globalisierungskritische Protestbewegungen in den späten 1980er Jahren fielen durch die „Buntheit der Aktionen" (Gerhards 1993, S. 15) ins Auge. Im Zuge der ‚Eventisierung' immer weiterer Bereiche unseres Lebens (vgl. exemplarisch Gebhard et al. 2000; Hitzler 2011; Betz et al. 2011) entwickeln sich auch heute immer neue Formen der Durchmischung zwischen kurzfristig erlebtem Vergnü-gen und langfristigen politischen Zielen und werden politische Inhalte zuneh-mend kreativ und expressiv ausgedrückt.

G.J. Betz (✉)
TU Dortmund, Dortmund, Deutschland
E-Mail: Gregor.Betz@fk12.tu-dortmund.de

© Springer Fachmedien Wiesbaden GmbH 2017
J.-L. Reinermann und F. Behr (Hrsg.), *Die Experimentalstadt*,
DOI 10.1007/978-3-658-14981-9_7

Die Bedeutung positiver Emotionen und Erlebnisse wurde allerdings bis heute in der Protest- und Soziale-Bewegungen-Forschung kaum oder instrumentell verkürzt beachtet (vgl. ausführlich in Betz 2016). Im Überblicksartikel zu Emotionen im ‚Blackwell Companion to Social Movements' wird zwar nicht bestritten, dass Freude bei Protest relevant ist (Goodwin et al. 2007, S. 418). Über zwei Sätze hinaus steht dort allerdings nichts geschrieben. Noch weiter geht James Jasper (2011) in seinem Überblicksartikel anlässlich von 20 Jahren Emotionen in der Soziale-Bewegungen-Forschung. Implizit reduziert er in seiner Argumentation „sensuality" (wörtlich: „Sinnesfreude") auf (sexuelle) Lust, Schmerzlinderung und primäre körperliche Bedürfnisse wie beispielsweise Drogensucht und deklassiert sie zu einer soziale Bewegungen potenziell schädigenden Bürde, die von Organisierenden unterdrückt werden müsse. Wird Freude doch erwähnt, wird sie in der Regel rein aus einer Protestlogik – das heißt instrumentell – legitimiert: Durch karnevaleske Protestformen, Humor und politische Satire würden repressive, ‚humorlose' Staaten zu provozieren und zu bekämpfen versucht (vgl. etwa Bruner 2005; Bogad 2006; Teune 2007), Humor sei die „Waffe der Schwachen" (T'Hart 2007, S. 8) und durch ‚freudigen Protest' werde die Botschaft einer gerechteren, lebendigen und demokratischeren Welt gezielt verbreitet (vgl. Shepard 2005). Freude, Spaß und Genuss werden somit als Mittel zur Konstruktion einer ‚Gegengesellschaft' beschrieben und hierauf reduziert. Das Recht auf beziehungsweise die Bedeutung von Vergnügen als Selbstzweck wird somit aberkannt.

Mit diesem Aufsatz soll ein Beitrag dazu geleistet werden, Licht auf den ‚blinden Fleck Vergnügen bei Protest' zu werfen. Basierend auf ethnografischen Erkundungen[1] wird eine Typologie ‚hybridisierten Protests' hergeleitet und begründet, also von Ereignissen, die in einem Feld zwischen Protest und Vergnügen verortbar sind. Durch die Hybridisierungsperspektive wird versucht, rezente Protestereignisse zu sortieren und damit differenzierter zu verstehen.

2 Hybridisierung

Mit ‚hybridisierten Phänomenen' sind solche sozialen Erscheinungen gemeint, die „aus Verschiedenem zusammengesetzt, zwitterhaft, von zweierlei Herkunft gemischt" sind (Paul 2002, S. 491). Jegliches Phänomen der Alltagswelt weist

---

[1]Dieser Aufsatz ist aus dem DFG-Forschungsprojekt „Protest-Hybride. Zur Relevanz von Spaß und hedonistischen Motiven bei Protestereignissen und daraus resultierende Spannungsfelder" entstanden. Nähere Informationen unter www.hitzler-soziologie.de.

stets diverse Bezüge und Einflüsse auf und entspricht nie einem reinen und eindeutig abgrenzbaren Idealtypus. Hybridität und Hybridisierung können daher – erst recht in pluralisierten Gesellschaften – als stete Begleiterscheinungen sozialen Wandels begriffen werden. So eröffnet die Perspektive auf Hybridität die Chance, Phänomene genau in Relation zu ihren Hintergründen und Bezügen zu setzen und für diese in der Analyse sensibilisiert zu sein. Als ‚sensitizing concept' (vgl. Blumer 1954) ermöglicht Hybridisierung, soziale Phänomene in ihren „Zugehörigkeitsgraden" (Kron und Winter 2006, S. 510) zu fassen und zu verstehen.

Für die im Folgenden thematisierten ‚hybridisierten Protestereignisse' ist die Hybridisierungsperspektive zudem deshalb besonders erquicklich, da zwischen den beiden Bezügen ‚Vergnügen' und ‚Protest' ein Spannungsverhältnis besteht. Für Protest organisieren sich Menschen, um wie auch immer geartete Entscheidungen Dritter – sei es im Sinne ihrer gesamtgesellschaftlichen, normativ begründeten politischen Vorstellungen oder individuelle Partikularinteressen verfolgend – zu beeinflussen. Protest ist somit stets auf ein in der Zukunft liegendes Ziel hin ausgerichtet und stellt eine Investition an Ressourcen mit ungewissem Ausgang dar. Vergnügen hingegen ist auf das Hier und Jetzt gerichtet, wirkt kurzfristig und ephemer. Zwar kann die Zukunftsorientiertheit des Protests auch konfliktfrei mit kurzfristigem Vergnügen einhergehen, allerdings birgt dieses Feld zumindest das Potenzial für Spannungen, Aushandlungsnotwendigkeiten und Deutungskonflikte zwischen beteiligten Akteuren.

Die empirische Erforschung von Protestereignissen im Rahmen des Forschungsprojekts ergab, dass das Feld hybridisierten Protests in drei Idealtypen geteilt werden kann (vgl. ausführlich Betz 2016). Beim ersten Idealtypus handelt es sich um Protestereignisse traditionaler sozialer Bewegungen, die einen Prozess der Eventisierung und Spaßanreicherung durchlaufen. Der zweite Idealtypus wird von eigentlich unpolitischen, posttradional gefassten Akteuren organisiert, der somit ‚politisiert' wird. Der dritte Typus hingegen ist genuin als Verbindung beider Ebenen konstruiert.

3   Eventisierter Protest

Eventisierte Protestereignisse als erster Idealtypus sind innerhalb institutionalisierter sozialer Bewegungen mit langjähriger Protesttradition und tradierten Protestmechanismen organisiert. Im Mittelpunkt des langfristigen Engagements ihrer Akteure stehen relativ konstante Prinzipien, Werte und Normen sowie Deutungen der gesellschaftlichen Wirklichkeit, auf die sich konkrete Protestanlässe und politische Aktivitäten stets zurückbeziehen. Sie verfügen über ein zwar schwankendes, aber dennoch etabliertes Mobilisierungsnetzwerk aus Mitgliedern, Sympathisanten und Partnern. Die tradierten Protestformen und -anlässe werden nun durch Vergnügungselemente angereichert oder es gibt eine Bedeutungsverschiebung hin zu tradierten Fest- und Feieranlässen.

Ein Beispiel für diesen Typus bildet gewerkschaftlicher Protest. Gewerkschaften blicken auf eine lange Tradition als politischer Akteur zurück und greifen dabei seit jeher zu Protest als Instrument zur Durchsetzung ihrer Forderungen (vgl. historisch Grebing 1977; Klönne 1980; Achten et al. 1986). Die Protestformen haben sich dabei sukzessive gewandelt. Am 14. September 2013 beispielsweise organisierte die von mehreren Gewerkschaftsorganisationen mitgetragene Kampagne ‚UmFAIRteilen – Reichtum besteuern'[2] eine „BUNDESWEITE DEMONSTRATION" in Bochum (Abb. 1). Als „Sternmarsch" sollten drei Demonstrationszüge, „die sich spektakulär in der Innenstadt begegnen und von rollenden Bühnen für Kultur- und Wortbeiträge begleitet werden" zum „Europaplatz am Bergbau-Museum" ziehen und sich dort zur Kundgebung mit Prominenz „und Kultur" treffen. „Künstlerinnen und Künstler werden", so hieß es im Mobilisierungsflyer weiter, „das gesamte Programm vor allem mit fetziger Musik und bissigem Kabarett unterstützen." Zwar stehen in den Mobilisierungsmaterialien die Inhalte klar im Vordergrund, die Forderung nach mehr sozialer Gerechtigkeit und einer Umverteilung der Vermögen in Deutschland wird begründet und ausgeführt. Allerdings wird bereits bei der Mobilisierung deutlich, dass außeralltägliche Erlebnisse und positive Emotionen versprochen werden.

Dieser Eindruck bestätigte sich vor Ort während der beobachtenden Teilnahme. Die Demonstration war insgesamt in hohem Maße durchgeplant und minutiös organisiert. Die politischen Inhalte waren überall präsent: die Bühnen-Lkws waren mit Parolen geschmückt, Musik und Sketche hochgradig politisch. Die Teilnehmer beteiligten sich an dieser rituellen Inszenierung durch typische Protesthandlungen wie das Mitführen von Artefakten (Streikjacken, Fahnen etc.), Trillerpfeifen, Rasseln et cetera. Auch die Reden waren überaus ernsthaft, fordernd, polarisierend und entsprachen politischen Reden. Allerdings waren jedem einzelnen Bestandteil des Demonstrationstages gezielt Erlebniselemente hinzugefügt: Vor der Auftaktkundgebung des Gewerkschaftszuges wurden die Demonstrierenden mit Blasmusik bei Laune gehalten. Am Ende der Auftaktrede wurden die Teilnehmer durch eine Konfettikanone überrascht. Der Demonstrationszug

---

[2]Link der Kampagne online erhältlich unter: http://umfairteilen.de/ (zuletzt abgerufen am 10. Juli 2015).

Abb. 1 Plakat und Eindrücke von der Demonstration der Kampagne ‚UmFAIRteilen –
Reichtum besteuern' am 14. September 2013. (Quelle: Gregor J. Betz)

war keine traditionelle Prozession, sondern verblüffte abermals durch die Begeg-
nungen der einzelnen Protestzüge während des Sternmarschs, zudem wurden die
Teilnehmer von Sketchen, Live- und Technomusik begleitet. Am zentralen Kund-
gebungsplatz schließlich wurde die Zeit des Eintreffens neuerlich mit Livemusik
und zudem mit Getränke- und Essensständen überbrückt.

Das abschließende Highlight begann, als ein Teil der Teilnehmer den Kundge-
bungsplatz bereits verlassen hatte: Eine Band begann zu spielen und der Mode-
rator bat alle Redner und Organisierenden auf die Bühne. Die circa 30 Personen
hatten gelbe Gegenstände in der Hand, die sich als Stapel tausender Stoff-Fris-
beescheiben entpuppten. Es flammte eine über zehnminütige Frisbeeschlacht auf,
während der 70-jährige Altgewerkschafterinnen gemeinsam mit Juso-Mitglie-
dern, MLPD-Kadern, Alt-Hippies und jungen Eltern mit ihren Kindern begeistert
auf dem Boden herumkrochen und mit kindlicher Freude den mit einem Slogan
bedruckten Stoffscheiben neue Bewegungsenergie zuführten. Selbst wer sich an
dem geradezu orgiastischen Treiben nicht aktiv beteiligte, hatte ein breites Grin-
sen im Gesicht. Eine die vielfältigen Gruppierungen und politischen Strömungen
umfassende Gemeinschaft war (temporär) erlebbar. Zu keinem Zeitpunkt wurde
Langeweile zugelassen, kontinuierlich wurde – neben den im Zentrum stehenden
Inhalten – der Durst nach Relevanz, Reizen und Unterhaltung gestillt.

4   Politisierte Events

Politisierte Events bilden den zweiten *Idealtypus*. Die Akteure sind relativ unver-
bindlich in posttraditional geprägten Vergemeinschaftungszusammenhängen (vgl.
Hitzler et al. 2008; Hepp und Hitzler 2014) miteinander verbunden oder teilen
schlicht gemeinsame Interessen. Sie verfolgen kurz- bis mittelfristige Ziele, die
in der Regel weltlicher und individualistischer Natur sind. Zur Durchsetzung ihrer
Ziele schließen sie sich anlassbezogen zusammen, um durch Protestereignisse auf
politische, ökonomische oder gesellschaftliche Entscheidungsfindungsprozesse
Einfluss zu nehmen und damit ihre geteilten Individual- und Partikularinteressen
kurzfristig durchzusetzen. Diese Protestereignisse sind dabei oftmals Adaptio-
nen von in ihren Kreisen üblichen Fest- und Feierformen oder anderer etablierter
Aktivitäten, die durch Protestinhalte und -handlungsformen ergänzt werden. In
diesem Sinne sind sie auch *politisiert:* ihr kurzfristiges Vergnügen ist – mindes-
tens legitimatorisch sowie durch die Adaption typischer Protesthandlungen wie
Parolen, Plakate, politische Reden et cetera – angereichert mit dem Ziel, „auf die
Ordnung des Zusammenlebens [...] Einfluß zu nehmen" (Hitzler 1997, S. 128).
Konkret wollen sie die Entscheidung von Akteuren – etwa innerhalb politischer
Institutionen – zu ihren Gunsten beeinflussen.

„In Duisburg tut sich nix. Dann müssen wir es eben selber tun." Mit diesem
Satz begrüßte beispielsweise die Initiative ‚DU It Yourself!'[3] (Abb. 2) in ihrem

---

[3]Online erhältlich unter: http://duityourself.org (zuletzt abgerufen am 10. Juli 2015).

Abb. 2 Plakat und Eindrücke von der Nachttanzdemo der Initiative ‚DU it yourself' am 6. September 2013. (Quelle: Gregor J. Betz)

ersten Eintrag vom 20. März 2011 unter der Überschrift „Herzlich Willkommen" die Besucher ihrer Internetseite. Ihr Ziel sei es, so formulierten sie in ihrem „Selbstverständnis", Orte aufzubauen, „an denen Menschen ihre verschiedenen Lebensstile, ihre Kreativität, Wünsche und Bedürfnisse ungestört ausleben können." Konkret forderten sie – als erster Schritt ihrer „Kampagne" – ein „unabhängiges Kulturzentrum", für das sie „mit Demonstrationen, Besetzungen und anderen Aktionen in der Stadt präsent sein" wollen. In dieser kurzen Passage wird bereits die Politisierung deutlich: Die Akteure der Kampagne fordern von der Stadtverwaltung einen Ort zum Feiern und ‚sich Austoben' und verfolgen damit ihre Freizeitinteressen. Um diese realisieren zu können, organisieren sie Protest und bekräftigen so gegenüber der Stadtverwaltung durch mobilisierte Massen die Forderung nach Räumlichkeiten für einen solchen Ort.

Der optischen Aufmachung von Szeneevents in Klubs ähnelnd und mit Nacht und Tanz werbend wurde mit Plakaten und Flyern zur „NACHT TANZ DEMO" am 6. September 2013 mobilisiert. Das verfolgte Ziel, ein „unabhängiges soziokulturelles Zentrum", war hingegen eher versteckt und klein gedruckt. Auch auf der Erlebnisebene stand der Tanz klar im Mittelpunkt. Die Teilnehmer kamen in festen Gruppen, der anfängliche Regenschauer wirkte ekstatisierend, der Alkoholkonsum deckte sich mit einer abendlichen Feierstimmung, in der sich verschwitzte Körper zur Musik von den Lautsprecherwagen tanzend durch die Duisburger Straßen bewegten.

An einer Stelle blieb der Demonstrationszug unvermittelt stehen. Die Musik verstummte, ein Mann griff zum Mikrofon des Lautsprecherwagens und rief zur Menge: „Dies ist eine Demonstration und da müssen auch Parolen gerufen werden! Kein Tag ohne () autonomes Zentrum! Kein Tag ohne () autonomes Zentrum!" Allmählich stimmte die Menge mit ein und wiederholte einige Male mit dem Mann am Mikrofon die Parole, bevor die Musik wieder einsetzte und die Tanzparade weiterzog. Nicht nur an dieser Stelle, sondern die komplette Nachttanzdemo hindurch mussten sonst übliche Protestrituale von den Organisierenden vorbereitet, inszeniert und angeleitet werden. Demonstrationsplakate und Banner wurden von den Organisierenden erstellt und an die Teilnehmer verteilt, die Aufmerksamkeit der Teilnehmer während der Reden war auf andere Dinge gerichtet und die Demonstrationsauflagen – insbesondere das übliche Alkoholverbot – wurden nicht eingehalten. Diese Kluft zwischen Teilnehmern und Organisierenden wurde besonders bei der Rede während der Auftaktkundgebung deutlich. Zunächst wurden die Forderungen wiederholt und begründet und auf aktuelle Entwicklungen der Duisburger (Kultur–)Politik Bezug genommen. Die Rede mündete dann allerdings in einem regelrechten Hilferuf an die Teilnehmer. Die zwei rhetorischen Fragen („Aber warum Nachttanzdemo? Ist das vielleicht doch nur eine getarnte Party?") wurden als solche aufgelöst und mit dem Ausruf „Hoffentlich nicht!" ein Kontrollverlust signalisiert. Es folgte ein Aufruf an die Teilnehmer, die Inhalte und Ziele ernst zu nehmen und sich längerfristig an der Kampagne zu beteiligen. Das Beispiel zeigt, wie politisierte Events in Ritualhülsen und gescheiterten politischen Inszenierungen enden können.

Weitere Beispiele für politisierte Events sind etwa die Proteste eines Bündnisses aus Akteuren der Musik- und Klubszene, die im Jahr 2012 gemeinsam mit feierwütigen Jugendlichen durch Nachttanzdemos gegen eine Tarifreform des Musikrechteverwerters GEMA protestierten (vgl. Betz 2013). Auch Infrastrukturproteste wie beispielsweise die der im Jahr 2011 gegründeten Bürgerinitiative Flörsheim-Hochheim, die „gegen den unmenschlichen Flughafenausbau"[4] in Frankfurt und somit aus Angst vor stärkeren Lärmemissionen in ihren Wohnorten protestieren, können zu diesem Typus gezählt werden (vgl. Butzlaff et al. 2013).

5 Protesthybride

Die ersten beiden Idealtypen beinhalten eine Prozessebene: Protest wird mit Vergnügen angereichert (eventisierter Protest) oder Freizeitaktivitäten, Fest- und Feierformen für den Zweck des Protests inhaltlich aufgeladen, adaptiert und mit Protestformen angereichert (politisiertes Event). Der Idealtypus *Protesthybrid* hingegen verbindet beide Ebenen – Protest und Vergnügen – genuin miteinander. Die Protestereignisse werden in Bezug auf langfristig ausgerichtete, normative Sinnkonstruktionen veranstaltet, die gesellschaftlich durchgesetzt werden sollen. Zugleich sind sie auf der Handlungsebene hochgradig individualistisch, expressiv, auf Selbstinszenierung und Hedonismus ausgelegt. Protest als Sinnebene und Vergnügen als Erlebnisebene bedingen sich dabei gegenseitig und bilden gleichwertige Bestandteile der Ereignisse. Erwartet und zelebriert werden ‚sinnvolles' Vergnügen und ‚verspaßter' Protest *in einem.*

Einen solchen Protesthybrid veranstaltet beispielsweise die Jugendorganisation der Bewegung ‚Slow Food' mit ihrer ‚Schnippeldisko'[5] (Abb. 3). Die Idee dieses kollektiven Gemüseschnippelevents mit begleitender Tanzmusik entstand im Winter 2011/2012 im Zuge der Vorbereitung einer ernährungspolitischen Großdemonstration in Berlin aus der Not heraus. Um die Teilnehmer der im Januar stattgefundenen ‚Wir haben Agrarindustrie Satt!'-Demonstration mit einer heißen Suppe wärmen zu können, wurde Ausschussware von Produzenten und Einzelhändlern gesammelt. Die Organisierenden standen dann vor der Herausforderung,

---

[4]Vgl. die Selbstdarstellung der Bürgerinitiative, online erhältlich unter: unter http://www.fluglaerm-protest.de/ warum-dieser-protest-why-this-protest/(zuletzt abgerufen am 02. August 2014).

[5]Vgl. die Slow Food Youth-Homepage, online erhältlich unter: http://slowfoodyouth.de/ was-wir-tun/schnippeldisko/ (zuletzt abgerufen am 10. Juli 2015).

Abb. 3 Mobilisierungsplakat und Eindrücke von der Schnippeldisko am 11.5.2013 in Bochum sowie Eindrücke von der Schnippeldisko am 17. Januar 2014 in Berlin. (Quelle: Gregor J. Betz)

1,3 Tonnen Gemüse zubereiten zu müssen und machten daraus „eine Veranstaltung speziell für junge Leute [...] mit DJ und dass wir im großen Stil schnippeln", wie eine Mitorganisatorin der ersten Schnippeldisko in einem Interview erzählte.

Mittlerweile hat sich die Schnippeldisko vom ursprünglichen Kontext der Großdemonstration losgelöst und wird über Deutschland hinaus als Vergnügensevent mit ernährungspolitischer Botschaft organisiert. Stets wird so genanntes ‚Knubbelgemüse' (wegen optischer Defekte nicht verkäufliches Gemüse) in einer großen Aktion gemeinsam verarbeitet und verzehrt. Durch die Aktion werden sowohl Teilnehmer als auch Passanten und eine medial vermittelte Öffentlichkeit auf Lebensmittelverschwendung hingewiesen. Teilnehmer betonen in Interviews zudem die besondere Wirkung des gemeinsamen Schnippelns: Durch die alltägliche Tätigkeit des Gemüsezubereitens werde eine hierarchielose, egalitäre

Situation erlebt. Zudem sei man Teil einer „gemeinschaftlichen Geschichte": Das Gemeinschaftserlebnis wird durch die positiv konnotierte Sinnebene überhöht und erhält zusätzlich eine das Hier und Jetzt transzendierende Bedeutung. Die ‚Spaßguerilla' der Berliner Kommune 1 ist ein prominentes historisches Beispiel für Protesthybride (vgl. Fahlenbrach 2007). Als aktuelles Beispiel lässt sich zudem ‚Critical Mass' nennen (vgl. ausführlich Leibetseder 2009): Diese – derzeit in circa 50 deutschen Städten[6] durchgeführten – Massenfahrradtouren machen sich einen Passus der Straßenverkehrsordnung zunutze, wonach ein ‚geschlossener Verband' von mindestens 15 Fahrzeugen als ein Fahrzeug angesehen wird. Die – in der Regel im monatlichen Turnus stattfindenden – Ereignisse werden somit bewusst nicht versammlungsrechtlich gedeutet. Bei den bis zu 3000 Radfahrer umfassenden Umzügen werden keinerlei politische Forderungen explizit öffentlich inszeniert, sondern vielmehr die Fahrradtour als ‚gemeinsames Radfahrerlebnis' gerahmt. Dennoch werden auch politische Inhalte wie die Akzeptanz von Radfahrern im Straßenverkehr genannt und Critical Mass in einen weltweiten Zusammenhang globalisierungskritischer, ökologisch-liberaler sozialer Bewegungen gebracht. Ein weiteres Beispiel für einen Protesthybrid ist der von einer kalifornischen Künstlergruppe initiierte ‚Park(ing)day', im Rahmen dessen im Jahresturnus an einem Freitag im September Parkplätze in temporäre öffentliche Parks umgewandelt werden[7]. Die Aktion wird als Kunstperformance verstanden, intendiert allerdings auch, auf den Bedarf nach offenem, öffentlichem Raum hinzuweisen sowie die Aufenthaltsqualität von Städten generell zu verbessern. Auch hier deutet sich eine Nähe zu ökologisch-liberalen Bewegungen an, ohne explizit auf diese Bezug zu nehmen.

6   Fazit

Zunächst einmal lässt sich festhalten, dass als Vergnügen erfahrene Erlebniselemente bei all diesen Fallbeispielen empirisch belegt werden konnten und von hoher Bedeutung sind. Erlebnisversprechen werden zum einen vonseiten der Organisierenden zur Mobilisierung genutzt. Teilnehmer äußern zum anderen in den Interviews vor Beginn der untersuchten Protestereignisse nahezu ausnahmslos eine „Spaß"-Erwartung – auch wenn sie bei gewerkschaftlichem Protest

---

[6]Vgl. die Netzwerk-Homepage, online erhältlich unter: http://www.criticalmass.de (zuletzt abgerufen am 10. Juli 2015).

[7]Vgl. die Selbstdarstellung, online erhältlich unter: http://parkingday.org (zuletzt abgerufen am 10. Juli 2015).

durch institutionelle Legitimationsmuster überlagert sind (außeralltägliches Vergnügen als Entlohnung für den harten gewerkschaftlichen Alltag). Zudem haben die Teilnehmer bei den Protestereignissen unverkennbar auch Spaß und auch der teilnehmend-beobachtende Autor erlebte Freude und Vergnügen als Teilnehmer der Proteste. Ob es die Erlebniselemente und Kulturprogrammpunkte während der Demonstration der Kampagne ‚UmFAIRteilen – Reichtum besteuern‘, das ausgiebige Tanzen und Feiern auf der Nachttanzdemo der Kampagne ‚DU It Yourself!‘ oder das gesellige Schnippeln und anschließende Tanzen während der Schnippeldiskos ist: Den Teilnehmern wird etwas geboten und sie äußern ihren Protest zunehmend expressiv und auf kreative Weise. Auch wenn die konkret vergnügten Handlungen sowie der Grad der Expressivität und Intensität zwischen den Fallbeispielen variieren, werden die hier behandelten politischen Interventionen im Stadtraum kreativ und vergnügt gestaltet.

Als Vergnügen bringende Erlebnisebenen nennen die Teilnehmer in Interviews an erster Stelle das *Gemeinschaftserlebnis:* sich mit Freunden treffen, neue Menschen kennenlernen, sich als Teil einer Gemeinschaft erleben und zu merken, dass man nicht alleine ist. Als nahezu ebenso wichtig werden *atmosphärische Aspekte* genannt: gute Laune, entspannte Stimmung, ansprechende Musik sowie das Erleben von Intimität und Authentizität. Zudem wird positiv konnotiert, dass die hybridisierten Protestereignisse das *Hier und Jetzt transzendieren* und man gemeinsam auf ein *als sinnvoll konnotiertes Ziel* zustrebe. Somit erleben die Teilnehmer Selbstwirksamkeit und Relevanz. Hauptsächlich die Teilnehmer politisierter Events nennen zudem *Konsum- und akzelerierende Erlebniserwartungen* im Sinne einer Eventisierung: Ihnen soll etwas geboten werden, sie wollen überrascht werden.

Die drei Fallbeispiele unterscheiden sich in ihren politischen Wirkungszielen und den ihnen zugrunde liegenden Transformationsmechanismen: Bei der Kampagne ‚UmFAIRteilen – Reichtum besteuern‘ soll ein gewerkschaftliches Thema in der politischen Öffentlichkeit gesetzt und Entscheidungsfindungsprozesse auf verschiedenen Ebenen und über einen längeren Zeitraum beeinflusst werden. Die Kampagne ‚DU it yourself‘ hat hingegen einen sehr konkreten Adressaten ihres Protests, an den sie mit der Verfügbarkeit von Räumlichkeiten ganz konkrete Forderungen richtet. Die Schnippeldisko wiederum soll vordergründig zunächst die Teilnehmer für eine Verhaltensänderung sensibilisieren, dabei aber medial und mittelbar auch auf politische Entscheidungsprozesse Einfluss nehmen. Um systematischere, theoretisierende Aussagen hierzu über die Fallbeispiele hinaus zu formulieren, bedarf es allerdings weitergehender empirischer Forschung.

Insgesamt erweist sich die Hybridisierungsperspektive als äußerst gewinnbringend für eine soziologische Betrachtung von inszenierten Ereignissen. Die Ergebnisse der Untersuchung zeigen klar auf, dass Phänomene zwischen Protest und Vergnügen sich untereinander stark unterscheiden und die Berücksichtigung von Zugehörigkeitsgraden und Entwicklungsgeschichten eine deutlich differenziertere Betrachtung ermöglicht. Vergnügter Protest ist eben nicht gleich vergnügter Protest, sondern lässt sich in zum Teil einander gegenüber stehende Phänomene aufteilen.

Zudem ergibt sich aus der Analyse eine Ausdifferenzierung des Hybridkonzepts. Es wird demzufolge vorgeschlagen, zwischen Hybridisierung als Prozess und einem Hybriden als innovatives, neues Phänomen zu unterscheiden. Hybridisierung steht dann als Oberbegriff für die sukzessive Anreicherung eines bestehenden Phänomens mit nicht entsprechenden oder gar widersprechenden Handlungslogiken – wie beispielsweise die Eventisierung, Politisierung, Kommerzialisierung, Mediatisierung von Ereignissen et cetera. Als Hybrid wiederum lässt sich ein neu entstandenes Phänomen bezeichnen, das aus der Vermischung und Vermengung (mindestens) zweier Bereiche und Handlungslogiken entstanden ist. Diese Formen von Hybridität gilt es sowohl theoretisch als auch empirisch durch weitere Forschung auszudifferenzieren.

Literatur

Achten, Udo; Reichelt, Matthias; Schultz, Reinhard (1986): *Mein Vaterland ist international. Internationale illustrierte Geschichte des 1. Mai 1886 bis heute.* Oberhausen: Asso.

Betz, Gregor J. (2013): „Spaß haben und die Welt verbessern" – Protest in der Erlebnisgesellschaft. In: Freericks, Renate; Brinkmann, Dieter (Hg.): *Lebensqualität durch Nachhaltigkeit? Analysen, Perspektiven, Projekte.* Bremen: Institut für Freizeitwissenschaft und Kulturarbeit, S. 115–124.

Betz, Gregor J. (2016): *Vergnügter Protest. Erkundungen hybridisierter Ereignisse kollektiven Aufbegehrens.* Wiesbaden: Springer VS.

Betz, Gregor J.; Hitzler, Ronald; Pfadenhauer, Michaela (2011): Zur Einleitung: Eventisierung des Urbanen. In: Betz, Gregor; Hitzler, Ronald; Pfadenhauer, Michaela (Hg.): *Urbane Events.* Wiesbaden: VS, S. 9–26.

Blumer, Herbert (1954): What is wrong with social theory? In: *American Sociological Review*, 18, S. 3–10.

Bogad, Larry M. (2006): Tactical carnival. Social movements, demonstrations and dialogical performance. In: Cohen-Cruz, Jan; Schutzman, Mady (Hg.): *A Boal Companion.* London: Routledge, S. 46–58.

Bruner, Michael L. (2005): Carnivalesque Protest and the Humorless State. In: *Text and Performance Quarterly*, 25 (2), S. 136–155.

Butzlaff, Felix; Hoeft, Christoph; Kopp, Julia (2013): „Wir lassen nicht mehr alles mit uns machen!" Bürgerproteste an und um den öffentlichen Raum, Infrastruktur und Stadtentwicklung. In: Mart, Stine; Geiges, Lars; Butzlaff, Felix; Walter, Franz (Hg.): *Die neue Macht der Bürger. Was motiviert die Protestbewegungen?* BP-Gesellschaftsstudie. Reinbek bei Hamburg: Rowohlt, S. 48–93.

Conrad, Ruth; Drecoll, Volker; Hirbodian, Sigrid (Hg.) (2016): *Säkulare Prozessionen. Zur religiösen Grundierung von Umzügen, Einzügen und Aufmärschen.* Tübingen: Mohr Siebeck [im Erscheinen].

Fahlenbrach, Kathrin (2007): Protestinszenierungen. Die Studentenbewegung im Spannungsfeld von Kultur-Revolution und Medien-Evolution. In: Klimke, Martin; Scharloth, Joachim (Hg.): *Handbuch 1968 zur Kultur- und Mediengeschichte der Studentenbewegung.* Stuttgart; Weimar: Metzler, S. 11–21.

Gebhardt, Winfried; Hitzler, Ronald; Pfadenhauer, Michaela (2000): Einleitung. In: Gebhardt, Winfried; Hitzler, Ronald; Pfadenhauer, Michaela (Hg.): *Events. Soziologie des Außergewöhnlichen.* Opladen: Leske + Buderich, S. 9–13.

Gerhards, Jürgen (1993): *Neue Konfliktlinien in der Mobilisierung öffentlicher Meinung. Eine Fallstudie.* Opladen: Westdeutscher Verlag.

Goodwin, Jeff; Jasper, James M.; Polletta, Francesca (2007): Emotional Dimensions of Social Movements. In: Snow, David A.; Soule, Sarah A.; Kriesi, Hanspeter (Hg.): *The Blackwell Companion to Social Movements.* Malden; Oxford; Carlton: Blackwell.

Grebing, Helga (1977): *Geschichte der deutschen Arbeiterbewegung. Ein Überblick.* 8. Auflage. München: DTV.

Hepp, Andreas; Hitzler, Ronald (2014): Mediatisierung von Vergemeinschaftung und Gemeinschaft: Zusammengehörigkeit im Wandel. In: Krotz, Friedrich; Despotovic, Cathrin; Kruse, Merle-Marie (Hg.): *Die Mediatisierung sozialer Welten. Synergien empirischer Forschung.* Wiesbaden: Springer VS, S. 35–52.

Hitzler, Ronald (1997): Politisches Wissen und politisches Handeln. Einige phänomenologische Bemerkungen zur Begriffsklärung. In: Lamnek, Siegfried (Hg.): *Soziologie und politische Bildung.* Opladen: Leske + Budrich, S. 115–132.

Hitzler, Ronald (2011): *Eventisierung. Drei Fallstudien zum marketingstrategischen Massenspaß.* Wiesbaden: VS.

Hitzler, Ronald; Honer, Anne; Pfadenhauer, Michaela (Hg.) (2008): *Posttraditionale Gemeinschaften. Theoretische und ethnografische Erkundungen.* Wiesbaden: VS.

Jasper, James M. (2011): Emotions and Social Movements: Twenty Years of Theory and Research. In: *Annual Review of Sociolgy,* 37, S. 14.1–14.19.

Klönne, Arno (1980): *Die deutsche Arbeiterbewegung. Geschichte, Ziele, Wirkungen.* Düsseldorf; Köln: Diederichs.

Kron, Thomas; Winter, Lars (2006): Zum bivalenten Denken bei Max Weber, Niklas Luhmann und Hartmut Esser. In: Greshoff, Rainer; Schimank, Uwe (Hg.): *Integrative Sozialtheorie? Esser – Luhmann – Weber.* Wiesbaden: VS, S. 489–514.

Leibetseder, Bettina (2009): Critical Mass – Eine neue soziale Bewegung. In: *KONTRASTE,* 2, S. 15–21.

Paul, Hermann (2002): *Deutsches Wörterbuch. Bedeutungsgeschichte und Aufbau unseres Wortschatzes.* 10., überarbeitete und erweiterte Auflage. Tübingen: Niemeyer.

Prisching, Manfred (2011): Die Kulturhauptstadt als Groß-Event. In: Betz, Gregor J.; Hitzler, Ronald; Pfadenhauer, Michaela (Hg.): *Urbane Events.* Wiesbaden: VS, S. 86–102.

Rucht, Dieter (1999): Gesellschaft als Projekt – Projekte in der Gesellschaft. Zur Rolle sozialer Bewegungen. In: Klein, Ansgar; Legrand, Hans-Josef; Leif, Thomas (Hg.): Neue soziale Bewegungen. Opladen: Westdeutscher Verlag, S. 15–27.

Rucht, Dieter (2001): „Heraus zum 1. Mai!" – ein Protestritual im Wandel. In: Rucht, Dieter (Hg.): *Protest in der Bundesrepublik. Strukturen und Entwicklungen.* Frankfurt; New York: Campus, S. 143–172.

Shepard, Ben (2005): The Use of Joyfulness as a Community Organizing Strategy. In: *Peace & Change*, 30 (4), S. 435–468.

T'Hart, Marjolein (2007): Humour and Social Protest. An Introduction. In: Bos, Dennis; T'Hart, Marjolein (Hg.): *Humour and Social Protest.* Cambridge: Cambridge University Press, S. 1–20.

Teune, Simon (2007): Humour as a Guerilla Tactic: The West German Student Movement's Mockery of the Establishment. In: *IRSH,* 52, S. 115–132.

Über den Autor

Gregor J. Betz, Dr. phil. (geb. 1983), studierte Sozialwissenschaft und Erziehungswissenschaft an der Ruhr-Universität Bochum und promovierte in Soziologie an der Technischen Universität Dortmund. Derzeit ist er wissenschaftlicher Mitarbeiter am Lehrstuhl für Allgemeine Soziologie an der Technischen Universität Dortmund und forscht zu Wissenssoziologie, Ethnographie, Modernisierung, Eventsoziologie und Protest. Weitere Informationen unter http://www.gregor-betz.de.

Transition Neighbourhoods

Davide Brocchi

1 Einleitung

Nachhaltigkeit wird mehr und mehr zu einer globalen Notwendigkeit; zu einer existenziellen Frage, die jeden betrifft. Bisher ist der Nachhaltigkeitsprozess wie jener der Globalisierung vorangetrieben worden: vor allem *top-down,* von oben nach unten.[1] Diese Form von Regierung ist jedoch nicht nur ein Teil der Lösung, sondern auch ein Teil des Problems. So wie das Ergebnis der neoliberalen Globalisierung letztendlich eine verheerende Finanzkrise war, so ist der internationale Nachhaltigkeitsprozess in eine Sackgasse geraten. Seit dem Erdgipfel von 1992 in Rio de Janeiro klaffen die deklarierten Nachhaltigkeitsziele und die reale gesellschaftliche Entwicklung bei wesentlichen Indikatoren weiter auseinander (vgl. Welzer und Wiegandt 2011, S. 7). Sollten wir uns weiterhin auf internationale, europäische oder nationale Institutionen verlassen? Oder lieber in der eigenen Stadt, im eigenen Stadtteil oder gar in der eigenen Nachbarschaft mit der Erdrettung beginnen?

Auf diese zweite Option fokussiert sich der folgende Text. Er untersucht das Potenzial einer „intentionalen Transformation in Richtung Nachhaltigkeit" (Grießhammer und Brohmann 2015, S. 8), die vor allem *bottom-up,* von unten nach oben stattfindet und durch „unkonventionelle Allianzen" (u. a. zwischen

---

[1]Dokumente wie der Brundtland-Bericht oder die Agenda 21 sind im Rahmen der Vereinten Nationen verabschiedet worden, als Ergebnis von Verhandlungen unter Regierungsvertretern aus der ganzen Welt.

D. Brocchi (✉)
Köln, Deutschland
E-Mail: davide.brocchi@cultura21.de

© Springer Fachmedien Wiesbaden GmbH 2017
J.-L. Reinermann und F. Behr (Hrsg.), *Die Experimentalstadt,*
DOI 10.1007/978-3-658-14981-9_8

Bürger_innen und Institutionen) auf lokaler Ebene vorangetrieben wird. Urbane „Realexperimente" (Schneidewind und Singer-Brodowski 2014, S. 73) stellen nicht nur wertvolle empirische Erkenntnisquellen für eine solche Analyse dar: Sie dienen selbst der Umsetzung und Weiterentwicklung von Transformationsansätzen. Stellvertretend für solche Realexperimente wird hier ein aktuelles Vorhaben in Köln vorgestellt und untersucht. Seit 2013 findet dort einmal jährlich der sogenannte „Tag des guten Lebens" (TdgL) statt. Dieser Tag, der im Untertitel „Kölner Sonntag der Nachhaltigkeit" heißt, versteht sich als „Taktgeber für eine Umgestaltung der Stadt in Richtung Nachhaltigkeit und postfossile Gesellschaft" (Brocchi 2012a, S. 27). Er wird von einem bunten lokalen Netzwerk von fast 130 Organisationen, Kultureinrichtungen, Schulen, Initiativen und Unternehmen (u. a.) und von vielen engagierten Bürger_innen getragen: der Agora Köln. Der Name dieser Plattform ist Programm: in der altgriechischen „Polis" war die „Agora" der öffentliche Versammlungsplatz, an dem die direkte Demokratie entstanden ist. Hier tagten die Bürger_innen[2], um gemeinsam die Entwicklung ihrer Stadt zu bestimmen. Genauso verfolgt die Agora Köln das Ziel einer Stadtentwicklung von unten. Wie würde Köln aussehen, wenn die Anwohner_innen selbst den eigenen Stadtteil oder die eigene Straße gestalten könnten? Wichtig hierbei zu bemerken ist, dass eine Transformation in Richtung Nachhaltigkeit vor allem dann gelingen kann, wenn sie nicht als zusätzliche Fremdbestimmung und Entmündigung erlebt wird, sondern den Bürger_innen einen Zugewinn an Selbstbestimmung und kreativer Mitgestaltung ermöglicht.

Das Projekt „Tag des guten Lebens" ist in ein theoretisches Gerüst eingebettet, welches im nächsten Abschnitt dargestellt wird. Im darauffolgenden Abschnitt wird der TdgL als empirischer Prozess beschrieben, von der Idee bis zur Ausführung. Im letzten Abschnitt des Textes wird eine erste Bilanz gezogen: Was hat der „Tag des guten Lebens" in Köln bisher bewirkt? Welche Lehren können aus diesem Realexperiment gewonnen werden?

Methodisch wird das Projekt hier aus der doppelten Perspektive des „teilnehmenden Beobachters" und des *Co-Designers* (vgl. Schneidewind 2014, S. 3) betrachtet – denn der Autor selbst war Projektinitiator, Ideenentwickler und drei Jahre lang maßgeblich am Prozess beteiligt. Es geht hier um einen Beitrag im Sinne einer *transformativen Wissenschaft,* das heißt einer „Wissenschaft, die als Katalysator für gesellschaftliche Veränderungsprozesse wirkt" (Schneidewind und Singer-Brodowski 2014, S. 69).

---

[2]Damals zählten allerdings weder Frauen noch Sklaven zur Bürgerschaft.

2 Der Transformationsansatz

Unserer Gesellschaft steht ein radikaler Wandel bevor, daran gibt es heute kaum noch Zweifel. Die Frage ist nur, ob dieser Wandel „by design or by desaster" stattfinden wird (Sommer und Welzer 2014, S. 26). Werden wir es schaffen, bis 2050 die weltweiten CO_2-Emissionen zu halbieren (im Verhältnis zu 1990) und in Deutschland um 80 % zu senken, wie es die Wissenschaftsgemeinschaft fordert (B.U.N.D./EED/Brot für die Welt 2008, S. 139)? Oder werden die Treibhausemissionen weiter zunehmen und den Klimawandel mit katastrophalen Konsequenzen verschärfen? Werden die politischen Institutionen der wachsenden sozio-ökonomischen Ungleichheit entgegenwirken oder müssen wir uns doch auf eine Zunahme von Polarisierungen und Konflikte einstellen?

Auch wenn viele Menschen die Notwendigkeit eines Wandels „by design" erkennen, stellt sich die Frage, wie sich moderne soziale Systeme, die sich in einem Zustand struktureller Nicht-Nachhaltigkeit befinden, in Richtung Nachhaltigkeit transformieren können. Systemkorrekturen (z. B. ein „Grünes Wachstum") und technologische Innovationen reichen dafür nicht aus. Die Ziele der Nachhaltigkeit sind derart umfassend und tief greifend, dass sie nur durch einen radikalen Wandel der Kultur (u. a. Kurt und Wagner 2002; Brocchi 2007, 2015; David und Leggewie 2015) und der gesellschaftlichen Strukturen erreicht werden können – Macht-, Herrschafts- und Verteilungsstrukturen inbegriffen (vgl. Sommer und Welzer 2014, S. 55). Es geht um eine „Veränderung der Praxisformen in fast allen Lebensbereichen […] – von der Wirtschaft über die Mobilität und die Ernährung bis hin zu Fragen der Zeitnutzung, des Besitzes, der Beziehungsstrukturen etc." (Sommer und Welzer 2014, S. 37 f.).

Für eine Transformation in Richtung Nachhaltigkeit wird den Städten eine immer wichtigere Rolle zugeschrieben. Im folgenden Abschnitt werden die Gründe für diese Aufwertung erklärt.

2.1 Die Stadt als Raum der Transformation

Städte stehen im Zentrum der Probleme und bergen gleichzeitig alle Elemente zu ihrer Lösung. Sie bilden Krisenherde und sind zugleich Pioniere des Wandels (Fücks 2011, S. 16). Dies gilt für jede der vier Dimensionen der Nachhaltigkeit:

Ökologie
Als Haupttreiber des Massenkonsums verbrauchen Städte die meisten Ressourcen. Doch Erdöl, Sand, Metalle, sauberes Wasser oder Flächen sind nur begrenzt

verfügbar: Je stärker die Abhängigkeit davon, desto höher die Verwundbarkeit. Ebenfalls belasten Städte die Umwelt durch Abfall und umweltschädliche Emissionen – und dies senkt ihre eigene Lebensqualität. Eine falsche Verkehrspolitik verstopft den urbanen Raum nicht nur mit Staus und geparkten Autos, sondern ist für eine schadstoffbelastete Luft und die hohe Lärmbelästigung verantwortlich. Hier liegt die Lösung in der Reduktion des individuellen motorisierten Straßenverkehrs, im Ausbau der ÖPNV-Infrastruktur und der Fahrradwege (Schindler und Held 2009).

Auch Städte können nicht unendlich wachsen, ohne auf ökologische Grenzen zu stoßen. Ihre Zukunftsfähigkeit erfordert heute einen Abschied von klimaschädlichen Energiequellen und eine Senkung der Ressourcenabhängigkeit durch eine „Befreiung vom Überfluss" (Paech 2012).

Ökonomie

In den letzten Jahrzehnten waren neoliberale Globalisierung und Urbanisierung tief verbunden. So führten die Deregulierung der Finanzsysteme und die zunehmende Privatisierung des Wohnungsbaus zu einem beispiellosen Bauboom in den Städten. Das Ergebnis war eine gigantische „Immobilienblase", die die große Finanzkrise von 2007/2008 auslöste (Harvey 2013, S. 65–76). Spätestens diese Erfahrung hat gezeigt, dass sich weder Globalisierung noch die damit verbundene Urbanisierung auf eine solide ökonomische Basis stützt – und ihr Ende nur durch eine immer höhere öffentliche Verschuldung aufgeschoben wird. Selbst in einem reichen Land wie Deutschland ist die Finanzlage vieler Kommunen desolat (u. a. Ernst & Young GmbH 2015). Das größte Desaster ist, dass sich viele Kommunen nicht mehr als öffentliche Einrichtung verstehen, sondern als „‚Unternehmen Stadt'. Die Marktlogik ist zur dominanten Logik der Gesellschaft und damit auch der Städte geworden" (Müller 2011, S. 49). Ihr bevorzugtes Rezept gegen die „Unterentwicklung" der Peripherie ist der Bau von Einkaufszentren und Multiplex-Kinos. Auch Städte werden oft von oben nach unten regiert. Kommunalpolitiker und Verwaltungsmitarbeiter, die sich lieber am „Standortwettbewerb" orientieren, verlieren den Kontakt zu den Bürger_innen. Spätestens die Skandale um Großbaustellen wie den Flughafen Berlin-Brandenburg haben gezeigt, wohin diese Entwicklung führen kann. Auch ökonomisch sollten Kommunen radikal umsteuern. Es braucht eine andere Kultur in den Stadtverwaltungen, in der die Stadt als Lebensraum statt als Ware verstanden wird (Müller 2011, S. 49). Städte sollten *Public-Citizen-Partnerships* statt Public-private-Partnerships eingehen und gemeinsam mit der Bürgerschaft für eine Stärkung der lokalen Gestaltungsmöglichkeiten kämpfen.

Soziales

Eine Liberalisierung der internationalen Märkte lässt die Weltgesellschaft nicht stärker zusammenrücken, sondern führt zu einer Zunahme von sozialen Polarisierungen und Konflikten. Steigende Asyl- und Flüchtlingszahlen verursachen bereits heute einen anhaltend hohen Handlungsdruck auf kommunaler Ebene – so der Deutsche Städtetag (2015). In vielen Stadtteilen schreitet die soziale Entmischung voran (Gentrifizierung), wobei sich die materiell Reichen in bestimmten Vierteln und die Armen in anderen konzentrieren (vgl. Friedrichs und Triemer 2008). Immer mehr Menschen leben so in gespaltenen und fragmentierten Städten. „Wie wir die Welt sehen und Chancen definieren, hängt davon ab, in welchem Viertel wir leben und welche Art von Konsum wir uns leisten können" (Harvey 2013, S. 46). Selbst in der Stadt driftet die Gesellschaft auseinander – und dies spiegelt sich sowohl in anomischen Erscheinungen (u. a. Kriminalität, Sucht) als auch im Ausbrechen sozialer Konflikte wider (Hamm 2006, S. 173–196). Wie können Städte eine solche Entwicklung hinnehmen? Gerade als „verdichtete Orte menschlichen Zusammenlebens mit all ihrer sozialen und kulturellen Vielfalt, ihrem Reichtum an Wissen, ihrer demokratischen Öffentlichkeit, ihrer Kreativität und Innovationsfähigkeit" (Fücks 2011, S. 16) haben sie die besten Karten, um die Segregation in Zusammenhalt oder den sozialen Wettbewerb in Kooperation umzuwandeln.

Kultur

Sprache, Werteinstellungen, Normalität oder Moden beeinflussen unsere alltäglichen Entscheidungen stark – egal ob sie in der Stadtverwaltung oder im Supermarkt getroffen werden. Wenn das Ergebnis dieser Entscheidungen nichtnachhaltig ist, dann bedarf es eines Kulturwandels (Brocchi 2015b). Heute zeigt sich die Kultur der durchschnittlichen westlichen Stadt einerseits durch Fast Food, unzählige Werbeflächen und eine verbreitete Unterhaltungsindustrie; andererseits durch die „exklusive Hochkultur", die der Abgrenzung der Eliten von der Masse dient. Beide Formen haben eine *anästhetische* statt *ästhetische* Wirkung auf die Bevölkerung (vgl. Welsch 2003, S. 9 f.), denn sie verhindern die Wahrnehmung der ökologischen, sozialen und inneren Um/welt und machen dadurch das Entstehen von Krisen wahrscheinlicher (vgl. Brocchi 2012b). Viele Bürger_innen reduzieren ihre Freiheit auf die Verfügbarkeit von Konsumoptionen und erkennen dabei nicht, dass die echte Emanzipation in den Gestaltungsmöglichkeiten besteht: In der Mitbestimmung der gesellschaftlichen Rahmenbedingungen oder in der Mitgestaltung der eigenen Stadt. In Zeiten, in denen Diagnosen wie Depression, Stress und Burn-out häufiger werden (vgl. Ehrenberg 2008), gibt es eine verbreitete Sehnsucht nach entschleunigten und umweltbewussten

Lebensweisen auch in der Ober- und Mittelschicht, die sich zum Beispiel in den „Transition Town-Initiativen" engagiert (www.transitionnetwork.org) (Björn Ahaus in diesem Band).

Ein nachhaltiger Transformationsansatz für die Stadt muss diesen vier Dimensionen gerecht werden und ihr starkes Ineinandergreifen berücksichtigen. Dies erfordert eine möglichst systemische und integrative Definition der Ziele, der Strategie und der Akteure der Transformation.

2.2 Die Ziele der urbanen Transformation

Im Rahmen des „Tag des guten Lebens" wurden die Transformationsziele von seinem Initiator wie folgt umschrieben (Brocchi 2015a, S. 3):

a) Die Stärkung der *Resilienz* bzw. der Widerstandsfähigkeit der Stadt und der Region in einer Zeit der multiplen Krisen.
b) Das Ermöglichen eines *guten Lebens* für alle Menschen in der Stadt.

Im ersten Fall geht es um die Transformation als *Notwendigkeit,* im zweiten um die Transformation als *Chance.* Der Begriff „gutes Lebens" wurde hier in Anlehnung an die „buen vivir"-Debatte in Lateinamerika gewählt.[3]
     Auch der Kampf um die „Stadt als Ganzes" kann einen einheitlichen synergetischen Rahmen für viele Kämpfe bilden, die sonst in den jeweiligen Problemfeldern (Umweltschutz, Obdachlosigkeit, Gentrifizierung und Verdrängung, Kriminalisierung der Armen und Andersartigen und so weiter) geführt werden (Harvey 2013, S. 14).

2.3 Die Strategie der urbanen Transformation: Vertrauen

Für den Systemtheoretiker Niklas Luhmann (1989, S. 8) ist Vertrauen „eine wirksame Form der Reduktion von Komplexität (objektiv wie subjektiv)". Vertrauen

---

[3]Trotz der allgemeinen „Verwestlichung der Welt" (Latouche 1994) orientieren sich einige Länder heute an alternativen Wohlstandsmodellen. In Ecuador und Bolivien ist das indigene Prinzip des „sumak kawsay" („gutes Leben", span. „buen vivir") 2008 und 2009 in den jeweiligen Verfassungen verankert worden (vgl. Poma 2011).

aktiviert gemeinschaftliche Ressourcen und mindert dadurch das lähmende Gefühl der Ohnmacht. Hingegen wirken sich soziale Prozesse sehr belastend auf das Individuum aus, wenn darin eine Atmosphäre des Misstrauens herrscht, die für Spannungen oder eine übermäßige soziale Kontrolle sorgt. Studien bestätigen, dass das Wohlbefinden der Menschen dort am ausgeprägtesten ist, wo neben einer gesunden Umwelt auch ein Klima des Vertrauens herrscht, welches das Nebeneinanderbestehen von sozialem Zusammenhalt und individueller Selbstbestimmung möglich macht.

Vertrauen ist eine wichtige Voraussetzung für die Bereitschaft der Menschen, miteinander zu teilen – und zwar nicht nur Auto, Bücher und Werkzeuge, sondern auch Verantwortung für das Gemeinwesen. In der Familie, in der Verwandtschaft oder im Freundeskreis findet eine Form von Ökonomie statt, die ganz ohne Geld auskommt – in der ständig sehr viel geteilt oder verschenkt wird. Hier findet der Tauschhandel auf der Basis von Solidarität und Reziprozität statt – und nicht aus Profitgründen. Der „Tag des guten Lebens" fördert eine Erweiterung des sozialen Kreises, in dem diese *Schenkökonomie* (vgl. Mauss 1990) praktiziert wird. In einem Kontext, in dem Vertrauen herrscht, findet eine Dematerialisierung der Lebensstile statt: Was geteilt wird, muss nicht gekauft, also auch nicht produziert werden. Die Beziehung ersetzt die Materialität. Unentgeltliche Formen von Ökonomie machen die Transformation auch dort möglich, wo Finanzmittel knapp sind. Das eröffnet gestalterische Spielräume auch für hoch verschuldete Städte wie Köln.[4]

Für die Politikwissenschaftlerin und Wirtschaftsnobelpreisträgerin Elinor Ostrom (1999, 2011) werden Gemeingüter dort nachhaltig bewirtschaftet, wo die Nutzer miteinander kooperieren.

> Menschen tendieren dazu, Gemeinressourcen zu übernutzen, wenn sie sich nicht kennen. Dagegen sind Gruppen, die regelmäßig miteinander kommunizieren, in der Lage, fast optimale Ergebnisse in der Ressourcenbewirtschaftung zu erzielen. Das Dilemma [der Allmende] kann vermieden werden, indem Vertrauen aufgebaut wird. Es ist der schwierigste, aber zuverlässigste Weg, um zu gewährleisten, dass die eigene Einschränkung vom Gegenüber honoriert wird (Helfrich et al. 2009, S. 30).

Mit dem „Tag des guten Lebens" wird die Stadt in ein *Gemeingut* umgewandelt (vgl. Harvey 2013; Krytyka Polityczna/European Cultural Foundation 2015). Jeder Stadtteil und jede Straße werden als Gemeingut betrachtet und entsprechend von ihren Nutzern (den Anwohnern) behandelt.

---

[4]Ende 2012 belief sich die Gesamtverschuldung der Stadt Köln auf 6,7 Mrd. EUR (Statistisches Bundesamt 2014, S. 26).

Vertrauen kann jedoch weder geplant noch erzwungen werden. Die Entstehung von Vertrauen benötigt oft lange, seine Zerstörung hingegen wenig. Weil Vertrauensbildung in kleinen Gruppen leichter fällt, ist ein Transformationsprozess effektiver, wenn sie auf solchen kleine Gruppen (Straßennachbarschaften, Arbeitskreisen…) baut und diese miteinander vernetzt. Je größer Gruppen sind, desto wichtiger werden Spielregeln, Überwachungsmechanismen und ein Konfliktmanagement (Ostrom 2011, S. 79).

Nachhaltigkeit beginnt schon bei der Gestaltung menschlicher Beziehungen: „Die Frage ist nicht, ob Menschen kooperieren wollen, sondern wie ihnen geholfen werden kann, das zu tun" (Ostrom zitiert in Helfrich 2011, S. 13). So wie die Familie regelmäßig zu bestimmten Tageszeiten im Ess- und Wohnzimmer gepflegt wird, so benötigen auch urbane Gemeinschaften Zeit und Räume, um gepflegt zu werden. Als *Ritual* fördert der TdgL das „Wir-Gefühl" und stärkt die Identifikation mit dem Gemeingut.

Ohne Vertrauen innerhalb der Gesellschaft kann weder die Demokratie noch der Markt gut funktionieren – und Vertrauen kann am besten im Lokalen (wieder-)hergestellt werden, dort wo räumliche Nähe die Begegnung und Face-to-Face-Kommunikation unter den Menschen ermöglicht. Eine „Ökonomie der kurzen Wege"[5] ist nicht nur klima- und ressourcenschonender, sondern fördert eine bessere Qualität der Produkte, da zwischen Herstellern und Verbrauchern eine engere Beziehung entsteht. In einer „Ökonomie der weiten Wege" wird das Vertrauen hingegen künstlich durch teurere Werbemaßnahmen erzeugt – wobei Skandale immer wieder die Täuschung offenbaren. Während der Mensch die Welt oder den Staat als „weit weg" empfindet, kann er sich mit überschaubaren Räumen wie Stadt, Stadtteil und Straße besser emotional identifizieren. Und „nur wer emotional motiviert ist, kann wirklich etwas verändern" (Tiddens 2014, S. 145). Lokal und „unten" bei der Transformation in Richtung Nachhaltigkeit zu beginnen, bedeutet deshalb, die gesellschaftliche Entwicklung ein Stück weit nach *menschlichem Maß* zu gestalten. Im Lokalen kann jeder Einzelne das Ergebnis des eigenen Handels unmittelbar und sinnlich erleben.

Gemeinschaften behandeln ihre Gemeingüter nachhaltig, wenn sie diese *selbstverwalten* dürfen. „Wie kaum ein anderer weiß Ostrom um die Kreativität und die Kommunikationsfähigkeit der Menschen bei der Lösung von Problemen,

---

[5]Dabei geht es um eine größere Nähe zwischen den Orten der Produktion und des Verbrauchs. In einer solchen Wirtschaftsstruktur wird die Versorgung durch viele Miniproduzenten an vielen Orten geleistet – und nicht durch wenige Megaproduzenten an wenigen Orten (B.U.N.D., EED, Brot für die Welt 2008, S. 231 f.).

die ihr Leben unmittelbar betreffen. Wenn man sie lässt!" (Helfrich et al. 2009, S. 5). Die Transformation in Richtung Nachhaltigkeit kann beginnen, indem sich auf lokaler Ebene Gemeinschaften bilden, die Spielräume für die Selbstverwaltung bekommen – wie es zum Beispiel bei Urban-Gardening-Projekten der Fall ist. In ihrem eigenen Raum können sie dann eigene Konzepte des „guten Lebens" umsetzen und den Wandel einleiten. Die Anwohner selbst sollten entscheiden dürfen, ob ein Investor ein Einkaufszentrum in ihrem Stadtteil aufbauen darf oder nicht. Dafür muss jedoch ein Teil der Macht in den Städten von oben nach unten umverteilt und das Regieren dezentralisiert werden. Wie jede soziale Bewegung richtete sich auch die Agora Köln ursprünglich „auf eine Veränderung der bestehenden Machtbalance" (Sommer und Welzer 2014, S. 221).

Der TdgL gilt als „Labor für neue Formen der politischen Partizipation und Mitbestimmung" (Brocchi 2012a, S. 28). An diesem Tag wird möglichst viel Verantwortung auf die Anwohnerschaft übertragen. Jede Nachbarschaft übernimmt die „Regierung" des eigenen Viertels und gestaltet es in einem gemeinsam definierten normativen Rahmen (z. B. kein Kommerz, keine Autos). Jedes Jahr wird ein neuer Stadtteil in Köln mobilisiert: „Wenn die deutliche Mehrheit der Stadtteile einer Stadt dann auf einem messbar guten Weg zur Nachhaltigkeit sind, wird die übergeordnete Stadt folgen" (Tiddens 2014, S. 12).

3 Das empirische Fallbeispiel: Der „Tag des guten Lebens – Kölner Sonntag der Nachhaltigkeit" als Prozess

Nach der Auszeichnung der Idee „Kölner Sonntag der Nachhaltigkeit" im Dezember 2011 lud der Initiator die Organisationen und Initiativen der Stadt ein, das Konzept des KSdN zu unterzeichnen.[6] Die Resonanz war erstaunlich groß. Bis August 2012 schlossen sich fast 50 lokale Organisationen dem Vorhaben an. Zu den prominentesten Unterstützern zählten die Kölner Verkehrsbetriebe (KVB), der AStA der Universität zu Köln, das Comedia Theater, der StadtRevue Verlag

---

[6]Die persönliche Ideenskizze, die im Rahmen des Ideenwettbewerbs „Kölns Klima Wandeln" der Initiative „Dialog Kölner Klimawandel" im Dezember 2011 ausgezeichnet wurde, befindet sich unter http://www.koelner-klimawandel.de/fileadmin/ideenwettbewerb/32_Koelner-Sonntag-der-Nachhaltigkeit.pdf. Nach dem Ideenwettbewerb wurde das Konzept ausgebaut, von einem der ersten Unterzeichner (ecosign – Akademie für Gestaltung) professionell gelayoutet und mit den Profilen der weiteren Unterzeichner ergänzt (vgl. Brocchi 2012a).

sowie die Bürgerzentren Alte Feuerwache und Nippes. Bei einem Treffen der Unterzeichner im September 2012 wurde das Netzwerk Agora Köln (www.agora-koeln.de) offiziell gegründet und ein gemeinsames demokratisches Entscheidungsorgan – der „Beirat" – eingerichtet. Das Netzwerk wurde juristisch von einem bereits existierenden gemeinnützigen Verein getragen – der ebenfalls vom Initiator des KSdN 2007 gegründete Institut Cultura21 e. V.[7] Innerhalb dieses juristischen Rahmens konnte die Agora Köln ein eigenes Bankkonto eröffnen und Förderungen bei Stiftungen beantragen, wobei meist eine anerkannte Gemeinnützigkeit des Förderungsprojekts nachgewiesen werden muss. Schon in den ersten Wochen seines Bestehens beschloss der „Beirat", keine Förderung von Unternehmen anzunehmen, deren Handeln in klarem Widerspruch zur Nachhaltigkeit steht.[8] Die erste finanzielle Unterstützung für die Agora Köln wurde von der Stiftung Umwelt und Entwicklung NRW (www.sue-nrw.de) erbracht, welche den Netzwerkaufbau der Agora Köln mit 9800 EUR subventionierte. Da sich von einem Begriff wie „Nachhaltigkeit" nicht alle Teile der Bevölkerung angesprochen fühlen, wurde ein Wettbewerb für einen alternativen, sprachlich inklusiveren Titel zum „Kölner Sonntag der Nachhaltigkeit" initiiert. Am Ende des Wettbewerbs wählte die Mehrzahl der Netzwerkmitglieder den Titel „Tag des guten Lebens". Der alte Titel blieb jedoch als Untertitel bestehen, um die Interpretationsmöglichkeiten des „guten Lebens" einzugrenzen.

Für die Durchsetzung des ersten Transformationsschrittes die Einrichtung des TdgL war der politische Beschluss von mindestens einer Stadtbezirksvertretung (BV) notwendig. Im Mai 2012 wurde das Konzept des TdgL vor der BV Innenstadt vorgestellt, hier wurde die Initiative jedoch mehrheitlich abgelehnt. Fast alle Parteien tun sich sehr schwer damit, die Freiheitsrechte der Autofahrer auch nur an einem Sonntag pro Jahr zu beschneiden. Ein Mitarbeiter der Stadtverwaltung empfahl dem Initiator des TdgL, Kontakt mit dem Bürgermeister des Stadtbezirks Ehrenfeld aufzunehmen, weil dort die Politik und das Umfeld offener für solche Ideen seien.

Bis vor 20 Jahren galt Ehrenfeld als sozialer Brennpunkt mit einem hohen Anteil an sozial benachteiligten Menschen. In den letzten Jahren hat dieser

---

[7]Das Institut Cultura21 e. V. mit Sitz in Berlin (www.cultura21.org) vernetzt Kulturschaffende und Kulturvermittler bundesweit (www.cultura21.net/de) und international (www.cultura21.net), die sich für einen Kulturwandel in Richtung Nachhaltigkeit einsetzen.

[8]Dazu gehörte auch der Hauptstromversorger der Stadt Köln, die RheinEnergie AG: Sie finanziert zwar die hiesige kommunale Klimaschutzpolitik, zum Beispiel im Rahmen des Fördergremiums „KlimaKreis Köln" (www.klimakreis-koeln.de), vertreibt aber vor allem Strom aus Kohlenkraftwerken.

Bezirk, der inzwischen 105.000 Einwohner zählt, einen Wandel durchgemacht und gilt heute als bunt, kreativ und „hip". Seit 1997 ist Josef Wirges (SPD) Bürgermeister von Ehrenfeld. Er lebt seit seiner Geburt im Jahr 1952 dort und ist dem Ort entsprechend verbunden. Wirges machte sich einen Namen, als er den Bau der Kölner Zentralmoschee (das größte islamische Gebetshaus in Deutschland) in Ehrenfeld unterstützte und sich über alle Widerstände und Proteste hinwegsetzte (vgl. Steigels 2012). Diesem Bürgermeister musste das Konzept des „Tag des guten Lebens" nicht länger als fünf Minuten präsentiert werden. Auf einen Stadtplan zeichnete er mit einem Bleistift ein Viereck: „Herr Brocchi, das machen wir da!" (Brocchi 2015c, S. 9). Wirges zielte von Anfang an auf einen parteiübergreifenden Antrag, um die Bevölkerung nicht in Befürworter und Gegner des TdgL zu spalten – und lud im November 2012 den Initiator ein, seine Idee den Fraktionsvorsitzenden vorzustellen. Die Rechnung ging auf. Bei der Versammlung der BV Ehrenfeld am 17. Dezember 2012 wurde der Antrag einstimmig[9] angenommen. Er lautete:

1. Die Bezirksvertretung Ehrenfeld tritt dem Kreis der Unterstützer bei, setzt sich dadurch für ein neues Verhältnis zwischen Institutionen und Zivilgesellschaft ein und kann den Prozess mitbestimmen.
2. Die Bezirksvertretung Ehrenfeld stimmt zu, dass Ehrenfeld einmal pro Jahr an dem „Tag des guten Lebens" teilnimmt, ein Gebiet für den individuellen motorisierten Verkehr sperren lässt und den öffentlichen Raum den Bürgerinnen und Bürgern zur Verfügung stellt. […][10]

Der erste TdgL sollte am 15. September 2013 stattfinden, beschlossen wurde die Absperrung eines Gebiets von einem km^2 für den motorisierten Straßenverkehr, betroffen waren mehr als 20.000 Anwohner (vgl. Abb. 1). Neben den Straßenabsperrungen galt in den in Abb. 1 markierten Straßenabschnitten ein weitgehendes Parkverbot. Zu diesem erfolgreichen Ergebnis hatte auch die positive Berichterstattung der Tageszeitung Kölner Stadtanzeiger beigetragen, der im November eine ganze Zeitungsseite mit dem Titel „Bürger erobern die Stadt zurück" der Idee gewidmet hatte (vgl. Kreikebaum 2012).

Dieser erste große politische Erfolg sorgte in der Agora Köln für einen starken Motivationsschub. Das Netzwerk konzentrierte sich nun auf drei operative

---

[9]Mit den Stimmen von SPD und Grünen (jeweils 6 Sitze), CDU (4 Sitze), FDP, Pro Köln und Linke (jeweils 1 Sitz).
[10]Abschn. 8.4 des Beschlussprotokolls der 30. Sitzung der Bezirksvertretung Ehrenfeld am 19.12.2012.

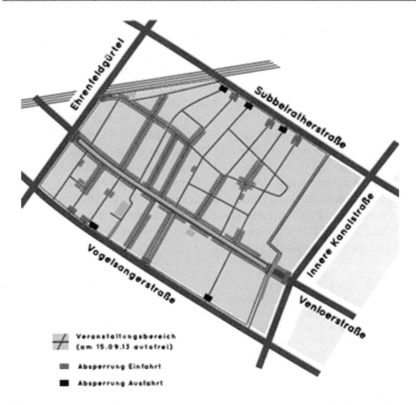

Abb. 1 Das autofreie Gebiet am ersten „Tag des guten Lebens" (15.9.2013). (Quelle: Agora Köln (www.agorakoeln.de))

Herausforderungen: a) die Mobilisierung der Anwohnerschaft und die möglichst breite Aufteilung von Verantwortung und Aufgaben; b) die logistische Organisation des autofreien Sonntags (u. a. Straßenabsperrungen, Bereitstellung der Ordnungskräfte, Aufklärung der Autofahrer); c) die Finanzierung des Vorhabens, denn die Stadt Köln konnte das Projekt lediglich mit Material (z. B. Verkehrsschilder) unterstützen und die Bezirksvertretung mit nur 2000 EUR. Um diesen Herausforderungen gerecht zu werden, wurden verschiedene Arbeitskreise (AKs) innerhalb der Agora Köln gebildet, die jeweils von zwei Personen koordiniert werden sollten. Neben den AKs „Ökonomie/Finanzen", „Externe Kommunikation" (zuständig für die Presse- und Öffentlichkeitsarbeit) und „Bewegung" (interne Kommunikation, Ausbau des Netzwerkes u. a.) wurde der AK „Nachbarschaft" eingerichtet (Abb. 2).

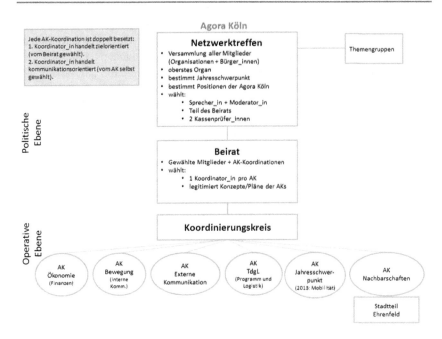

Abb. 2 Organisatorische Struktur der Agora Köln (beschlossen am 21.4.2013). (Quelle: Protokoll der Klausurtagung 2013 der Agora Köln (eigene Darstellung))

Der AK „Nachbarschaft" lud über die Verteilung von Flyern alle Anwohner Ehrenfelds von Anfang 2013 an zu regelmäßigen Stadtteiltreffen ein. Die Treffen fanden überwiegend in den großen Räumen des Atelier Colonia in der Körnerstraße (www.atelier-colonia.de) statt, welche der Fotograf Jürgen Schaden-Wargalla kostenlos zur Verfügung stellte (vgl. Maier 2015). An den Nachbarschaftstreffen nahmen jeweils zwischen 40 und 100 Anwohner teil. Nach Straßen geordnet teilten sich die Anwohner in Kleingruppen auf. So konnten sie ihre direkten Nachbarn kennenlernen und sich über den gemeinsamen Lebensraum austauschen. Jede Kleingruppe sollte den Kern einer „Straßennachbarschaft" bilden, die später im Rahmen des TdgL möglichst viel Verantwortung übernehmen sollte. Während des TdgL sollten die Nebenstraßen von den jeweiligen Nachbarschaften selbst verwaltet werden. Die zentrale Achse in dem geplanten autofreien Gebiet, die Venloer Straße, wurde für das Zentralprogramm und die Besucher_innen von außerhalb Ehrenfelds reserviert. Hier würden Organisationen, Initiativen und Unternehmen ihre Konzepte zum Jahresschwerpunktthema vorstellen und nachhaltige Alternativen zum fossilen Verkehr erlebbar machen. Zuständig für die stadtübergreifende Kampagne war der AK „Jahresschwerpunkt Mobilität" (mit Vertretern des Verkehrsklub Deutschland, des Klimabündnis Köln u. a.). Er veranstaltete mehrere Treffen mit bis zu 40 Multiplikatoren, um das verkehrspolitische Programm der Agora Köln zu verfassen. Später wurde es unter dem Titel „Verkehr des guten Lebens – Ein nachhaltiges Mobilitätskonzept für Köln" veröffentlicht (Agora Köln 2015). Damit plädierte zum ersten Mal ein breites und buntes Netzwerk von Kölner Organisationen für eine verkehrspolitische Wende in der Stadt.

Die wichtige und schwierige Aufgabe der logistischen Planung des TdgL wurde von Bürger_innen übernommen, die keinerlei Erfahrung mit autofreien Sonntagen hatten. Um diese Wissenslücke zu füllen, wurden die Verantwortlichen des Hannoverschen autofreien Sonntags, der seit 2007 einmal jährlich stattfand, eingeladen, ihre Erfahrungen im Rahmen eines Workshops im Kölner Atelier Theater weiterzugeben. Im März 2013 brachte der Bürgermeister Josef Wirges die Vertreter aller Institutionen zusammen, die an der Umsetzung des TdgL mitwirken sollten: neben der Agora Köln das Verkehrsamt und das Ordnungsamt der Stadt Köln, die Feuerwehr und die Polizei. Die Agora Köln engagierte auch die Ehrenfelder Agentur Cine Block GmbH, die Straßenabsperrungen für Filmdrehs organisierte und immer wieder Straßenfeste in Ehrenfeld unterstützt hatte.

Vor allem im Rahmen dieser organisatorischen Aufgaben wurde deutlich, welche hohen Auflagen die Rückeroberung des öffentlichen Raums durch die Bürger_innen begleiten. An dieser Stelle übte die Agora Köln oft eine „Pufferfunktion" zwischen den Institutionen und den Anwohnern aus – und entlastete die letzteren von der Auseinandersetzung mit behördlichen Vorschriften und Aufgaben, die im Allgemeinen nicht sehr motivierend sind. Die größte Arbeit und die meisten Kosten für den TdgL entstanden paradoxerweise ausgerechnet durch die Autos, das heißt für die Befreiung des öffentlichen Raums vom motorisierten Straßenverkehr. Insgesamt wurden fast 3000 Ersatzparkplätze (die Hälfte davon unentgeltlich) für Anwohner und Besucher außerhalb des autofreien Gebiets organisiert, zum Beispiel durch die Kooperation mit einem großen Baumarkt, der am Sonntag seine Parkplätze nicht benötigte. Eine weitere Vorschrift verpflichtete die Organisatoren des TdgL, ca. 40 öffentliche Toiletten für die Besucher_innen bereitzustellen. Anstatt Dixi-Toiletten zu mieten, wurden alle Gastronomiebesitzer im Gebiet des „Tag des guten Lebens" gebeten, den Tag zu unterstützen und ihre Toiletten bereitzustellen – mit Erfolg.

Durch das Teilen, wie im Fall der Toiletten, wurden viele Kosten gespart – und so der TdgL ermöglicht. Eineinhalb Monate vor dem angesetzten Termin am 15. September verfügte die Agora Köln über lediglich 15.000 EUR, die z. T. aus

Spendensammelaktionen unter Bürger_innen stammten. Dieses Geld hätte kaum gereicht, um die Leistung der Agentur Cine Block zu finanzieren, die zentrale logistische Aufgaben im Rahmen des TdgL übernehmen sollte (z. B. die Verteilung der Absperrungen und der Einsatz erfahrener Ordnungskräfte an wichtigen Verkehrsknotenpunkten). Die knappen Kassen hielten jedoch die 30 bis 40 aktiven Bürger_innen nicht davon ab, weiter für das Projekt zu arbeiten.

Paradoxerweise wurde die gute Atmosphäre innerhalb der Agora Köln ausgerechnet durch zwei finanzielle Erfolge bedroht. Zwei Wochen vor dem Stattfinden des TdgL wurde die Idee mit dem „ecologic Förderpreis für Zukunftsideen" von Toyota Deutschland ausgezeichnet, welcher mit 10.000 EUR dotiert war.[11] Fast gleichzeitig stimmte die Stiftung Umwelt und Entwicklung NRW einer zweiten Projektförderung für den TdgL über 35.000 EUR zu. Plötzlich konnte ein Teil der Arbeit der Agora Köln finanziell honoriert werden. Für einige Personen war die Organisation des TdgL seit Monaten zur Vollzeitbeschäftigung geworden. Aber welche Tätigkeiten sollten hierbei honoriert werden und welche nicht? Welche Verteilung des Geldes und welche Höhe der Honorare wäre gerecht gewesen? Wie sollte hierüber eine Entscheidung getroffen werden? Diese Fragen bargen eine große Sprengkraft für die Gruppendynamik und wurden deshalb auf die Zeit nach dem 15. September 2013 vertagt.

Vor Beginn des TdgL richtete die Agora Köln in Ehrenfeld ein Zentralbüro ein, von wo aus die Aktivitäten koordiniert und im Rahmen eines „Call Center" die Fragen der Anwohner beantwortet wurden. Die Räume einer ehemaligen Gaststätte standen nahezu kostenlos zur Verfügung. Eine Woche vor dem „Tag des guten Lebens" wurden die Parkverbotsschilder (mit dem Datum des 15. September 2013) in den Straßen aufgestellt und Info-Blätter mit Details zu den Vorschriften, zu Ersatzparkplätzen u. a. unter allen Anwohnern verteilt. Unbedingt vermieden werden sollte, dass die Bevölkerung den TdgL nur als einen Tag mit Parkverbot und als Fremdbestimmung erleben würde.

Der Samstag des 14. September 2013 war der Tag der Wahrheit: Hatten die Anwohner ihre Autos umgeparkt und die Straßen freigemacht? Das Experiment gelang: Bereits am Abend des 14. waren die meisten Straßen komplett autofrei. In einem großen bewohnten Gebiet konnte man so die Stadt aus einer ganz anderen Perspektive erleben. Die meisten Anwohner staunten nicht nur beim Anblick

---

[11]Die Pressemitteilung von Toyota Deutschland ist unter http://www.toyota-media.de/Article/view/2013/09/16/ecologic-Foerderpreis-fuer-Zukunftsideen-2013-entschieden/3551 zu finden (zuletzt abgerufen am: 25. Oktober 2015). Innerhalb der Agora Köln wurde kontrovers diskutiert, ob das Projekt des TdgL mit dem Geld eines Autounternehmens finanziert werden dürfe.

dieses ungewöhnlichen autofreien Stadtbildes, sondern auch über ihre eigene gemeinsame Leistung – denn schon durch das individuelle Umparken des Autos (an sich eine kleine Handlung) war ein kollektives Kunstwerk entstanden – eine Art „soziale Plastik".

Für die Organisatoren verlief der „Tag des guten Lebens" am 15. September 2013 wie im Rausch. Der Zuspruch war gewaltig. Im Rahmen des Zentralprogramms zum Thema „Nachhaltige Mobilität" wurden 62 Aktionen von ebenso vielen Akteuren (u. a. die Kölner Verkehrsbetriebe, verschiedene Umweltinitiativen und Künstlergruppen) durchgeführt. Hierbei wurden Nachhaltigkeitsthemen emotional besetzt und so in einem neuen Rahmen erfahrbar gemacht. In den Nebenstraßen setzten die Nachbarschaftsgruppen nahezu 100, teils kreative, teils aufwendige, teils spontane Aktionen um. Ungefähr 70 davon waren für die Besucher offen; zum Beispiel der Hausflohmarkt, die „Ping-Pong-Party" und die Kunstaktion „beautify the street". Elf Aktionen wurden innerhalb der direkten Nachbarschaft realisiert (ein langer Frühstückstisch, „Der Philippshof feiert", „Parklückenglück" u. a.). Neben acht Aktionen für die ganze Straße (Straßenmusik, Tischtennisturniere u. a.) gab es sechs Kinderaktionen (Buttonmaschine, Kindermalwettbewerbe, Dosenwerfen u. a.). Zusätzlich fanden viele informelle Aktionen von Nachbarn statt – von Kaffeetischen auf der Straße bis hin zu spontanen Straßenkonzerten.[12] Sämtliche Aktionen waren nicht kommerziell. Das Universitätsradio KölnCampus begleitete den ganzen Tag mit einer Live-Berichterstattung (Agora Köln 2014a).

Insgesamt mussten nur etwa drei Dutzend Autos am Morgen des 15. vom Ordnungsamt aus dem Parkverbotsbereich entfernt werden, was bei einer Population von über 20.000 Anwohnern ein großer Erfolg war. Den ganzen Tag über hatten mehr als 200 Bürger_innen die Straßenabsperrungen abgesichert oder als Ordnungskräfte in dem autofreien Gebiet gedient. Am Ende des Tages säuberten die Nachbarschaften selbst ihre Straßen, wobei diese dann teilweise sauberer waren als vorher. Die Kommunalpolitiker, die Stadtverwaltung, die Polizei und die Feuerwehr staunten über den unerwartet reibungslosen Verlauf des TdgL. Die meisten Menschen berichteten von einer Atmosphäre, die man von den gängigen Großraumveranstaltungen im öffentlichen Raum nicht kannte: ruhig, freundlich, entspannt, kreativ und gemeinschaftlich. Die Prämiere wurde im Kölner Stadtanzeiger so kommentiert:

---

[12]Zum Beispiel sang eine Opernsängerin spontan aus ihrem Wohnungsfenster.

Mit dem autofreien Sonntag in Ehrenfeld ist den Initiatoren aus dem Stand ein Fest gelungen, wie es sonst nicht in Köln gefeiert wird – ohne Ramschstände und Schlagermusik […]. Es bleibt immer noch ein himmelweiter Unterschied zwischen dem, was man am Sonntag in Ehrenfeld genießen durfte, und dem, was sonst so auf den Straßen Kölns passiert, wenn sie für Feste gesperrt werden. Doch nicht nur deshalb sollte der ‚Tag des guten Lebens' viele Nachahmer finden. Er sollte auch Schule machen, weil er ein wunderbares Forum war, um Nachbarschaft zu pflegen und gleichzeitig über die zukünftige Entwicklung der Stadt nachzudenken. Es ging um nichts weniger als die spannende Frage, wie man in Zukunft in den Vierteln dieser Stadt leben will. […] Die Initiatoren um den Verein Agora machten mit Mitmachaktionen, Frühstücken auf Picknickdecken, Tischtennisplatten und Kaffeekränzchen auf Straßen und dem Comeback des gepflegten guten alten ‚Platzkonzerts' deutlich, was mit der (Rück-) Eroberung des öffentlichen Raums gemeint ist. Unaufdringlich haben sie ein Plädoyer für Entschleunigung abgegeben und einen Beitrag zur fast immer wichtiger werdenden Frage geleistet, wie denn eine kluge Verkehrspolitik aussehen muss, wenn sich eine Großstadt wie Köln für die Zukunft rüstet. […] Kölns Stadtentwicklungspolitik braucht mehr solcher Impulse – und viele weitere Tage des guten Lebens (Frangenberg 2013).

Am ersten „Tag des guten Lebens" nahmen ca. 100.000 Menschen teil. Die Anwohnerschaft von Ehrenfeld war so begeistert, dass sie unbedingt selbst einen zweiten Tag im darauffolgenden Jahr organisieren wollte – welcher tatsächlich am 31. August 2014 stattfand. Inzwischen hatten zwei weitere Bezirksvertretungen in Köln die Realisierung eines TdgL einstimmig beschlossen. Der dritte TdgL fand am 31. Mai 2015 im Stadtteil Sülz statt, welcher zum wohlhabenden Bezirk Lindenthal gehört und eine entsprechend hohe Autodichte hat.[13] Das autofreie Gebiet war hier doppelt so groß wie in Ehrenfeld, betroffen waren mehr als 30.000 Bürger_innen. Selbst die Lindenthaler Bezirksbürgermeisterin Helga Blömer-Frerker (CDU) sprach nach dem TdgL von „paradiesischen Zuständen auf den Straßen" – und dies, obwohl der Widerstand in der Bevölkerung ihres Bezirks deutlich stärker als in Ehrenfeld gewesen war und einige Anwohner sogar Rechtsanwälte eingeschaltet hatten, um das „Recht auf das Autofahren" zu verteidigen. Mittlerweile hat auch die Bezirksvertretung Innenstadt ihre anfängliche Entscheidung revidiert und der Einführung des TdgL zugestimmt. Das Hauptargument: der zu erwartende positive Effekt auf die Nachbarschaft; die Stärkung des nachbarschaftlichen Zusammenhalts im „Veedel". Am 3. Juli 2016 ist in Köln-Sülz ein „Tag der Nachbarschaften" geplant (Esch 2016), ein weiterer „Tag des guten Lebens" ist im rechtsrheinischen Stadtteil Deutz vorgesehen. Am 3. Juli 2016 wurde in Köln-Sülz ein „Tag der

---

[13]Im Jahr 2012 lag die Autodichte in Lindenthal bei 468 Pkws pro 1000 Einwohner (436 im Jahr 2000), in Ehrenfeld bei 368 (382 im Jahr 2000) (vgl. Stadt Köln 2013, S. 119).

Nachbarschaften" veranstaltet (Esch 2016), ein weiterer „Tag des guten Lebens" wird am 18. Juni 2017 im rechtsrheinischen Stadtteil Deutz stattfinden. 2016 gehören mehr als fast 130 lokale Organisationen zur Agora Köln. Diese lokale Bewegung hat zivilgesellschaftliche Akteure in der Stadt stärker miteinander vernetzt und neue Akzente in die lokale politische Diskussion eingebracht.[14] Nachdem 2013 das Jahresschwerpunktthema „Nachhaltige Mobilität" gewesen war, wählte die Agora Köln für das Jahr 2014 das Thema „Freiräume und Gemeinschaftsräume", da in der Stadt solche Räume immer knapper werden, obwohl mehr davon notwendig wären.

Der bisherige Prozess hinter dem „Tag des guten Lebens" lieferte interessante Erkenntnisse zu den Möglichkeiten einer urbanen Transformation. Im nächsten Abschnitt wird eine erste Bilanz versucht und ein Ausblick gegeben.

4　　Zwischenbilanz

Auch wenn der „Tag des guten Lebens" einen Initiator und einen offiziellen Startpunkt hatte, sind die Idee, ihre Realisierung und Wirkung das Ergebnis des Zusammenspiels einer Vielzahl von Einflüssen, Faktoren und Akteuren gewesen. „Solche Ideen schweben heute in der Luft, sie entsprechen dem Geist der Zeit", sagte mir einmal die Berliner Kulturwissenschaftlerin Hildegard Kurt.[15] Die Klimakrise, die Finanzkrise oder die Krise der Demokratie liefern den Nährboden für die Produktion von *Narrativen gesellschaftlichen Wandels* – und machen große Teile der Bevölkerung für sie empfänglich. Genau ein solches Narrativ stellt das erste wichtige Ergebnis des „Tag des guten Lebens" dar. Dabei handelt es sich um ein *offenes* Narrativ (vgl. Eco 1977), das plural interpretierbar und übersetzbar ist, ohne in Beliebigkeit auszuufern – zumindest solange der vorgegebene normative Rahmen (u. a. Nachhaltigkeit, Unkommerzialität) eingehalten wird. Darin kann der/die Bürger_in selbst als *Co-Autor* auftreten.[16] Für manche

---

[14]Zum Beispiel stimmte der Kölner Stadtrat im März 2016 zu, dass an einem Tag pro Jahr Bus und Bahn in Köln kostenlos sind (Frangenberg 2016). Die Initiative ging von den Piraten aus, die eine Idee aus dem Konzept „Kölner Sonntag der Nachhaltigkeit" aufgegriffen hatten. Das Konzept wurde ihnen bei der Mitgliederversammlung vom 3. September 2012 vorgestellt.

[15]In einem persönlichen Gespräch am 9. Oktober 2015 in Berlin.

[16]Bei seiner außergewöhnlichen Ausstellung „2-3 Straßen" im Rahmen der Ruhr.2010 ließ der Konzeptkünstler Jochen Gerz die Stadtbewohner als Co-Autoren des TEXT (Gerz 2011) zur Transformation heruntergekommener Peripherien auftreten (vgl. Brocchi und Eisele 2011).

ist der „Tag des guten Lebens" ein „Tag der gelebten Demokratie"; für andere ein „Tag des nachhaltigen Wandels", ein „Tag der Nachbarschaft" oder „ein Tag der Vielfalt" (der inneren Vielfalt und der Vielfalt nebenan). Die Offenheit ermöglicht es dem Narrativ, sich den lokalen Nischen und den Individualitäten anzupassen. Dadurch ist es leicht übertragbar – auf andere Städte oder Milieus. Die Offenheit setzt jedoch eine inklusive bzw. eine leicht übersetzbare Sprache voraus. Durch „Expertenlyrik" (Schenkel 2002, S. 33) kann man nicht die Heterogenität einer Stadtbevölkerung ansprechen und unterschiedliche Interessen vernetzen. Eine gewisse semantische Unschärfe kann nützlich sein, um eine Projektionsfläche für kollektive Sehnsüchte und Wünsche zu liefern. Durch Fragen wie „in was für eine Stadt wollen wir leben?" werden der Dialog und die Partizipation gefördert – und dadurch ein Zugang zu jenem Erfahrungs- und Alltagswissen der Bürger_innen ermöglicht, das für die Transformation so wertvoll ist.

Die tatsächliche Umsetzung war das zweite wichtige Ergebnis des TdgL. Dadurch entfaltete das Narrativ seine performative Kraft. Viele zivilgesellschaftliche Initiativen und viele Bürger_innen haben an diesem Tag bewusst die Möglichkeit wahrgenommen, ihre eigene Stadt mitgestalten zu können. Was ihnen an einem Tag so gut gelingt, kann stückweise auch an allen anderen Tagen gemeinsam verwirklicht werden. Der TdgL bietet eine Strategie des *Empowerment* (vgl. Adams 2008), einen Ausweg aus der Ohnmacht. Das Erfolgsrezept des TdgL liegt vor allem im miteinander Teilen. Obwohl dieser Tag eine gewaltige logistische Herausforderung darstellt[17] und die Agora Köln nur über knappe finanzielle Mittel für die Organisation verfügt, wurde er bisher erfolgreich realisiert, weil viele Bürger_innen kleine und größere Aufgaben selbst übernommen und eine kollektive Verantwortung mitgetragen haben.

In den politischen Debatten hat der Erfolg des TdgL nachhaltige Positionen gestärkt. Er hat gezeigt, dass „Verzicht" (z. B. auf das Auto) kein Tabu sein muss, sondern selbst als gestalterischer Eingriff dazu dienen kann, Räume für Lebensqualität und kreative Selbstentfaltung zu öffnen. An einem Sonntag pro Jahr haben in Köln zwischen 60.000 und 100.000 Menschen die Stadt aus einer anderen Perspektive erlebt und sind in Kontakt mit nachhaltigen Alternativen gekommen. Die Realisierung des Tages zeigte, dass der/die Bürger_in (und zwar auch jener mit Migrationshintergrund) manchmal weiter als seine politischen Vertreter_innen ist.

---

[17]Der hohe logistische Aufwand des ersten TdgL lässt sich anhand folgender Zahlen verdeutlichen: 25 Straßen, 683.500 Quadratmeter Fläche, 220 Halteverbotsschilder, 20 Tonnen Absperrmaterial… Den zwölf Stunden „Tag des guten Lebens" standen ca. 7500 h ehrenamtlicher Arbeit für die Organisation, Vorbereitung und Umsetzung gegenüber (Agora Köln 2014b, S. 5, 17).

Das dritte wichtige Ergebnis des TdgL ist es, unkonventionelle Allianzen für Nachhaltigkeit zustande gebracht zu haben und viele Bürger_innen miteinander zu vernetzen. An dieser Stelle zeigt sich, dass dieser Tag eigentlich ein Mittel zum Zweck ist. Die Idee wirkte nämlich schon ein Jahr vor der ersten Durchführung, als sich Organisationen, Initiativen, Schulen, Theater, Unternehmen (u. a.) in einem gemeinsamen Bündnis zusammenschlossen. Auch wenn nur wenige Organisationen innerhalb der Agora Köln eine wirklich aktive Rolle gespielt haben, war schon ihre Unterschrift extrem wichtig, um die Idee mit einer breiten Vertrauenswürdigkeit nach außen zu tragen. Die Plattform leistete nicht nur eine entscheidende „Übersetzungsarbeit" (vgl. Müller 2011, S. 36) zwischen Stadtverwaltung und Anwohnerschaft, sondern förderte eine multidimensionale Stadtentwicklung durch den Dialog zwischen Akteuren aus den verschiedenen Bereichen.

Seit 2012 hat eine Idee viele Menschen zusammengebracht, die sich vorher nicht kannten. Sie haben sich unzählige Male getroffen – miteinander diskutiert und Ideen gesponnen. Eine Ehrenfelder Anwohnerin berichtete in einem persönlichen Gespräch: „Seit dem Tag des guten Lebens brauche ich morgens 15 Minuten länger um meine Brötchen einkaufen zu gehen, weil ich auf dem Weg dahin ständig von Menschen angesprochen werde, die ich vorher nicht kannte" (Brocchi 2015c, S. 14).

In einem solchen Kontext gewinnt die soziale Zugehörigkeit an Bedeutung, während Mechanismen der sozialen Abgrenzung[18] unterlaufen werden. In einer gemeinschaftsorientierten Umgebung sinkt das Interesse für exklusive Produkte (z. B. die spritfressenden „Sport Utility Vehicle"). Einige Straßennachbarschaften in Ehrenfeld haben sich auch nach dem 15. September 2013 weiterhin getroffen und teilweise sogar ihr Aufgabenspektrum erweitert: in der Wahlenstraße wird zum Beispiel die Umgestaltung eines Kinderspielplatzes organisiert; in der Rothehausstraße engagieren sich die Anwohner_innen für die dauerhafte Befreiung einer Straßenseite von geparkten Autos, sodass Fußgänger und Eltern mit Kinderwagen mehr Platz bekommen (vgl. Maier 2015). Viele Anwohner, die sich über den TdgL kennengelernt haben, engagierten sich später für Flüchtlinge.

Vielleicht liegt die eigentliche Nachhaltigkeit einer Transformation weniger in den gesetzten Zielen (Renn 2016), sondern in ihrer Formung zu einem individuellen und kollektiven *Lernprozess* (vgl. Brocchi 2007, S. 125). Das vierte wichtige Ergebnis aus dem Prozess TdgL ist die umfangreiche individuelle und kollektive Lehre, die daraus entstanden ist: über die gesellschaftlichen Verhältnisse und die Möglichkeit des Wandels, über die Gemeinschaft und letztendlich über den Menschen – sich selbst inbegriffen. Hier gelten keine Patentrezepte, Prozesse mussten

---

[18]Durch Darstellung des Status in höheren Schichten und durch verinnerlichte Minderwertigkeit in unteren Schichten.

hingegen im Rahmen des TdgL durch Spannungsfelder gesteuert werden. Im folgenden Abschnitt werden die wichtigsten angerissen und reflektiert.

▶ Nachbarschaft

Nachbarschaft ist keine uniforme stabile Einheit, sondern wird heute unterschiedlich verstanden und gelebt. Der Soziologe Bernd Hamm definiert Nachbarschaft als eine „soziale Gruppe, die primär wegen der Gemeinsamkeit des Wohnorts interagiert" (Hamm 1973, S. 18) – und dennoch bedeutet räumliche Nähe nicht automatisch soziale Nähe (vgl. Geiling 2015, S. 216). Menschen ziehen in die Stadt, auch weil sie sich von der alten Dorfgemeinschaft emanzipieren wollen. „Nachbarschaft – lange war das kein Wort, das viele positive Gefühle auslöste. Schließlich sucht man sich die Nachbarn selten aus und muss sich doch mit ihnen arrangieren, sie kommen einem näher, als für manchen erträglich ist, man muss Lärm, Gerüche und neugierige Blicke ertragen. Nachbarn nerven durch unerbetene Einmischung oder auch durch ostentative Gleichgültigkeit" (Niejahr 2012, S. 62). Auch am TdgL fühlten sich manche älteren Menschen durch die laute Musik der Jugendlichen auf der Straße in ihren Wohnungen belästigt. Einige Autofahrer in Sülz beschwerten sich, weil sie ihren Wagen in der Garage stehen lassen mussten, während sich die Nachbarn auf der Straße „amüsierten". In einer Nachbarschaft existieren verschiedene Auffassungen vom „Guten Leben". Gerade das „Teilen *müssen* des Raums" kann hier für Konflikte sorgen. Auch wenn die räumliche Nähe soziale Interaktion fördert und vereinfacht, darf sich die Definition von Nachbarschaft nicht zwingend (und ausschließlich) auf einen physischen Raum beziehen, sondern sollte vor allem als relativer *Beziehungsraum* verstanden werden, wofür sich Menschen freiwillig entscheiden (vgl. Hüllemann et al. 2015, S. 28).

In Zeiten der Globalisierung ist die Identifikation mit dem Territorium oder mit der lokalen Gemeinschaft schwach. Biografien wie jene von Josef Wirges, die im „Veedel" tief verwurzelt sind, werden immer seltener: Viele Menschen wechseln im Laufe ihres Lebens nicht nur den Stadtteil, sondern auch die Stadt. Warum sich also ausgerechnet in der Nachbarschaft engagieren? Wer über „ökonomisches Kapital" (vgl. Bourdieu 1983) verfügt, kann sich in einem deterritorialisierten und individualisierten Kontext weiterhin behaupten und auch ohne enge soziale Netzwerke beweglich bleiben. So engagierten sich im wohlhabenden, sozioökonomisch homogenen Stadtteil Sülz weniger Menschen beim TdgL als in Ehrenfeld (vgl. Schaden-Wargalla 2015).[19] In den unteren Schichten sind die Menschen hingegen deutlich mehr auf „soziales Kapital" (vgl. Bourdieu 1983) angewiesen. In Zeiten sinkender sozial-staatlicher Leistungen dient nicht nur die Verwandtschaft, sondern auch die Nachbar-schaft als „Kompensator". Doch gerade die Menschen, die im Alltag das Teilen intensiver üben (beispielsweise innerhalb von Migranten-Communitys), waren am TdgL unterdurchschnittlich repräsentiert, oder wurden gar nicht erreicht. Obwohl Ehrenfeld als besonders „multikulturell" gilt, gesellt sich auch hier Gleich und Gleich gern. Trotz räumlicher Nähe kommunizieren die verschiedenen Kulturen und Milieus nicht unbedingt miteinander. Die meisten Bürger_innen, die sich für den TdgL engagierten, kamen auch in Ehrenfeld aus der Mittelschicht bzw. aus der „Creative Class" (vgl. Florida 2002), und verfügten meist über eine höhere Bildung. Sie setzen sich zwar gegen die soziale Entmischung der Stadtteile ein und fordern Freiräume für die Vielfalt – dennoch riskieren sie, mit ihren Initiativen im öffentli-chen Raum genau das Gegenteil zu befördern und den Gentrifizierungsprozess zu beschleunigen (vgl. Müller 2011, S. 49 f.).[20] Das „Gute Leben" macht Wohnorte zwar attraktiver, doch nicht jeder kann sich ein „Gutes Leben" leisten. Seit Jahren werden durch die höheren Mieten gerade alteingesessene Einwohner nach und nach aus der Ehrenfelder Nachbarschaft verdrängt. Durch die steigende soziale Ungleich-heit werden sichtbare und unsichtbare Mauern errichtet, die die soziale Interaktion und den sozialen Zusammenhalt innerhalb des gleichen Stadtviertels erschweren.

Gleichzeitig hat die Tatsache, dass mit der Globalisierung nicht nur Orte, sondern auch Individuen austauschbar werden, dazu geführt, dass immer mehr Menschen sich fragen: „Wo gehöre ich hin? Wo ist meine emotionale Heimat? Wo darf ich ankommen?" Aus dieser Perspektive entspricht die gegenwärtige Wiederentdeckung der Nachbarschaft einer Sehnsucht, die virtuelle *social com-munities* kaum stillen können. Immer mehr Menschen suchen auch in der Stadt das Gemeinschaftsgefühl und pflegen dies in einer – manchmal romantisierten – Gemeinschaft. „Ehrenfeld ist ja eigentlich so, jede Straße ist ein kleines Dorf für sich", sagt Jürgen Schaden-Wargalla (Maier 2015, S. 3). Dort, wo nachbarschaft-

---

[19]Birgit Scherer-Bouharroun, Sülzerin und Koordinatorin des AK „Grün" der Agora Köln, berichtet: „In Sülz fand ich die Beteiligung der Nachbarschaften generell und in einigen Carrés besonders sehr enttäuschend – gähnende Leere […]. Es gab einige Highlights – die auch weiter bestehen, d. h. Gruppen, die sich treffen, was machen" (persönliche Mitteilung, 17.11.2015). Die Organisatoren gingen trotzdem davon aus, dass zwischen 80.000 und 100.000 Menschen am „Tag des guten Lebens" in Sülz teilnahmen.

[20]Inzwischen liegen die Angebotspreise für Eigentumswohnungen im ehemaligen Arbei-terviertel Ehrenfeld bei 3100 EUR pro m², Tendenz steigend (Corpus Sireo Makler GmbH 2015, S. 13).

liche Strukturen enger sind, werden die Potenziale von Gemeingütern effektiver genutzt – und dies fördert wiederum die nachbarschaftlichen Strukturen.

▶ Stadtregierung

Köln ist ein gutes Beispiel dafür, dass räumliche Nähe nicht notwendigerweise ein engeres Verhältnis zwischen städtischen Institutionen und Zivilgesellschaft bedeutet. „In keiner anderen deutschen Großstadt hat es in den vergangenen Jahren so viele Skandale gegeben wie in Köln. Der Kölsche Klüngel, das Geflecht aus Beziehungen zwischen lokaler Politik und Wirtschaft, hat inzwischen bundesweit traurige Berühmtheit erlangt", schrieb die Süddeutsche Zeitung im Jahr 2010 (Heims 2010). Die Wahlbeteiligung bei der Oberbürgermeisterwahl 2015 lag lediglich bei knapp 40 %. Vor allem einkommensschwache und gesellschaftlich deklassierte Menschen fühlen sich von der Politik nicht vertreten und sehen keinen Sinn darin, abzustimmen (Wilberg 2015, S. 6 f.). Die politischen und administrativen Institutionen bilden dennoch keine uniforme Einheit. Teile von ihnen sind bereit, die nachhaltige Transformation der Stadt zu unterstützen und mit der Zivilgesellschaft zusammenzuarbeiten, auch wenn auf der Führungsebene eine solche Offenheit nicht immer gefördert wird.

Vor der Premiere des TdgL im September 2013 herrschte in der Kommunalpolitik und in der Stadtverwaltung noch eine gewisse Skepsis vor. Der augenscheinliche Erfolg fungierte jedoch danach als politischer Türöffner und erleichterte die Zusammenarbeit mit den Verwaltungsmitarbeitern (vgl. Schaden-Wargalla 2015, S. 3). Diese müssen selbst oft hohen Auflagen folgen, was sie nicht unbedingt motiviert, unkonventionelle Projekte zu fördern. Einerseits verlangt das Ordnungsamt eine detaillierte und verlässliche Planung aller Aktionen im öffentlichen Raum, andererseits sind Nachbarschaftsprozesse mitunter unberechenbar. Die Möglichkeit spontaner Aktionen im öffentlichen Raum ist in der Stadtverwaltung nicht vorgesehen. Genauso wenig dürfen Anwohner_innen selbstständig in den öffentlichen Raum eingreifen, selbst wenn es darum geht, diesen zu verschönern. Die hohen Auflagen hemmen die Rückeroberung des öffentlichen Raums durch die Bürger_innen. Die Kommunen sollten hier gegensteuern.

▶ Gruppendynamik und Organisationsstruktur

Nach der Gründung der Agora Köln wurden viele Entscheidungen über Spielregeln und Organisationsstrukturen getroffen und in einem 18-seitigen Dokument unter dem Titel „Lernende Satzung" (im Sinne der „lernenden Organisation") zusammengefasst, welches letztmalig mit den Beschlüssen der Beiratssitzung vom 29. April 2013 aktualisiert wurde (Agora Köln 2013). In den darauffolgenden Monaten wuchs jedoch der operative Druck durch den bevorstehenden ersten TdgL immer mehr, sodass sich irgendwann eine organisatorische Notstandsituation abzeichnete. Die Stimmen der Mitglieder, die in der Satzung der Agora ein „bürokratisches Monster" sahen und für einen „pragmatischen" Umgang damit plädierten, wurden immer lauter. So wurden die Strukturen „übergangsweise" vereinfacht und flexibel gestaltet, um alle Kräfte auf die Realisierung des ersten Tags zu konzentrieren. Diese Strategie erwies sich einerseits als erfolgreich (der Tag wurde realisiert), öffnete andererseits Tür und Tor für interne Konflikte in der Zeit danach. Ausgerechnet der Erfolg änderte die Gruppendynamik und erhöhte den internen Wettbewerb (um bezahlte Positionen, öffentliche Aufmerksamkeit, Einfluss, Gestaltungsmöglichkeiten…). Dies ging zulasten der gemeinsamen Motivation. Die Einheit in der Vielfalt und die Vielfalt ist der Einheit ist kein harmonisches Konstrukt, sondern eine ständige Herausforderung. Um zu vermeiden, dass viele Kräfte dabei unnötig verbraucht werden, sollte Folgendes beachtet werden: a) Wenn die „Große Transformation" eine Gemeinschaftsaufgabe ist (WBGU 2011; Ginski 2016), dann reichen formelle Beteiligungsformate, in denen eine festgelegte Agenda abgearbeitet wird und Entscheidungen protokolliert werden, nicht aus. Vor allem informelle Beteiligungsformate (z. B. ein Abend am Lagerfeuer) dienen hingegen der Vertrauensbildung und -pflege. Leider wurde die Bedeutung solcher Formate im Prozess des TdgL unterschätzt – oder unter dem Leistungs- und Effizienzdruck vernachlässigt. b) In Partizipationsprozessen sind Konflikte nichts Außergewöhnliches: Bis zu einem gewissen Maß muss man sie aushalten können. Die Frage ist, wie die Gruppe mit Konflikten umgeht. In der Agora Köln wurde 2015 ein „Supervisionsteam" eingerichtet, das für das Konfliktmanagement zuständig war. c) Gemeinsame Spielregeln und eine klar definierte Arbeitsteilung dienen auch zu einer Reduktion der Belastung und einer Vorbeugung von Konflikten. Die Transformation benötigt eine *lernfähige Organisation,* die nicht in Selbstreferenzialität verharrt und allzu viele Ressourcen nur für ihre Pflege beansprucht. d) Konsens ist nicht unbedingt der beste Weg, um Frieden und Motivation in einer Gruppe aufrechtzuerhalten. Je heterogener eine Gruppe ist, desto mehr Energie und Zeit benötigt der Konsens. Oft ist er eher das Ergebnis von Ermüdung, Bequemlichkeit oder Konformitätszwang, als von einer tatsächlichen Übereinstimmung. Unter Konsenszwang können auch die Kreativität und die individuelle Eigenständigkeit erheblich leiden. Bei der Agora Köln wurden plattformübergreifende Entscheidungen (zum Selbstverständnis, den Zielen, der gemeinsamen Organisationsstruktur) teils mit qualifizierter Mehrheit teils in Konsent[21] getroffen. Innerhalb des gemeinsam definierten Rahmens genossen jedoch die einzelnen Gruppen (Themengruppen, operative Arbeitskreise, Nachbarschaften) eine gewisse Autonomie und konnten dabei auch voneinander lernen. e) Je offener eine Gruppe ist, desto schwieriger wird zielgesteuertes Arbeiten. Je offener eine Gruppe ist, desto niedriger ist ihre Verbindlichkeit. Auch bei partizipativen Prozessen stellt sich immer die Frage, wie Inklusion und Exklusion legitimiert werden. Zu solchen Fragen gibt es keine allgemeingültige Antwort, sondern nur verschiedene Philosophien und Strategien, an denen sich eine Gruppe orientieren kann (Renn 2016). f) Die Bedeutung des Zeitfaktors darf nicht unterschätzt werden. Entschleunigung sollte nicht nur als „ein Event" praktiziert werden, sondern auch im Prozess gelebt werden. Die Bildung und die Förderung von Vertrauen benötigt Zeit. Demokratische Prozesse brauchen Zeit. Reflexion braucht Zeit. Vielleicht hätte der TdgL in der ersten Phase alle zwei Jahre (statt jährlich) stattfinden sollen, um den allgemeinen Druck zu senken – und dem (Lern-)Prozess genug Raum zu lassen.

5   Ausblick

Nachhaltigkeit darf keine neue Monokultur werden, die von oben nach unten durchgesetzt wird – sondern braucht vor allem kulturelle Vielfalt und Freiräume, in denen sich die Vielfalt entfalten kann. Die Vielfalt ist nicht weit weg von uns – wir brauchen keine Fernflüge, um sie zu finden... Die Vielfalt ist oft nebenan – und gar in uns selbst. Ein gutes Leben zeichnet sich auch durch die Möglichkeit aus, die diese Vielfalt hat, sich auszudrücken und teilzuhaben – auch an der Entwicklung der Stadt.

Doch wie können Menschen dazu gebracht werden, sich zu öffnen und miteinander zu teilen – in einem Kontext, der sie zum Wettbewerb erzieht und in dem soziale Ungleichheit ständig wächst? Wie kann ein richtiges Leben im falschen entstehen? (vgl. Adorno 1969) Das ist die größte Herausforderung einer gesellschaftlichen Transformation in Richtung Nachhaltigkeit.

Dieser Text hat einen möglichen Weg gezeigt, wie man mit ihr umgehen kann. Als soziales Experiment hat der TdgL Potenziale, Grenzen und Entwicklungsmöglichkeiten eines bestimmten Transformationsansatzes gezeigt.

---

[21]Konsent ist ein Entscheidungsverfahren aus dem Organisationsmodell der *Soziokratie* (vgl. Rüther 2010). Dabei wird nicht gefragt, ob jeder zustimmt, sondern ob jemand dagegen ist. Eine bloße Missbilligung des Antrages reicht nicht aus, sondern die Ablehnung muss sich auf eine glaubwürdige Argumentation stützen.

An verschiedenen Stellen ist die Bedeutung der *Kultur* deutlich geworden. In Ehrenfeld wurde der TdgL als Pilotprojekt ermöglicht, weil dort die Konzentration der Menschen, die offene, aufgeklärte und „alternative" Werteinstellungen vertreten, höher ist. Die Tatsache, dass Bürger_innen Freiräume bekommen, bedeutet jedoch nicht unbedingt, dass sie ihr kreatives Potenzial darin ausschöpfen. Kultur drückt sich auch durch eine *Selbstzensur* aus. So wohltuend die Nachbarschaftsaktionen am TdgL auch waren, blieb ihr qualitatives Spektrum relativ begrenzt: Es gab zum Beispiel fast keine „politischen" oder „subversiven" Aktionen seitens der Anwohner_innen. Ein Kulturwandel, der den Prozess der nachhaltigen Transformation begleiten sollte, braucht eben Zeit und eine ständige kritische Selbstreflexion.

Die Transformation wird nicht gelingen, wenn der Erfolg allein an der Besucherzahl und an der Presseresonanz festgemacht wird, während die Bedeutung des Prozesses vernachlässigt wird. Aufschlaggebend ist hingegen die dauerhafte Bindung der Bürger_innen, zum Beispiel an gemeinsam definierten nachbarschaftlichen Strukturen, die nach den TdgL weitere Aufgaben übernehmen und Ideen umsetzen (z. B. politisches Forum oder Lesekreis im Wohnzimmer; Mobilitäts- und Energiewende in der eigenen Straße; solidarische Nachbarschaft). Nachbarschaften können zu Grundbausteinen einer neuen Form von Demokratie und Ökonomie werden.[22] Der TdgL kann nur dann zu einer weiteren Transformation der Stadt beitragen, wenn er nicht zum Selbstzweck (Event) verkommt, sondern ein Mittel bleibt, um Vertrauen unter den Menschen zu fördern; um ihnen die Hoffnung zu geben, dass wir gemeinsam doch noch vieles ändern können; um immer mehr Bürger_innen als Teil einer wachsenden Bewegung zu mobilisieren, in der Kräfte vereint werden, um Schritt nach Schritt die Stadt zu verändern.

Der erste Schritt ist mit der Einsicht verbunden, dass nicht nur das Auto und der Kommerz eine Infrastruktur benötigen, sondern auch die aktive Partizipation der Bürger_innen. Darum sollte sich eine gute Stadtverwaltung auch kümmern.

---

[22]In diese Richtung geht u. a. der Verein „Neustart Schweiz" (http://neustartschweiz.ch), „welcher eine neue Gesellschaftsordnung auf der Basis von Nachbarschaft propagiert. Um den Herausforderungen der Zukunft wie ‚Peak Oil, Klimawandel, ökonomische Krisen, verschwindende Lohnarbeit, Verknappung von Kulturland, Wasser und anderen Ressourcen' begegnen zu können, schlägt er die Initiierung eng vernetzter Nachbarschaften von etwa 500 Bewohnerinnen und Bewohnern vor. Durch die Versorgung mit regionalen Lebensmitteln und vielfältigen Angeboten in direkter Nachbarschaft wie einer Großküche, Restaurants, Bars, Bibliothek, Secondhand-Depot, Reparaturservice, Wäscherei, Gästehaus, Bad, Geräteverleih, Kinderparadies etc. soll das Leben lokaler, synergetischer, gemeinschaftlicher werden. Alle Nachbarn sollen dazu eine gewisse Zahl von Freiwilligen-Einsätzen leisten" (Reutlinger et al. 2015, S. 13).

Diese Infrastruktur setzt kein Wirtschaftswachstum voraus, sondern entsteht vor allem durch Umverteilung: der Lebenschancen und Gestaltungsmöglichkeiten, des urbanen Raums und der Zeit. Wie würde sich das urbane Leben verändern, wenn es in jeder Straße weniger Parkplätze für ungenutzte Fahrzeuge gäbe und dafür einen Raum, der als Treffpunkt für die jeweilige Nachbarschaft dient und von den Anwohner_innen selbst gestaltet und verwaltet wird?

Literatur

Adams, Robert (2008): *Empowerment, participation and social work*. New York: Palgrave Macmillan.

Adorno, Theodor W. (1969): *Minima Moralia*. Frankfurt: Suhrkamp.

Agora Köln (2013): *Lernende Satzung*. Online erhältlich unter: http://davidebrocchi.eu/wp-content/uploads/2015/11/2013_Lernende-Satzung-der-Agora-Köln-Stand-29.04.2013.pdf, (zuletzt abgerufen am 15. November 2015).

Agora Köln (2014a): *Tag des guten Lebens: Kölner Sonntag der Nachhaltigkeit*. Sachbericht an die Stiftung Umwelt und Entwicklung Nordrhein-Westfalen. Köln: nv.

Agora Köln (2014b): *Tag des guten Lebens: Kölner Sonntag der Nachhaltigkeit*. Ein Projekt der Agora Köln. Online erhältlich unter: http://www.agorakoeln.de/wp-content/uploads/2015/04/Tag-des-guten-Lebens_Broschuere_Screen.pdf (zuletzt abgerufen am 22. November 2015).

Agora Köln (2015): *Verkehr des guten Lebens*. Ein nachhaltiges Mobilitätskonzept für Köln. Online erhältlich unter: http://www.agorakoeln.de/wp-content/uploads/2015/11/AgoraKoeln_Verkehr-des-guten-Lebens_Lang_Screen.pdf (zuletzt abgerufen am 14. November 2015).

Bourdieu, Pierre (1983): Ökonomisches Kapital – Kulturelles Kapital – Soziales Kapital. In: Kreckel, Reinhard (Hg.): *Soziale Ungleichheiten*. Göttingen: Schwartz, S. 183–198.

Brocchi, Davide (2007): Die Umweltkrise – eine Krise der Kultur. In: Altner, Günter; Leitschuh, Heike; Michelsen, Gerd; Simonis, Udo E.; Weizsäcker, Ernst U. von (Hg.): *Jahrbuch Ökologie 2008*. München: C.H.Beck. S. 115–126.

Brocchi, Davide; Eisele, Marion (2011): *Die Ausstellung „2–3 Straßen"*. Bericht zur sozialwissenschaftlichen Begleitstudie. Online erhältlich unter: http://davidebrocchi.eu/wp-content/uploads/2015/10/2011-Die-Ausstellung-2-3-Straßen-Davide-Brocchi-und-Marion-Eisele.pdf (zuletzt abgerufen am 23.Oktober 2015).

Brocchi, Davide (2012a): *Ideen für eine zukunftsfähige Stadt*. Der Tag des guten Lebens: Kölner Sonntag der Nachhaltigkeit. Online erhältlich unter: http://davidebrocchi.eu/wp-content/uploads/2013/08/2012_koelner_sonntag_der_nachhaltigkeit.pdf (zuletzt abgerufen am 14.Oktober 2015).

Brocchi, Davide (2012b): Sackgassen der Evolution der Gesellschaft. In: Leitschuh, Heike; Gerd Michelsen; Udo E. Simonis et al. (Hg.) 2012: *Jahrbuch Ökologie 2013*: Wende überall?. Stuttgart: S. Hirzel Verlag. S. 130–136.

Brocchi, Davide (2015a): *Unsere Stadt nachhaltig bewegen*. Ein Konzept für die Agora Köln. Online erhältlich unter: http://davidebrocchi.eu/wp-content/uploads/2015/01/2015_Bewegungskonzept-Agora-Koeln.pdf (zuletzt abgerufen am 17. Oktober 2015).

Brocchi, Davide (2015b): Nachhaltigkeit als kulturelle Herausforderung. In: Steinkellner, Vera (Hg.) (2015): *CSR und Kultur*. Corporate Cultural Responsibility als Erfolgsfaktor in Ihrem Unternehmen. Berlin: Gabler. S. 41–70.

Brocchi, Davide (2015c): *Über die nachhaltige Transformation der Stadt*. Der Tag des guten Lebens 2013–2015: Auswertung eines sozialen Experiments. Köln: Eigenverlag, 2015. Online erhältlich unter: http://davidebrocchi.eu/wp-content/uploads/2015/11/2015_Ueber-die-nachhaltige-Transformation-der-Stadt1.pdf (zuletzt abgerufen am 14. Juni 2016).

B.U.N.D., EED, Brot für die Welt (Hg.) (2008): *Zukunftsfähiges Deutschland in einer globalisierten Welt*. Bonn: Bundeszentrale für politische Bildung.

Corpus Sireo Makler GmbH (2015): *City Report Wohnen*. Köln: Stadtsparkasse Köln-Bonn.

David, Martin; Leggewie, Claus (2015): *Kultureller Wandel in Richtung gesellschaftliche Nachhaltigkeit*. Arbeitspapier KW Essen: Kulturwissenschaftliches Institut.

Deutscher Städtetag (2015): *Herausforderung Flüchtlinge: Kommunen finanziell entlasten, Integration ermöglichen*. Pressemitteilung vom 29.10.2015. Köln: Deutscher Städtetag. Online erhältlich unter: http://www.staedtetag.de/presse/mitteilungen/075614/index. html (zuletzt abgerufen am 5. Februar 2016).

Eco, Umberto (1977): *Das offene Kunstwerk*. Frankfurt/Main: Suhrkamp.

Ehrenberg, Alain (2008): *Das erschöpfte Selbst: Depression und Gesellschaft in der Gegenwart*. Frankfurt/Main: Suhrkamp.

Ernst & Young GmbH (2015): *Verschuldung der deutschen Großstädte 2012 bis 2014*. Update zur EY-Kommunenstudie 2015. Stuttgart: Ernst & Young GmbH. Online erhältlich unter: http://www.ey.com/Publication/vwLUAssets/EY-verschuldung-der-deutschen-großstädte-2012-bis-2014/$FILE/EY-verschuldung-der-deutschen-großstädte-2012-bis-2014.pdf (zuletzt abgerufen am 31. Januar 2016).

Esch, Susanne (2016): „Tag der Nachbarschaften". Einen Tag lang autofreie Zone für Straßenfest. *Kölner Stadtanzeiger*, 1.5.2016. Online erhältlich unter: http://www.ksta.de/koeln/lindenthal/-tag-der-nachbarschaften–einen-tag-lang-autofreie-zone-fuer-strassen-fest-23962408 (zuletzt abgerufen am 2. Mai 2016).

Florida, Richard (2002): *The Rise of the Creative Class*. New York: Basic Books.

Frangenberg, H. (2016): Nahverkehr in Köln Stadtrat stimmt für einen Tag ohne Fahrscheine bei der KVB. *Kölner Stadtanzeiger*, 16.3.2016. Online erhältlich unter: http://www.ksta.de/koeln/nahverkehr-in-koeln-stadtrat-stimmt-fuer-einen-tag-ohne-fahrscheine-bei-der-kvb-23737748?dmcid=sm_fb (zuletzt abgerufen am 4. Mai 2016).

Frangenberg, H. (2013): Ein Fest für mehr Lebensqualität. *Kölner Stadtanzeiger*, 16.9.2013. Online erhältlich unter: http://www.ksta.de/debatte/kommentar-zum-autofreien-sonntag-ein-fest-fuer-mehr-lebensqualitaet,15188012,24334824.html (zuletzt abgerufen am 10. September 2016).

Friedrichs, Jürgen; Triemer, Sascha (2008): *Gespaltene Städte?* Soziale und ethnische Segregation in deutschen Großstädten. Wiesbaden: VS Verlag für Sozialwissenschaften.

Fücks, Ralf (2011): Der Moloch erfindet sich neu. In: *politische ökologie*, 124. S. 16–22.

Geiling, Heiko. (2015): Soziales Milieu und Nachbarschaft. In: Reutlinger, Christian; Stiehler, Steve; Lingg, Eva (Hg.): *Soziale Nachbarschaften*. Wiesbaden: Springer Fachmedien Wiesbaden. S. 209–218

Gerz, Jochen et al. (Hg.) (2011): *2–3 Straßen*: Text. Köln: Dumont.

Ginski, Sarah (2016): *Die Vielfalt der Akteure und die Vielfalt der Kommunikation*. Zwischen und mit vielen Akteuren Stadtentwicklung gestalten. Vortrag im Rahmen des Workshops „Partizipation als Trumpf?!", 29.2.-1.3.2016, Kulturwissenschaftliches Institut (KWI) Essen.

Grießhammer, Rainer; Brohmann, Bettina (2015): *Wie Transformationen und gesellschaftliche Innovationen gelingen können*. Freiburg: Öko-Institut e.V.. Online erhältlich unter: http://www.oeko.de/oekodoc/2323/2015-494-de.pdf (zuletzt abgerufen am 29. Januar 2016).

Hamm, Bernd (1973): *Betrifft*: Nachbarschaft. Düsseldorf: Bertelsmann.

Hamm, Bernd (2006): *Die soziale Struktur der Globalisierung*. Berlin: Homilius.

Harvey, David (2013): *Rebellische Städte*. Berlin: Suhrkamp.

Heims, Hans-Jörg (2010): Kölner Klüngel: Echte Fründe und dicke Pfründe. *Süddeutsche Zeitung*, 17.5.2010. Online erhältlich unter: http://www.sueddeutsche.de/politik/koelner-kluengel-echte-fruende-und-dicke-pfruende-1.58695 (zuletzt abgerufen am 7. November 2015).

Helfrich, Silke; Kuhlen, Rainer; Sachs, Wolfgang et al. (2009): *Gemeingüter* – Wohlstand durch Teilen. Berlin: Heinrich Böll Stiftung.

Helfrich, Silke (2011): Gemeingüter sind nicht, sie werden gemacht. In: Ostrom, Elinor (Hg.): *Was mehr wird, wenn wir teilen*. Vom gesellschaftlichen Wert der Gemeingüter. München: Oekom Verlag. S. 11–19.

Hüllemann, Ulrike; Brüschweiler, Bettina; Reutlinger, Christian (2015): Räumliche Aspekte von Nachbarschaft – eine Vergewisserung. In: Reutlinger, Christian; Stiehler, Steve; Lingg, Eva (Hg.) (2015): *Soziale Nachbarschaften*. Wiesbaden: Springer Fachmedien Wiesbaden. S. 23–33.

Kreikebaum, Uli (2012): Bürger erobern die Stadt zurück. *Kölner Stadtanzeiger*, 2.11.2012. Online erhältlich unter: http://www.ksta.de/koeln/autofreier-sonntag-buerger-erobern-die-stadt-zurueck,15187530,20773944.html. (zuletzt abgerufen am 26.Oktober 2015).

Krytyka Polityczna; European Cultural Foundation (ed.) (2015): *build the city*. Amsterdam/Warsaw: European Cultural Foundation / Krytyka Polityczna.

Kurt, Hildegard; Wagner, Bernd (Hrsg.) (2002): *Kultur – Kunst – Nachhaltigkeit*. Essen: Klartext.

Latouche, Serge (1994): *Die Verwestlichung der Welt*. Frankfurt/Main: dipa.

Luhmann, Niklas (1989): *Vertrauen*. Ein Mechanismus der Reduktion von Komplexität. Stuttgart: Enke.

Maier, Tobias (2015): *Zum Tag des guten Lebens* – Transkription des Interviews am 20.10.2015 mit Jürgen Schaden-Wargalla (Besitzer Atelier Colonia, nachbarschaftliche Perspektive) und des Interviews am 26.10.2015 mit Josef Wirges (Bezirksbürgermeister Ehrenfeld, politische Perspektive). Köln: nv.

Mauss, Marcel (1990): *Die Gabe*. Die Form und Funktion des Austauschs in archaischen Gesellschaften. Frankfurt/Main: Suhrkamp.

Müller, Christa (Hg.) (2011): *Urban Gardening*. Über die Rückkehr der Gärten in die Stadt. München: oekom.

Niejahr, Elisabeth (2012): Nachbarschaftshilfe: Das Netzwerk nebenan. In: Reutlinger, Christian; Stiehler, Steve; Lingg, Eva (Hg.): *Soziale Nachbarschaften*. Wiesbaden: Springer Fachmedien Wiesbaden. S. 61–68.

Ostrom, Elinor (1999): *Die Verfassung der Allmende*. Jenseits von Staat und Markt. Tübingen: Mohr Siebeck.

Ostrom, Elinor (2011): *Was mehr wird, wenn wir teilen*. München: oekom.

Paech, Niko (2012): *Befreiung vom Überfluss*. Auf dem Weg in die Postwachstumsökonomie. München: oekom.

Poma, M. (2011): *Vivir Bien* ("Gut leben"): Zur Entstehung und Inhalt des "Guten Lebens". Portal Amerika21.de, 25.11.2011. Online erhältlich unter: http://amerika21. de/analyse/42318/vivir-bien (zuletzt abgerufen am 29. März 2013).

Renn, Ortwin (2016): *Partizipation im Kontext der großen Transformation*. Vortrag im Rahmen des Workshops „Partizipation als Trumpf?!", 29.2.-1.3.2016, Kulturwissenschaftliches Institut (KWI) Essen.

Reutlinger, Christian; Stiehler, Steve; Lingg, Eva (Hg.) (2015): *Soziale Nachbarschaften*. Wiesbaden: Springer.

Rüther, Christian (2010): *Soziokratie*. Ein Organisationsmodell. Grundlagen, Methoden und Praxis. Online erhältlich unter: http://soziokratie.org/wp-content/uploads/2011/06/ soziokratie-skript2.7.pdf (zuletzt abgerufen am 10. März 2016).

Schaden-Wargalla, Jürgen (2015): *Interview zum Tag des guten Lebens*. Transkription von Tobias Maier. Köln: nv.

Schenkel, Werner (2002): Kultur, Kunst und Nachhaltigkeit? In: Kurt, Hildegard (Hg.): *Kultur – Kunst – Nachhaltigkeit*. Die Bedeutung von Kultur für das Leitbild nachhaltige Entwicklung. Essen: Klartext-Verl. (Dokumentation / Kulturpolitische Gesellschaft e. V, 57). S. 31–42.

Schindler, Jörg; Held, Martin (2009): *Postfossile Mobilität*. Bad Homburg: VAS.

Schneidewind, Uwe (2014): Urbane Reallabore – ein Blick in die aktuelle Forschungswerkstatt. In: *pnd-online*, III/2014. Aachen: RWTH. Online erhältlich unter: http:// www.planung-neu-denken.de/images/stories/pnd/dokumente/3_2014/schneidewind.pdf. (zuletzt abgerufen am 31.Januar 2016).

Schneidewind, Uwe; Singer-Brodowski, Mandy (2014): *Transformative Wissenschaft*. Marburg: Metropolis.

Sommer, Bernd; Welzer, Harald (2014): *Transformationsdesign*. Wege in eine zukunftsfähige Moderne. München: oekom.

Stadt Köln (2013): *Statistisches Jahrbuch Köln 2013*. Köln: Stadt Köln. Online erhältlich unter: http://www.stadtkoeln.de/mediaasset/content/pdf15/statistisches_jahrbuch_ k%C3%B6ln_2013.pdf (zuletzt abgerufen am 6. November 2015)

Statistisches Bundesamt (2014): *Integrierte Schulden der Gemeinden und Gemeindeverbände*. Wiesbaden: Statistisches Bundesamt. Online erhältlich unter: http://www.statistikportal.de/statistik-portal/Schulden_2012.pdf (zuletzt abgerufen am 25. Oktober 2015).

Steigels, Christian (2012): Der Buschkowsky von Ehrenfeld. *Stadtrevue*, 5/2012. Online erhältlich unter: http://www.stadtrevue.de/archiv/archivartikel/2678-der-buschkowsky-von-ehrenfeld (zuletzt abgerufen am 25. Oktober 2015).

Tiddens, Harris C. M. (2014): *Wurzeln für die lebende Stadt*. München: oekom.

WBGU (2011): *Welt im Wandel*. Gesellschaftsvertrag für eine Große Transformation. Berlin: WBGU.

Welsch, Wolfgang (2003): *Ästhetisches Denken*. Stuttgart: Reclam.

Welzer, Harald; Wiegand, Klaus (Hrsg.) (2011): *Perspektiven einer nachhaltigen Entwicklung*. Frankfurt/Main: S. Fischer.

Wilberg, Bernd (2015): Politik unter Schock. In: *StadtRevue*, 11/2015, 6–7. Online erhältlich unter: http://www.stadtrevue.de/archiv/archivartikel/7441-politik-unter-schock/ (zuletzt abgerufen am 25. Oktober 2015).

Über den Autor

Davide Brocchi, Dipl.-Soz. und Publizist (geb. 1969, Rimini), lebt in Köln, ist als Lehrbeauftragter und Nachhaltigkeitsaktivist freiberuflich tätig. Der Fokus seiner theoretischen und praktischen Aktivitäten liegt in der kulturellen Dimension der Nachhaltigkeit, in der Bildung unkonventioneller Bündnisse für Nachhaltigkeit sowie in partizipativ angelegten Transformationsprozessen. Darüber hat er verschiedene Aufsätze veröffentlicht und promoviert am Institut für Medien- und Kulturwissenschaft der Universität Düsseldorf. Neben Sozialwissenschaften studierte er Philosophie, unter anderem bei Prof. Umberto Eco an der Universität Bologna. Brocchi setzt sich für einen Wandel in Richtung Nachhaltigkeit auch durch Kulturprojekte und „soziale Experimente" ein. Unter anderem initiierte er das „Festival der Kulturen für eine andere Welt" (2003, Düsseldorf) und den jährlich stattfindenden „Tag des guten Lebens: Kölner Sonntag der Nachhaltigkeit" (ab 2013, Köln). Weitere Info: http://davidebrocchi.eu.

Teil III

Intervenieren und Experimentieren – Promotoren und Praktiken

Change Agents in gesellschaftlichen Veränderungsprozessen

Kora Kristof

1 Was sind die großen Herausforderungen für gesellschaftliche Veränderungen

Ressourcenleicht, immissionsneutral, gerecht — das sind zentrale Ziele der anstehenden großen Veränderungen, wenn wir die Belastungsgrenzen des Systems Erde, das Wohlergehen aller Menschen und die Idee einer globalen und generationenübergreifenden Gerechtigkeit ernst nehmen (z. B. Rockström et al. 2009; Jackson 2009; WBGU 2011; Daschkeit et al. 2013). Tab. 1 zeigt Ziele, die für ein nachhaltiges Deutschland 2050 zentral sind. In den Nischen gibt es schon heute viele interessante Nachhaltigkeitslösungen. Mainstream werden sie aber nur, wenn Nachhaltigkeit auch die Herzen und Bäuche der Menschen erreicht und so auch im Alltag ankommt – sei es beim Konsum, in der Arbeit oder beim Umgang mit und dem Anlegen von Geld. Nur so können die anspruchsvollen Ziele auch erreicht werden.

2 Warum das „Was soll sich verändern" und das „Wie können wir erfolgreich sein" wichtig sind

Zwar wissen wir inzwischen in vielen Bereichen relativ genau, was getan und verändert werden muss oder was die entscheidenden Hebel im Teilsystem sind („Was soll sich ändern"). Wesentlich weniger wissen wir über Erfolgsbedingungen, wie

K. Kristof (✉)
Umweltbundesamt, Dessau, Deutschland
E-Mail: Kora.Kristof@uba.de

© Springer Fachmedien Wiesbaden GmbH 2017
J.-L. Reinermann und F. Behr (Hrsg.), *Die Experimentalstadt,*
DOI 10.1007/978-3-658-14981-9_9

Tab. 1 Ziele für ein nachhaltiges Deutschland 2050. (Quelle: eigene Zusammenstellung)

Zielfeld	Ziele
„Ressourcenleicht"	
Verbrauch natürlicher Ressourcen (ohne Wasser & Fläche)	Absolute Reduktion der Inanspruchnahme der Primärrohstoffe um den Faktor 10 auf 4–6 t TMC/pro Jahr und Kopf
Nicht-erneuerbare Rohstoffe	Möglichst weitgehende Schließung der Kreisläufe Möglichst hochwertige und mehrstufige Kaskadennutzung
Wasserentnahme	Keine Entnahme von fossilem Grundwasser (blaues Wasser) Entnahme Grundwasser kleiner als Grundwasser-Neubildung (grünes Wasser) Import virtuellen Wassers nur in für aride Gebiete regional verträglichem Maß
Nachwachsende Rohstoffe (ohne Fläche)	0 % Überschreitung der Regenerationsfähigkeit unter Erhalt der Ökosystemdienstleistungen
Inanspruchnahme und Zersiedelung von Landflächen	Zusätzliche Inanspruchnahme im Inland für SuV-Fläche sowie Rohstoffgewinnung auf 0 ha/Tag reduzieren Keine neue Flächeninanspruchnahme im Ausland verursachen Grünflächenanteil in Städten >200 qm/Kopf (incl. Dach- und Fassadenbegrünungen) Keine Bodendegradation (zero net land degradation) im In- und Ausland
Erhalt Biodiversität und Bewahrung der Vielfalt der Ökosystemleistungen	100 % der Fläche sind vor Eutrophierung geschützt > 10 % der Fläche Deutschlands Naturschutzgebiete (inkl. Vernetzung) > 25 % der landwirtschaftlichen Fläche nach den Grundsätzen ökologische Landwirtschaft bewirtschaftet > 10 % der Waldfläche für die natürliche Waldentwicklung

(Fortsetzung)

Tab. 1 (Fortsetzung)

„Immissionsneutral"

Reduktion Schadstoffemissionen	Phasing out: Keine Emissionen akkumulierender langlebiger Stoffe (POPs) und für Umwelt und Menschen hoch toxische oder hormonell wirkende Stoffe (v. a. PBT, CMR) aus Produktion & Anwendung (Ausnahme: unverzichtbare, nicht substituierbare Arzneimittel) Flächendeckende Einhaltung der Critical Loads für Versauerung und Eutrophierung und der Critical Levels für Ozon Ausschleusen schädlicher Substanzen wie Quecksilber, Kadmium oder persistente organische Schadstoffe aus der Biosphäre
Klimawirksame Gase	Einhaltung des 2° Zieles => d. h. pro Kopf und Jahr nicht mehr als ca. 1 Tonne CO_2-Äquivalente bis 2050
Reaktiver Stickstoff aus Landwirtschaft & Verbrennungsprozessen (Motoren, Industrie)	Reduktion um 75 % Begrenzung auf 30 kg N/ha/a auf Agrarflächen (Hoftorbilanz)
Lärm	Maximale Lärm-Pegelwerte von 45 dB(A) am Tag und 40 dB(A) nachts

(Ökologisch und sozial) gerecht

Kostenwahrheit	Vollständige Internalisierung externer Kosten (d. h. Umwelt- & Gesundheitsrisiken) und Belastung der Ressourcen- und Senkennutzung
Verursacherprinzip	Verursacherprinzip bzw. des Gemeinlastprinzips, wenn Verursacher nicht mehr zur Verantwortung zu ziehen sind
Gemeingüter & öffentliche Güter	Keine Übernutzung der Gemeingüter und der öffentlichen Güter
Problemverlagerung	Keine Verlagerung ökologischer und sozialer Belastung auf künftige Generationen und in andere Regionen
Verteilungswirkung	Keine Benachteiligung sozial schlechter gestellter Gruppen durch verbleibende Umweltbelastungen
Zugang & Teilhabe	Existenzsicherung & angemessener Zugang und Teilhabe zu natürlichen Ressourcen und am wirtschaftlichen, sozialen & kulturellen Leben
Entscheidungsprozesse	Teilhabe an (umweltrelevanten) Entscheidungsprozessen

dieser (teilweise) schon stattfindende systemische Wandel unterstützt, stimuliert, erfolgreich gestaltet und dauerhaft verankert werden kann (vgl. auch den Beitrag von Björn Ahaus in diesem Buch). Gerade in einer Zeit des Umbruchs stellt sich außerdem verstärkt die Frage: „Was sind die zentralen Erfolgsfaktoren für gesellschaftliche Veränderungen?". Gesellschaftliche Umbrüche sind oft so komplex, dass einfache Vorstellungen zu den Zusammenhängen zwischen Ursache und Wirkung versagen. Um sich trotzdem in einer unübersichtlichen Welt orientieren und wirken zu können, wollen Menschen Veränderungsprozesse verstehen. Deshalb entwickeln die Wissenschaften, aber auch Menschen im Alltag implizit Modelle. Diese helfen, aus der Flut von Informationen zu unterschiedlichen Veränderungsprozessen immer wiederkehrende Muster herauszufiltern und daran das eigene Handeln auszurichten. Trotz Unterschieden ziehen sich durch die Modelle gemeinsame Erkenntnisse und daraus ableitbare zentrale Erfolgsfaktoren. Wenn man diese ernst nimmt, können sie Wege zum Wandel ebnen (Alexander et al. 2011; Ernst et al. 2015; Grießhammer et al. 2015; Heinecke et al. 2013; Kristof 2010a, b; Loske 2012; Rasmussen 2013; Rotmans und Loorbach 2009; Rückert-John et al. 2014; Schneidewind und Singer-Brodowski 2013; Smart CSOs 2011; Sommer und Welzer 2014; WBGU 2011; Kny et al. 2014).

3 Zentrale Erfolgsbedingungen für Transformations- bzw. Veränderungsprozesse

Zentrale Erfolgsfaktoren können zwar identifiziert werden. „Kochrezepte" kann es nicht geben, da Veränderungsprozesse komplex und dynamisch sind. Die Erfolgswahrscheinlichkeit steigt aber, wenn die im Folgenden vorgestellten zentralen Erfolgsfaktoren im Auge behalten werden (Kristof 2010a, b).

3.1 Erfolgreich mit komplexen, interaktiven und dynamischen Systemen umgehen

Gesellschaftliche Umbrüche sind oft so komplex, dass einfache Vorstellungen zu den Zusammenhängen zwischen Ursache und Wirkung versagen. Deshalb greifen Veränderungsversuche oft zu kurz und die Verantwortlichen aus Politik, Unternehmen oder anderen gesellschaftlichen Bewegungen verfehlen den erwünschten Erfolg. Wenn das Verständnis des Gesamtzusammenhangs fehlt, können sich außerdem auf den ersten Blick positive Veränderungen langfristig oder im Gesamtsystem negativ auswirken.

Sowohl die konkrete Veränderung („Was soll sich verändern") als auch der Weg zu erfolgreichen Veränderungen (Metaebene; „Wie erfolgreich verändern") sind hoch-komplex, interaktiv und dynamisch. Für beide Ebenen gibt es Antworten.

Modelle über erfolgreiche Wege zum Wandel und deren zentrale Erfolgsbedingungen sind die Antwort auf der Metaebene, da Modelle die Komplexität reduzieren und die Fokussierung auf die wichtigsten Erfolgsbedingungen ermöglichen.

Wichtige Antworten für den Umgang mit Veränderungen von hoch-komplexen, interaktiven und dynamischen Systemen sind:

- Vermeidung von Irreversibilität, Fehlertoleranz, Korrekturfreundlichkeit mit dem Ziel: Risiken von Fehlern zu mindern, da umkehrbare Lösungen es erlauben, flexibler auf unbeabsichtigte Wirkungen zu reagieren und auftretende Probleme besser in den Griff zu bekommen
- Resilienz, iteratives Vorgehen & Lernen mit dem Ziel: die Pufferkapazität zu erhöhen und Fehler durch das aufgespannte „Sicherheitsnetz" abzufedern
- Abwägen von Risiken & Kipppunkten, Szenarien/Modellierung mit dem Ziel: Risiken zu erkennen und Optionen und ihre Wirkung klarer zu machen

3.2 Akteure erreichen und proaktiver Umgang mit Widerständen

3.2.1 Akteure erfolgreich einbinden und beteiligen

Gesellschaftliche Veränderungen werden von Menschen angestoßen und vorangetrieben (Change Agents). Menschen sind auch die Adressaten von Veränderungsideen. Gesellschaftliche Veränderungen setzen sich zwar aus den Veränderungen einzelner Individuen zusammen, folgen aber eigenen Gesetzmäßigkeiten, da sie nicht unabhängig voneinander sind. Die Beteiligten reagieren aufeinander und beeinflussen sich gegenseitig. Den Beteiligten ist meist nur ein kleiner Teil der in Veränderungsprozessen wirksamen Einflussgrößen bewusst. Und selbst dieser Teil wird oft nicht öffentlich diskutiert. Dieser Ausgangslage müssen sich die Change Agents bewusst sein, wenn sie aktiv werden wollen.

Um erfolgreich zu sein, müssen die Change Agents die *vier Rollen des Promotorenmodells* ausfüllen können:

- Auf Fachpromotorenebene ist vor allem Fachkompetenz notwendig, um Veränderungsprozesse anzustoßen, konkrete Lösungen für die Veränderungsidee zu entwickeln, Probleme zu lösen und die Umsetzung voranzubringen.
- Die Prozesspromotorenebene kombiniert Fach- und Führungskompetenz, um Probleme zu definieren, Veränderungsprozesse zu gestalten und dabei mit den Beteiligten zu kommunizieren.
- Auf der Machtpromotorenebene verbinden sich Führungskompetenz und Einflussmöglichkeiten mit der Möglichkeit, personelle und finanzielle Ressourcen zu erschließen, die für den Veränderungsprozess genutzt werden können, um Veränderungsprozesse damit zu initiieren und deren Erfolg zu fördern.
- Über die Beziehungspromotorenebene wird Beziehungskompetenz eingebracht. Zentral ist dabei, die für den Veränderungsprozess relevanten Netzwerke zu kennen, sich im komplexen Beziehungsgeflecht der Beteiligten erfolgreich zu bewegen und die Kompetenz, Konflikte erfolgreich beizulegen.

Die vier Rollen müssen ausgefüllt werden, sie müssen aber weder einzelnen Personen zugeordnet sein noch formalisiert werden. Change Agents mit unterschiedlichen Qualifikationsprofilen können sich gut ergänzen, wenn sie ihre unterschiedlichen Stärken gezielt einsetzen und die Schwächen der anderen Change Agents ausgleichen. Um die vier Promotorenrollen ausfüllen zu können, aber auch um den zeitlichen Anforderungen und den Widerständen – oft auch über einen längeren Zeitraum – standhalten zu können, müssen genügend Change Agents gemeinsam aktiv sein. Zeigt sich in einem Veränderungsprozess, dass wichtige Kompetenzen fehlen oder die von Change Agents ausgelöste Dynamik nicht ausreicht, müssen gezielt weitere Change Agents „angeworben" werden.

Die vielfältigen Anforderungen der vier Promotorenrollen zeigen, dass die *Qualifikationen der Change Agents* ein wesentlicher Erfolgsfaktor für Veränderungsprozesse sind. Da die Qualifikationsprofile von Menschen unterschiedlich sind, sind Change Agents nicht bei allen Aufgaben, in allen Situationen eines Veränderungsprozesses und bei allen Rahmenbedingungen gleich erfolgreich. Konsequenz ist, dass manchmal neue Change Agents notwendig sind, um weiter erfolgreich zu sein, wenn eine Veränderung eine neue Qualität bekommt, in eine neue Phase eintritt oder sich die Rahmenbedingungen wesentlich verändert haben.

Die Anforderungen an die Veränderungskompetenz der einzelnen Change Agents umfassen sowohl inhaltliches Faktenwissen als auch Qualifikationen für die Gestaltung von Veränderungsprozessen und sie können fünf Hauptpunkten zugeordnet werden: die Change Agents müssen wissen, wo sie warum hin wollen, sie müssen Spaß am Verändern haben, den Kontakt mit anderen Menschen gut und gerne gestalten, Wirkung entfalten können und das notwendige Fach- und Prozesswissen mitbringen. Change Agents müssen untereinander und nach außen gut vernetzt sein, um ihre Verhandlungsposition zu verbessern und immer gut informiert zu sein. So ist auch zu vermeiden, „das Rad nicht immer wieder neu erfinden zu müssen".

Change Agents sollten ihre Aktivitäten so auswählen, dass sie mit den zur Verfügung stehenden Ressourcen möglichst viel dazu beitragen, die gesteckten Ziele zu erreichen. Sie sollten sich also an *Effektivität und Effizienz* orientieren. Die Einflussmöglichkeiten steigen, wenn Change Agents die notwendige Unterstützung durch wichtige Entscheidungsträger und Multiplikatoren sichern oder wenn sie sich durch externe Expert/-innen unterstützen lassen. Diese können fehlende Kompetenzen ersetzen und wirken in manchen Situationen auch überzeugender. Oft ist es auch hilfreich, gezielt neue Change Agents einzubinden, die an für den Veränderungsprozess wichtigen Schlüsselstellen sitzen.

3.2.2 Orientierung im komplexen Akteursnetzwerk

Change Agents müssen sich souverän und würdigend im Akteursnetzwerk bewegen können, um die für ihre Veränderungsidee wichtigen Akteure auch erfolgreich ansprechen und gewinnen sowie sich orientieren zu können. Sie müssen dabei auch mit strategischem und taktischem Verhalten rechnen und es erkennen.

Wer das Akteursnetzwerk gut kennt, kann gezielt die direkte Zielgruppe auswählen, die er erreichen kann und die für die Veränderungsidee offen sein könnte. Weitere Akteure sind wichtig, wenn sie „Engpassfaktor" für die Veränderungsidee sind, da sie aktive Gegner mit Einfluss sind oder da sie wichtige Entscheidungsträger oder Multiplikatoren sind, die den Veränderungsprozess unterstützen könnten.

Change Agents müssen sich auf direkt Betroffene oder offizielle Stakeholder in Veränderungsprozessen ganz anders einstellen als auf potenzielle Gegner oder Unterstützer mit anderen, mehr oder minder anschlussfähigen Zielen. Medien und andere wichtige Multiplikatoren ohne direkte eigene Interessen im Veränderungsprozess können manchmal gewonnen werden, den Wandel zu unterstützen. Zumindest sollte durch die Gestaltung des Veränderungsprozesses aber vermieden werden, dass sie zu aktiven Gegnern werden.

Change Agents sollten sich während des ganzen Veränderungsprozesses bewusst sein, dass sich das Akteursfeld auch verändert. Neue Akteure können dazukommen oder Positionen der Beteiligten können sich ändern. Auch die eigene Rolle ist immer wieder kritisch zu reflektieren.

3.2.3 Proaktiver Umgang mit Widerständen und (Interessens-)Konflikten

Widerstände in Veränderungsprozessen sind für die meisten Menschen ein Ärgernis. Erfolgreiche Change Agents wissen aber, dass Widerstände ihnen helfen, bessere Lösungen für ihre Veränderungsidee zu entwickeln, die Menschen und ihre guten Ideen einzubinden sowie den Veränderungsprozess besser zu gestalten. Kurz gesagt: *Widerstände sind wichtig für erfolgreichen Wandel.* Mit Widerständen lässt sich wesentlich entspannter umgehen, wenn man weiß, dass man als Change Agent dieselben Verhaltensmuster hat wie die anderen Beteiligten. Man ist in der Veränderung nur schon einen Schritt weiter.

Ernst zu nehmende Vorbehalte gegen die vorgeschlagene Lösung sollten immer aufgegriffen werden. Dadurch kann sie verbessert und damit anschlussfähiger werden. Auch die sich aus der Veränderung ergebenden Probleme sollten gemeinsam mit den Betroffenen gelöst werden. Konkrete Angebote zur *Begleitung im Veränderungsprozess* sind dabei oft hilfreich. Wenn die Vorbehalte nicht vollständig abgebaut und die Probleme der Zielgruppe nur teilweise gelöst werden können, sollten die Change Agents damit offen umgehen.

Welcher Anteil der Zielgruppe am Ende des Veränderungsprozesses überzeugt sein muss, hängt von der jeweiligen Veränderungsidee und den Rahmenbedingungen ab. Wichtig ist, dass die Change Agents Wege finden, die Umsetzung nicht an den dann noch verbliebenen Gegnern scheitern zu lassen. Personen, die nicht in den Veränderungsprozess einzubinden oder nicht zu überzeugen sind, sollten deshalb soweit möglich in ihren veränderungshemmenden Handlungsmöglichkeiten begrenzt werden. Dies ist aber in unterschiedlichen Zusammenhängen nicht gleich leicht umsetzbar. Die der Veränderung entgegenstehenden Interessengruppen sind in politischen Prozessen meist auch nach der Einführung der neuen Lösung noch aktiv – oft anders als in Unternehmen oder anderen Organisationen. Gut organisierte Gegner können die Stabilität der Veränderung längerfristig gefährden, auch wenn die Umsetzung zunächst geglückt ist. Um dem zu erwartenden Gegenwind erfolgreich zu trotzen, kann eine Veränderung der Rahmenbedingungen hilfreich sein. Sei es beispielsweise durch Gesetze oder auch durch Institutionen, die die neue Lösung stützen.

3.3 Attraktive Veränderungsideen und tragfähige Lösungsvorschläge

Wenn Probleme auftreten oder bessere Lösungen aus anderen Zusammenhängen entdeckt werden, wächst die Erkenntnis, dass sich etwas ändern muss. Potenzielle Change Agents entwickeln daraus meist gemeinsam Visionen und erste Veränderungsideen. Dabei erwächst aus der Begeisterung für die Idee oft auch die Zuversicht, dass man eine Veränderung auch schaffen kann. Sowohl die Veränderungsidee als auch die Vorschläge zu ihrer Umsetzung müssen auf die Akteure, die zu lösenden Probleme, die konkrete Ausgangslage und die Rahmenbedingungen abgestimmt werden.

Change Agents müssen sich bewusst sein, dass oft mehrere Wege zur Lösung eines Problems führen können. Außerdem ist nicht immer klar, welche die beste Lösung oder auch die mit der höchsten Umsetzungswahrscheinlichkeit ist. Einstellen müssen sich alle Beteiligten auch darauf, dass sich die Veränderungsidee und die vorgeschlagenen Lösungen meist im Verlauf des Veränderungsprozesses verändern werden. Die Vorstellungen und Kompetenzen der Zielgruppe und weiterer Akteure fließen ein. Außerdem müssen oft auch Kompromisse wegen unterschiedlicher Interessen gefunden werden.

Die Change Agents stehen damit vor folgender Aufgabe: Am Anfang des Veränderungsprozesses muss sich eine *mitreißende Veränderungsidee* mit ersten Vorschlägen für Lösungen verbinden, die eine *erste Vorstellung* geben, wie die konkrete Umsetzung aussehen könnte. Die Lösungen brauchen nicht vollständig ausgereift zu sein, aber ihre Kontur muss klar erkennbar sein. Um leicht aufgegriffen zu werden, sollte der Teil der Veränderungsidee ins Zentrum gerückt werden, der möglichst nah am Zeitgeist und den damit verbundenen Leitbildern ist. Die Change Agents sollten im sich anschließenden Verständigungsprozess die *Ideen der anderen Akteure aktiv aufgreifen* und sich nicht auf die von ihnen selbst vorgeschlagenen Lösungen versteifen. Die Lösungen können gemeinsam Schritt für Schritt weiterentwickelt werden. Wenn sich die Change Agents dabei an ihren übergreifenden Zielen orientieren, wird die Grundidee der Veränderung nicht aus den Augen verloren. In vielen Fällen können auch Pilotprojekte gut für *Verbesserungsprozesse* genutzt werden.

Die dabei auftretenden *Widerstände* sind ein Indikator für Verbesserungspotenziale der Veränderungsidee und der vorgeschlagenen Lösungen. Positiv damit umzugehen, ist ein entscheidender Erfolgsfaktor. Die Probleme können aber nicht nur an der Veränderungsidee und den dafür diskutierten Lösungen liegen, sondern auch darin, wie der Veränderungsprozess gestaltet ist, oder an Konflikten der Beteiligten mit ganz anderem Hintergrund oder unterschiedlichen Interessen. Die Ursachen für die Widerstände zu ergründen, ist deshalb eine wichtige Aufgabe für Change Agents, um nicht an der falschen Stelle anzusetzen.

Technische Innovationen sind einerseits oft Treiber von Veränderungsprozessen und andererseits oft auch die Voraussetzung für die Umsetzung von angedachten Veränderungen. Sie sind aber immer eingebettet in soziale Routinen und einen politischen und gesellschaftlichen Rahmen. Deshalb sind *technische Innovationen erfolgreich zusammenzubringen mit sozialen, systemischen und Governance Innovationen.* Die Veränderungsprozesse sind daran auszurichten.

3.4   Erfolgsfaktoren für Prozesse und Zeitaspekte

3.4.1 Veränderungsprozesse professionell gestalten und Rahmenbedingungen

Erfolgreiche gesellschaftliche Veränderungsprozesse werden wahrscheinlicher, wenn die Change Agents folgende *Elemente* in den Prozess einbinden:

- Analyse der Ausgangslage und der Veränderungsoptionen jeweils in den systemaren Zusammenhängen,
- Beteiligung, um die Lösung zu verbessern und um die Zielgruppe und andere wichtige Akteure auf Augenhöhe einzubinden,
- Szenarien, um die Konsequenzen der vorgeschlagenen Lösungen in der Zukunft abschätzen zu können und daraus abzuleiten, wann welcher Schritt zur Umsetzung zu gehen ist,
- Zwischenziele oder Pilotprojekte, die frühzeitige Erfolge ermöglichen, um die Beteiligten zu bestärken und um auch Außenstehenden zu zeigen, dass die Umsetzung erfolgreich vorankommt,
- Monitoring, um laufend den erreichten Erfolg bewerten, mit den gesetzten Zielen vergleichen und den Veränderungsprozess – wenn nötig – entsprechend anpassen zu können,
- Begleitung des gesamten Veränderungsprozesses bis zu dem Punkt, an dem die täglichen Routinen sich geändert haben, die gesetzlichen Rahmenbedingungen angepasst wurden oder (neue) Institutionen sich um die Umsetzung kümmern,
- Ausstattung des Veränderungsprozesses mit den für einen Erfolg notwendigen Ressourcen: entsprechend qualifizierte Change Agents, aber auch ausreichende finanzielle und zeitliche Ressourcen.

Die *politischen Rahmenbedingungen* bestimmen die Erfolgschancen der Veränderungsideen. Sie können sie auslösen oder fördern, behindern oder aber über ihre Anpassung die Veränderung auch sichern helfen. Wandel ist immer auch verbunden mit Veränderungen in den Köpfen – eine in vielen Veränderungsprozessen mit fatalen Folgen für ihren Erfolg vernachlässigte Erkenntnis. Wichtig ist deshalb eine *veränderungsfreundliche Kultur,* in der die Menschen Veränderungen grundsätzlich positiver gegenüberstehen und in der sie in Veränderungsprozessen auch die nötige Unterstützung erhalten. Change Agents, die Betroffenen und auch weitere unterstützende Akteure sind dabei gleichermaßen gefordert, eine veränderungsfreundliche Kultur zu schaffen. Über *Lernprozesse* können Kompetenzen zur Gestaltung von Veränderungsprozessen aufgebaut werden. Außerdem werden Denkstrukturen und Verhaltensweisen über Lernprozesse verändert. In jedem Veränderungsprozess sollten die Change Agents deshalb auch Zeit und andere Ressourcen einplanen, um eine positive Veränderungskultur aufbauen und um Lernprozesse zu den Veränderungskompetenzen bei allen Beteiligten unterstützen zu können.

3.4.2 Proaktiver Umgang mit Zeitaspekten

Timing in Veränderungsprozessen
Die Phasenmodelle aus Wissenschaft und Praxis bilden lediglich die Grundvorstellungen des jeweils zugrunde liegenden Leitbildes für Veränderungsprozesse ab. Die Phaseneinteilung hat darüber hinaus für die Zeitplanung eines Veränderungsprozesses in der Praxis keinen eigenen Erklärungswert. Auch die neueren Modelle mit ihrer Erkenntnis, dass die einzelnen Phasen sich überlagern und unterschiedliche Stränge des Veränderungsprozesses zeitlich eng verschränkt sind, sind für die Praxis noch nicht nutzbar.

Erfolgreiche Veränderungsprozesse werden aber wahrscheinlicher, wenn die Change Agents Vorstellungen über die zeitlichen Strukturen entwickeln und sich gleichzeitig bewusst sind, dass diese nur begrenzt beschreibbar sind. Damit ist die *Zeitplanung* nur eine Annäherung, die laufend korrigiert werden muss. Mitzudenken sind dabei die zeitlichen Überlappungen, da die Abläufe miteinander untrennbar verknüpft sind.

Die geeignete *Prozessgeschwindigkeit* hängt vom Veränderungsziel, den Zeitvorstellungen und der Veränderungsgeschwindigkeit der beteiligten Akteure ab. Der Veränderungsprozess sollte zügig und ohne größere Pausen umgesetzt werden. Dabei muss genügend Zeit für Information, Kommunikation und Beteiligung der Betroffenen eingeplant sein. Schon am Anfang des Veränderungsprozesses sollte außerdem festgelegt werden, wie lang er laufen soll bzw. unter welchen Bedingungen er als gescheitert betrachtet und dann schnell beendet wird.

Veränderungsprozesse brauchen Zeit
Veränderungsprozesse scheitern, wenn für sie nicht genügend Zeit vorhanden ist. Die *Change Agents* brauchen Zeit, um den Veränderungsprozess gestalten und umsetzen zu können sowie um die Beteiligten bei den im Veränderungsprozess

auftretenden Problemen begleiten und bei den nötigen Anpassungen unterstützen zu können. Auch *die Betroffenen und die weiteren Beteiligten* investieren Zeit in den Veränderungsprozess. Sie brauchen ausreichend Zeit, um sich auf die Änderung einstellen und sich anpassen zu können (z. B. Änderung Verhaltensroutinen, neue Qualifikationen). Je stärker die Beteiligung der Betroffenen im Veränderungsprozess ist, desto mehr Zeit fließt in die Teilnahme am Prozess.

Von Pfadabhängigkeiten und Zeitfenstern

Veränderungsprozesse haben eine Geschichte und wirken in die Zukunft. Dadurch entstehen *Pfadabhängigkeiten,* die nicht mehr alle Entwicklungen möglich machen. Es öffnen sich manchmal aber auch unerwartete Zeitfenster, die plötzlich neue Chancen für Veränderungen bedeuten können. Die Change Agents müssen sich der *Wirkung der Vergangenheit* auf die heutigen Veränderungsprozesse bewusst sein, um die Früchte der Vergangenheit gezielt ernten und alte Klippen umschiffen zu können. Heutige Veränderungsprozesse wirken aber auch in die *Zukunft.* Entscheidungen der Gegenwart schaffen die Voraussetzungen für zukünftige Veränderungsprozesse, wenn sie etwa die Dynamik des Systems verändern oder Pfade einschlagen, die zu irreversiblen Entwicklungen führen. Erfolgreiche Change Agents stellen sich außerdem in einer dynamischen und komplexen Welt auf eine kontinuierliche Veränderung ein und schaffen Routinen, die ihnen den Veränderungs- und Verbesserungsbedarf gezielt erkennen helfen.

Manchmal öffnen sich *Zeitfenster* für Veränderungen, da sich der Zeitgeist oder die politischen Rahmenbedingungen verändern, Personen wechseln, Umbruchsituationen oder Krisen Veränderungen erzwingen oder Ressourcen für Veränderungsprozesse plötzlich verfügbar werden. Dann zahlt sich aus, wenn Change Agents vorher schon Veränderungsideen und Blaupausen für deren Umsetzung entwickelt oder sogar schon erfolgreiche Pilotprojekte umgesetzt haben. Das Fenster zur Veränderung schließt sich nämlich manchmal so schnell wieder, dass keine oder nur wenig Zeit bleibt, Ideen und Lösungsvorschläge zu entwickeln.

Zeit-/Denkhorizont, Ungleichzeitigkeiten, Entschleunigung

Die *Zeit- und Denkhorizonte* der Akteure unterscheiden sich stark (z. B. Quartalszahlen, Wahlperioden, biologische Zyklen, Anthropozän). Sehr unterschiedlich sind aber auch die zeitliche Reichweite der Konsequenzen unseres Handelns (z. B. kurzlebige Schadstoffe, Klimawirkungen, aussterbende Arten) und der Antworten darauf (temporäre Emissionsminderungsmaßnahmen wie z. B. temporäre Einfahrverbote bis zu grundsätzlichen Veränderung von Produktions- und Konsummustern wie z. B. Umbau zu einem treibhausgasneutralen Energiesystem).

Deshalb ist es wichtig, dass bei Veränderungsprozessen die unterschiedlichen zeitlichen Zielsysteme, Wirkungen und Antworten und die *Ungleichzeitigkeiten* immer mit im Auge behalten werden. Wir sehen eine zunehmende Beschleunigung der Welt und auch der damit verbundenen komplexen Probleme, ohne dass wir dafür schnell genug Lösungen finden würden. Deshalb wird zunehmend auch die *Entschleunigung* als Option diskutiert.

3.5 Erfolgsbedingungen im Überblick

Abb. 1 zeigt nochmals im Überblick, welche Ansatzpunkte Change Agents haben, um in komplex vernetzten und dynamischen Veränderungsprozessen mit vielfältigen Akteuren erfolgreicher zu sein.

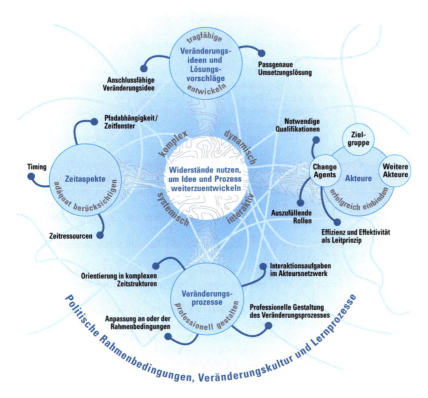

Abb. 1 Zentrale Erfolgsfaktoren gesellschaftlicher Veränderungsprozesse. (Quelle: Kristof 2010b)

Literatur

Alexander, Christopher; Ishikawa, Sara; Silverstein, Murray (2011): *Eine Muster-Sprache: Städte – Gebäude Konstruktionen*. 2. Aufl., Wien: Löcker.

Daschkeit, Achim; Kristof, Kora; Lorenz, Ullrich; Veenhoff, Sylvia (2013): Deutschland bis zum Jahr 2050 – Bausteine für eine nachhaltige Zukunft. In: Simonis, Udo E., Leitschuh, Heike; Gerd Michelsen; Sommer, Jörg; Weizsäcker, Ernst Ulrich von (Hg): *Jahrbuch Ökologie 2014*: Mut zu Visionen, Brücken in die Zukunft. Stuttgart: Hirzel Verlag. 2014. S. 231–242.

Ernst, Andreas; Welzer, Harald; Briegel, Ramón; David, Martin; Gellrich, Angelika; Schönborn, Sophia; Kroh, Jens (2015): *Scenarios of perception of reaction to adaptation – Abschlussbericht zum Verbundprojekt SPREAD*. Kassel, Hess: Kassel University Press (CESR paper, 8).

Grießhammer, Rainer; Brohmann, Bettina (2015): *Wie Transformationen und gesellschaftliche Innovationen gelingen können*. Freiburg: Öko-Institut e.V.. http://www.oeko.de/oekodoc/2323/2015-494-de.pdf. Zugegriffen: 29.1.2016.

Heinecke, Hans Jürgen; Kristof, Kora; Pfriem, Reinhard; Smrekar, Otto; Stark, Wolfgang (2013): Veränderungsfähigkeit lernen: Initiative für eine Schule zur Kunst des Wandels. In: *GAIA* 22/1, S. 34–38.

Jackson, Tim (2009): *Prosperity without growth? The transition to a sustainable economy*. Abingdon [u. a.]: Earthscan.

Kristof, Kora (2010a): *Models of Change: Einführung und Verbreitung sozialer Innovationen und gesellschaftlicher Veränderungen in transdisziplinärer Perspektive*. Zürich: vdf Hochschulverlag an der ETH Zürich.

Kristof, Kora (2010b): *Wege zum Wandel: Wie wir gesellschaftliche Veränderungen erfolgreicher gestalten können*. München: oekom.

Loske, Reinhard (2012): *Wie weiter mit der Wachstumsfrage?* Rangsdorf: Basilisken-Presse.

Rasmussen, Cornelis (2013): *Green Transformation: grüne Managementkompetenz für zukunftsfähige Unternehmen*; Leitfaden 01 bis Leitfaden 04, Online erhältlich unter: http://green-transformation.net/page1574.html (zuletzt abgerufen am 14. Februar 2014).

Rockström, Johan; Steffen, Will; Noone, Kevin; Persson, Asa; Chapin, F. Stuart; Lambin, Eric F. et al. (2009): A safe operating space for humanity. In: *Nature* 461 (7263), S. 472–475.

Rotmans, Jan; Loorbach, Derk (2009): Complexity and Transition Management. In: *Journal of Industrial Ecology* 13 (2), S. 184–196.

Rückert-John, Jana; Jaeger-Erben, Melanie; Schäfer, Martina (2014): *Soziale Innovation im Aufwind: Ein Leitfaden zur Förderung sozialer Innovationen für nachhaltigen Konsum*. Umweltbundesamt (Hg.), Dessau.

Schneidewind, Uwe; Singer-Brodowski, Mandy (2013): *Transformative Wissenschaft: Klimawandel im deutschen Wirtschafts- und Hochschulsystem*. Marburg: Metropolis.

Smart CSOs (2011): *Effective change strategies for the Great Transition: Five leverage points for civil society organisations*. Online erhältlich unter: http://www.veblen-institute.org/IMG/pdf/smart_csos_report_en.pdf (zuletzt abgerufen am: 13. Juli 2016).

Sommer, Bernd; Welzer, Harald (2014): *Transformationsdesign: Wege in eine zukunftsfähige Moderne*. München: oekom.

WBGU (2011): *Welt im Wandel: Gesellschaftsvertrag für eine große Transformation*. Berlin: WBGU.

Kny, Josefa; Schmies, Maximilian; Sommer, Bernd; Welzer, Harald; Wiefek Jasmin (2014): *Wie gute Beispiele nachhaltigen Handelns in einem breiten gesellschaftlichen Kontext verankert werden können; Endbericht UFOPLAN-Projekt „Von der Nische in den Mainstream*, Umweltbundesamt (Hg.), Dessau.

Über die Autorin

Kora Kristof, Dr. habil., leitet seit 2011 im Umweltbundesamt (UBA) die Grundsatzabteilung „Nachhaltigkeitsstrategien, Ressourcenschonung und Instrumente" und forscht, publiziert und arbeitet in folgenden Bereichen: Transformations-/Models of Change Forschung, Ressourcenschonung / Ressourcenpolitik, Energiewirtschaft / -politik / Klimaschutz / Klimaanpassung, Nachhaltiges Produzieren und Konsumieren, Instrumente und Institutionen nachhaltiger Entwicklung. Sie ist promovierte Volkswirtin und sie habilitierte zur Frage, wie gesellschaftliche Veränderungen erfolgreich gestaltet werden können. Vor ihrer Zeit im UBA arbeitete sie als Assistentin für die Ludwig-Maximilians-Universität München, war wissenschaftliche Mitarbeiterin der Enquete-Kommission „Schutz der Erdatmosphäre" des Deutschen Bundestages und leitete im Wuppertal Institut für Klima Umwelt Energie sowohl die Abteilung Energie als auch den Themenbereich „Materialeffizienz und Ressourcenschonung" und die Forschungsgruppe „Nachhaltiges Produzieren und Konsumieren".

Gemeinschaftsgärtner als urbane Agenten des Wandels und ihre kreativen Arenen der sozialökologischen Transformation

Björn Ahaus

1 Einleitung

Ist die Rede von der Großen Transformation (WBGU 2011) hin zu einer nachhaltigen Entwicklung und der Erreichung der UN Sustainable Development Goals (Griggs et al. 2013) wird der Blick verstärkt auf die Rolle von Städten gerichtet. Die zunehmende Urbanisierung ist hier ein wichtiges Stichwort, aber auch die Bedeutung von Sozialen Innovationen (Grießhammer und Brohmann 2015) sowie von Agenten des Wandels und sozialen Bewegungen. Diese bringen mit ihrem Pionierverhalten den Wandel voran, wie immer wieder betont wird (Grießhammer und Brohmann 2015), neben der Regelsetzung von Politik und der Bedeutung großer wirtschaftlicher Akteure (Loske 2013).

Agenten des Wandels und ihre Initiativen können als Nischenakteure im Sinne der Multilevel-Perspective der Transition Theory (Grin et al. 2010, S. 25) eingeordnet werden. Solche(n) Nischenakteuren können sich unter bestimmten, günstigen Rahmenbedingungen Gelegenheitsfenster öffnen, die eine breite Diffusion von sozialen Innovationen bzw. Transformationen ermöglichen (Grin et al. 2010, S. 25). Erneuerbare Energien und ökologischer Landbau sind Beispiele sozialer Innovationen der Nachhaltigkeit bei denen Nischenakteure entscheidende Pionierarbeiten leisteten und schließlich durch die Schaffung gesetzlicher Fördermechanismen zu einer Massendiffusion gelangten (Fuchs 2014; Loske 2013).

B. Ahaus (✉)
Kulturwissenschaftliches Institut Essen, Essen, Deutschland
E-Mail: Bjoern.Ahaus@kwi-nrw.de

© Springer Fachmedien Wiesbaden GmbH 2017
J.-L. Reinermann und F. Behr (Hrsg.), *Die Experimentalstadt,*
DOI 10.1007/978-3-658-14981-9_10

Dieser Artikel blickt mit einer qualitativen Fallstudie auf eine Gemeinschaftsgarteninitiative, die als Teil einer lokalen Transition-Town-Gruppe in Essen
gegründet wurde und in wenigen Jahren mehrere Gemeinschaftsgärten verwirklichen und anstoßen konnte. Gemeinschaftsgärten sind ein vergleichsweise junges
Phänomen bei dem oftmals auf öffentlichen aber auch privaten Flächen im urbanen Raum zur Selbstversorgung mit Lebensmitteln sowie zu Zwecken der Förderung von Lebensqualität und Gemeinschaftsbildung gegärtnert wird. Diese
grenzen sich von Schrebergärten dadurch ab, dass sie weniger institutionalisiert
sind und stärker durch Nachhaltigkeits- und Gemeinschaftsmotive geprägt werden. In dem Artikel wird die Rolle verschiedener bürgergesellschaftlicher[1]
Agent_innen des Wandels, ihr Zusammenwirken, ihre Motivationen sowie Kontextbedingungen der Tätigkeit ihrer Initiative untersucht. Schließlich wirft der
Artikel die Frage auf, welche Veränderungen durch solche Gemeinschaftsgärten
als kreative Arenen der Transformation realisiert und möglich werden.

Ethnografie und qualitative Interviews als methodischer Zugang wurden
gewählt, da dieser Methodenmix es einerseits ermöglicht, das „Wie" der Arbeit
einer Initiative ethnografisch zu untersuchen und andererseits mit qualitativen
Interviews das „Warum", also Orientierungen der Agent_innen des Wandels ver-
tieft beschrieben werden können.[2] Im Rahmen der zugrunde liegenden Erhebung
wurden qualitative Interviews mit 20 Agent_innen des Wandels geführt, sowie
etwa 100 Feldnotizen erstellt. Diese wurden computergestützt aufbereitet und
inhaltsanalytisch ausgewertet.

Die ausführlichere Darstellung des Falles der Gemeinschaftsgärten beginnt
mit einer Einführung der Transition-Town-Bewegung in Abschn. 3, anschließend werden unterschiedliche Rollen von Agent_innen des Wandels der Initiative
beleuchtet. Da gesellschaftliche Veränderungen immer mit Aushandlungsprozessen – innerhalb von Initiativen sowie mit Akteuren in Bürgerschaft und Stadtgesellschaft – einhergehen, wird ebenfalls auf solche eingegangen. Schließlich
handeln Agent_innen des Wandels nicht im luftleeren, gesellschaftsfreien Raum.
Der folgende Abschnitt blickt daher auf Kontextbedingungen ihres Handelns,
bevor schließlich in 3.4 mögliche Veränderungen durch Gemeinschaftsgärten im
Rahmen einer sozial-ökologischen, urbanen Transformation skizziert werden.

---

[1]Die Bezeichnung bezieht sich auf das Verständnis von Agenten des Wandels in diesem
Artikel, die sich nicht als professionelle Change Agents verstehen, sondern als Akteure im
Bereich des bürgerschaftlichen Engagements.

[2]Eine nähere Beschreibung des methodischen Vorgehens findet sich in Ahaus und Welbers
2015.

Abschn. 4 geht zum Abschluss dann noch einmal auf die in Abschn. 1 aufgeworfenen Fragen ein. Zunächst werden aber nun im folgenden Abschnitt zentrale Begriffe eingeführt.

2 Begriffe

Der Begriff der Agenten des Wandels oder Change Agents taucht prominent zunächst bei Everett Rogers (2003, S. 366) auf: „A change agent is an individual who influences clients innovation-decisions in a direction deemed desirable by a change agency". Rogers benutzt den Begriff in einem Top-down-Verständnis einer Governance-Perspektive, die vor allem Regierungsinstitutionen oder Unternehmen als „change agency" versteht, in deren Auftrag die Agenten des Wandels, also Individuen aktiv sind. Kora Kristof (in diesem Band) verwendet den Begriff der Change Agents in einem ähnlichen Verständnis. Sie stellt zunächst fest: „Gesellschaftliche Veränderungsprozesse werden von Menschen angestoßen und vorangetrieben (Change Agents)" (Kristof 2016), an anderer Stelle bezeichnet sie Change Agents als „Träger des Veränderungsprozesses" (Kristof 2010, S. 520). Die Autorin unterscheidet nach dem Promotorenmodell vier Rollen von Promotoren: Fach-, Macht-, Prozess- und Beziehungspromotoren. Sie nennt als wichtigen Erfolgsfaktor in Veränderungsprozessen das Zusammenwirken mehrerer Change Agents mit diesen unterschiedlichen Rollen. Zudem erwähnt sie, dass sich die Change Agents von ihrer Zielgruppe (oft) nur darin unterschieden, dass sie bei der Veränderung schon einen Schritt weiter seien (Kristof 2010, S. 517 f.). Der vorliegenden Aufsatz blickt vor diesem Hintergrund auf die Ebene bürgerschaftlichen Engagements in Kommunen und untersucht, in wieweit diese Konzeption sich auf hier tätige Agenten des Wandels, also bottom-up-tätige Engagierte der Bürgergesellschaft anwenden lässt bzw. inwiefern sich die lokale Ebene unterscheidet von der eher top-down-geprägten Sichtweise von Rogers und Kristof, die eher professionelle Change Agents und exponierte Experten im Blick haben (Sommer und Schad 2014, S. 48).

Passend dazu werden die Change Agents vom Wissenschaftlichen Beirat der Bundesregierung Globale Umweltveränderungen (WBGU 2011) auch als „Pioniere des Wandels" eingeführt. Hier wird eine stärker an bürgergesellschaftliche Kontexte anschlussfähige Perspektive gewählt:

Change Agents […] setzen sich für bestimmte Veränderungen ein und treiben diese aktiv voran. Meistens handelt es sich dabei zunächst um einzelne Personen und kleine Gruppen […]. Sie verbreiten Innovationen, indem sie eine Politik des

‚Weiter-so-wie-bisher' hinterfragen, eine alternative Praxis schaffen und somit etablierte Weltbilder und Pfade in Frage stellen, Einstellungs- und Verhaltensmuster
herausfordern sowie bei Gleichgesinnten […] eine dauerhafte Motivation zum selbst
tragenden Wandel schaffen. […] Sie finden Nachahmer und animieren andere zur
Veränderung ihrer Verhaltenspraxis (WBGU 2011, S. 257).

Dieser Artikel spricht von Agenten des Wandels und schließt sich dieser (impliziten) Bottom-up-Perpektive an, die kleine Gemeinschaften als Bezugsrahmen
wählt, da es sich um eine dem Untersuchungsgegenstand angemessene Verortung
handelt. Das deutsche Wort „Agent" geht zurück auf das lateinische Agens, welches „die treibende Kraft" bedeutet. Hier werden Agenten des Wandels daher als
Macher verstanden, die die Entwicklung und Verbreitung sozialer Innovationen
vor Ort in Nischen vorantreiben, dabei jedoch auch eine weitere Verbreitung bzw.
Skalierung der Innovation zu ihren Zielen zählen. Dabei soll keine Heldenge-
schichte erzählt werden. Auch die vorliegende Empirie zeigt: erst im Zusammen-
spiel verschiedener Agenten des Wandels können diese Wirkung entfalten. Die
eigene Gruppe bzw. Initiative und ihre Netzwerke spielen daher eine bedeutende
Rolle für das (Zusammen-)Wirken von Agenten des Wandels.

Unter sozialen Innovation wird hier nach Jürgen Howaldt et al. (Howaldt et al.
2014, S. 12 f.) „eine intentionale Neukonfiguration sozialer Praktiken" verstanden. Im vorliegenden Fallbeispiel der Gemeinschaftsgärten werden einerseits
Raumdeutungen neu konfiguriert, es wird im öffentlichen Raum Gemüse ange-
baut, d. h. öffentliche Flächen werden etwa zu urbanen Nutzflächen statt nur
Ziergärten zu sein. Zudem beinhaltet der barrierefreie, niederschwellige Zugang
im Gemeinschaftsgarten Konnotationen einer Allmende, eines Kollektivgutes
das prinzipiell allen Bürger_innen offen steht. Weitere Neukonfigurationen sind
die Prinzipien des ökologischen Gärtnerns sowie der Aspekt, dass das Glück im
Grünen nicht mehr unbedingt im eigenen Garten bevorzugt am Stadtrand gesucht
wird. Vielmehr können durch Gemeinschaftsgärten innerstädtische Quartiere
lebenswerter gestaltet werden, sogar „essbar" gemacht werden, wie es die Initiative im untersuchten empirischen Fall formuliert – Städte also von Orten der
Kontamination wieder in einen Lebensraum transformiert werden. Zudem gehen
die Auseinandersetzung mit Ernährungsfragen und dem Wunsch nach einer öko-
logisch-regionalen Versorgung und Wirtschaftsweise einher.

Dieser Artikel orientiert sich an dem Verständnis von *kreativem Handeln*, welches im Zentrum des Pragmatismus steht. Dieser besagt, dass sich Bewusstsein,
Erkenntnisse und Bedeutungen im Verlauf der Lösung von Handlungsproblemen
entwickeln (Schubert 2013, S. 345). Verschiedene ökologische Krisen sowie der
Wunsch nach einem Stadtwandel in Richtung einer lebenswerteren Stadt stellen

im vorliegenden empirischen Fall die Krisen und Probleme dar, die zu einem „kreativen Experimentieren" (Schubert 2013, S. 349) in den Gemeinschaftsgärten führen.

3 Empirie: Fallstudie Gemeinschaftsgärten Essen

Im vorliegenden Beispiel einer Gemeinschaftsgarteninitiative entwickelten sich wichtige Impulse für die Schaffung von Gemeinschaftsgärten durch die Gründung einer lokalen Transition-Town-Gruppe in Essen. Die Transition-Town-Bewegung gibt Anstöße für einen Lebensstil- und Kulturwandel im Sinne einer nachhaltigen Entwicklung von unten (vgl. Maschkowski und Wanner 2014). Die Stärke erfolgreicher Transition-Town-Initiativen liegt darin, so Guiseppe Feola und Richard Nunes (2013), die globale Vision des Transition Networks, der Dachorganisation der Bewegung, von einer resilienten und klimagerechten Weltgesellschaft, die über regionale Wirtschaftskreisläufe zu einer nachhaltigen Lebensweise findet, im Rahmen von global-lokalen Lernprozessen über lokale Framings an die jeweiligen Bedingungen vor Ort anzupassen und zu übersetzen. Im Kontext des vorliegenden empirischen Beispiels der Gemeinschaftsgärten wurde in dieser Hinsicht das Motto einer *essbaren Stadt* übersetzt in den Appell: „macht Essen essbar!". Die Initiative hat mittlerweile sechs Gemeinschaftsgärten ins Leben gerufen, weitere sind in Planung. In der Region kann das Thema an die Selbstversorger- und Schrebergartentradition anknüpfen. Das könnte ein Grund sein, warum das Thema auch medial sehr gut funktioniert und die Lokalpresse gern und wohlwollend darüber berichtet (z. B. Schuhmacher 2015). Im Rahmen der Verleihung des EU-Titels „European Green Capital" an die Stadt Essen greift die Stadtverwaltung das Thema nun auf und möchte die Einrichtung weiterer Gemeinschaftsgärten fördern und anregen.

Gemeinschaftsgärten können dabei als kreative, urbane Arenen einer sozial-ökologischen Transformation betrachtet werden: Hier kommen Individuen mit verschiedenen Motivationen, mit unterschiedlichen Wissensbeständen und Bildungsressourcen zusammen. Im Kleinen handelt es sich hier um kollektives Handeln, das auf niederschwellige Weise gemeinsamen Zielen dient. Dazu zählen der Gemeinschaftsgedanke, ökologische Ziele, der Wunsch nach Zugang zu Natur in der Stadt, die Verbesserung der Lebensqualität und zur Mitgestaltung des öffentlichen Raumes sowie die Auseinandersetzung mit der Ernährung, etwa der Wunsch „Der Nahrung an die Wurzel [zu] gehen" (Ahaus und Welbers 2015, S. 18), also wieder mehr über die Herkunft der eigenen Lebensmittel zu lernen. Schließlich spielen auch Sparsamkeitsorientierungen und der Wunsch, sich selbst zu versorgen eine Rolle. Transition Town-Totnes, so etwas wie die Ur-Transition-Initiative in Großbritannien, formuliert ihre Ziele so:

> Transition Town-Totnes (TTT) is a dynamic, community-led and run charity that exists to strengthen the local economy, reduce the cost of living and build our resilience for a future with less cheap energy and a changing climate (Transition Town Totnes 2016).

Letztlich strebt die Transition-Town-Bewegung insofern mit einer gewissen Rückbesinnung auf Ideen des guten Lebens suffiziente und damit nachhaltige, resiliente Lebensstile und Wirtschaftsweisen an und probiert konkrete Wege zu deren Verwirklichung aus. Einen dieser Wege stellen Gemeinschaftsgärten dar.

3.1   Wer sind Agenten des Wandels – was macht sie aus?

Schauen wir auf (Schlüssel-)Akteure im Fall der Essener Initiative. Die Gemeinschaftsgärten der Initiative verfügen nach eigenen Angaben derzeit über etwa 60 Mitglieder. Mit drei Akteuren wurden im Rahmen dieser Untersuchung qualitative Interviews geführt, weitere zentrale Akteure im Rahmen der Analyse der Interviews sowie ethnografischer Feldforschung ausgemacht und in die Analyse einbezogen.

Da ist zunächst Martina[3], sie ist eine Macherin, die das jüngste Gemeinschaftsgarten-Projekt der Initiative, das zurzeit im Entstehen ist, maßgeblich vorantreibt. Sie ist Diplom-Designerin und kürzlich in den Beruf eingestiegen. Bei ihr findet sich ein Motivmix für das Engagement in der Garteninitiative. Ein Schlüsselerlebnis aus ihrem Studium beschreibt sie so:

> Dann gab es einen Punkt, als ich im Ausland war 2012, da war ich in Göteborg für ein halbes Jahr. Habe dort Kommunikationsdesign studiert und es gab die Aufgabe, dass wir einen bestimmten Ort, auf dem ein Kulturzentrum errichtet werden sollte, mit Leben füllen sollten. Das Ganze lag in einem Industriegebiet, einem reinen Industriegebiet und wir mussten uns mit dem Ort auseinandersetzen mit den Gegebenheiten. Was ist da? Wie reagieren die Menschen auf diesen Ort? Das hat mir dann zum ersten Mal auch die Augen für diese Möglichkeiten geöffnet. Wie kann man mit dem Raum umgehen? Wie kann man den Raum erfahren? Und dann

---

[3]Die Namen der Akteure wurden pseudonymisiert.

nachher auch damit arbeiten und zu dem Zeitpunkt kannte ich auch schon Urban Gardening und die Urban Gardening-Projekte. Und da hat das aber noch nicht so gefruchtet, es ging mir mehr darum mit der Stadt zu arbeiten, wie kann man auf die Stadt Einfluss nehmen und dabei natürlich auch die Bürger miteinbeziehen? Das war für mich ein Riesenthema (Interview mit Martina, Absatz 7).

Martina, deren Gartenprojekt in einem als „Problemviertel" stigmatisierten Stadtteil verortet ist, lässt sich als „Raumpionierin" charakterisieren. Der Begriff stammt von Gabriela Christmann (2013), – Raumpioniere widmen sich Räumen, die oft negativ bewertet werden, weil diese ihnen Gelegenheitsstrukturen und Experimentiermöglichkeiten bieten. Sie sprühen vor Ideen und bringen Perspektiven ein, die sich von den herkömmlichen Raumdeutungen stark unterscheiden. Sie sehen die Chancen im Maroden und wollen etwas Schaffen bzw. Gestalten. Es geht ihnen oft um Selbstverwirklichung, aber sie entfalten dadurch Wirkungen im Sozialraum, dass sie neue Perspektiven einbringen, Projekte machen und darüber kommunizieren (Christmann 2013, S. 181). Man könnte Raumpioniere daher als Change Agents bezeichnen, die die Transformation von urbanen Räumen beabsichtigen und vorantreiben. Sie haben nicht notwendigerweise Nachhaltigkeitsziele, im vorliegenden Fall – bei Martina – trifft das aber zu. Deutlich wird bei ihr der Wunsch nach Mitgestaltung und der Steigerung der Lebensqualität in ihrem Stadtteil. Dies hat Aspekte von Selbstverwirklichung.

Zudem hat sie ihre Abschlussarbeit über Do-it-yourself-Ansätze im Urban Gardening verfasst und dies auch als Ratgeberband veröffentlicht. Sie denkt, das wird auch im Interview deutlich, über Möglichkeiten der Mitgestaltung ihres Stadtteiles insofern auch aus eigenmotivierten, wirtschaftlichen Gründen nach. Man merkt ihr dabei deutlich ihre Identifizierung mit dem Stadtteil an und den Willen, im Rahmen von gemeinschaftlichem und gemeinwohlorientiertem, kollektivem Handeln tätig zu werden. Damit handelt sie im Einklang mit den Zielen der Transition-Town-Bewegung, auf die sie sich auch explizit beruft. Diese zählt auch die Etablierung neuer regionaler und lokaler Wirtschaftsstrukturen zu ihren Zielen und fasst dies in dem Motto „care for the earth, care for the people, fair share" (Maschkowski und Wanner 2014, S. 11) zusammen.

Neben dem Aspekt der Raumpionierin und diesen wirtschaftlichen Motiven lässt sich Martina dadurch charakterisieren, dass sie diejenige ist, die das Gartenprojekt in ihrem Stadtteil maßgeblich vorantreibt, sich autodidaktisch das Gärtnern beibringt, Mitstreiter_innen findet und den Prozess des Identifizierens einer geeigneten Fläche und des Erhaltens einer Nutzungsgenehmigung organisiert und den Prozess in Gang hält. Dabei kooperiert sie mit einem städtischen Bürgerzentrum und dem städtischen Grünflächenamt. Sie lässt sich also nach Kristof (in diesem Band) in Aspekten als Fach-, Beziehungs- und Prozesspromotorin beschreiben. Hier soll – wie schon angedeutet – allerdings nicht die Geschichte einer einsamen Heldin erzählt werden. Martina beschreibt die Bedeutung der Existenz der Transition Town, als einer Initiative vor Ort, die schon Gemeinschaftsgärten betrieb, als bedeutsam, als eine Ermutigung für ihr Engagement.

> Also für mich hat es noch diesen Punkt gebraucht, dass da eine Gruppe ist, an die ich mich anschließen kann und dann habe ich auch sofort gesagt, hier in Altendorf müsste eigentlich ein Garten hin. Also die Idee war vorher schon da und dann die Gruppe zu finden, die sowas ja auch schon macht, das war der Auslöser zu sagen ok, jetzt packen wir es an (Interview mit Martina, Absatz 7).

Neben dieser Empowerment-Funktion der Transition-Town-Initiative erwähnt Martina immer wieder einen intensiven Austausch mit Sabine, einer zentralen Agentin des Wandels der Transition-Town-Gruppe, die sie beriet und ermutigte den Gemeinschaftsgarten zu verwirklichen.

> Mit Sabine habe ich dann mehr Kontakt auch gehabt und darüber und über die Treffen sind wir dann auch viel mehr in diese Richtung gekommen. […] Also ich seh' mich da als Teil der Transition-Town-Initiative. Das meiste läuft wirklich über Sabine, die sehr engagiert ist und das Ganze auch am Laufen hält (Interview mit Martina, Absatz 157).

Eine weitere Engagierte im Rahmen der Initiative ist Margarethe, eine seit vielen Jahren aktive Umweltschützerin eines Umweltschutzverbandes. Sie brachte sich in der Gründungsphase in den Prozess ein, insbesondere mit ihrem ökologischen Wissen als Diplom-Biologin:

> Ich habe dann gesagt, dass es bestimmte Kriterien geben muss, die man festlegen und verschriftlichen muss: Keine Pestizide, kein Torf, keine Neophyten und mit fremden Gewächsen, Gehölzen und Ähnlichem vorsichtig sein, denn man weiß ja nie, wie sich das in der Landschaft auswirken wird, wenn man ein neues Pflänzchen irgendwo einführt. Manches hat ein Verbreitungspotenzial, das man dem erst einmal nicht ansieht, […] Und als letzten Punkt, dass diejenigen, die das unterschreiben oder bzw. die Gruppen dann natürlich auch die Interessenten, die dazu kommen, ein bisschen anleiten (Interview mit Margarethe, Absatz 23).

Typisch ist hier – dies zeigt die empirische Analyse, dass es in Gemeinschaftsgartengruppen häufig einen oder mehrere dieser Agent_innen des Wandels mit biologischem bzw. gärtnerischem Fachwissen gibt, die andere Mitglieder der Gruppe anleiten und schulen. Zum anderen zeigt sich hier auch die Bedeutung lokalen

Wissens im Hinblick auf lokale Gegebenheiten, sei es biologischer Natur oder etwa der Akteurslandschaft vor Ort. Während Martina als „Zugezogene" eher einen kosmopolitischen Blick aufweist und mit Ideen *von außen* kommt, verfügt Margarethe als langjährig Ansässige über stärker lokales (Fach-)Wissen und soziale Netzwerke.

Schließlich gibt es einen Typus von Engagierten, der sich für das Thema interessiert, da er etwa das Gärtnern lernen und sich für Nachhaltigkeit engagieren möchte oder soziale Kontakte sucht, der aber zunächst wenig praktisches Wissen und Erfahrung mitbringt. David, ein bis zu seinem Engagement nicht im Nachhaltigkeitsbereich engagierter Freelancer in der freien Kulturszene, beschreibt seine Motivation so:

> Die Gemeinschaft spielt da eine ganz große Rolle. Das soll ein Mehrgenerationen-Projekt werden, sodass man von den Älteren lernen kann, was man wo anbaut. Heutzutage zieht man sich alles aus Wikipedia, […] man [bekommt] es dadurch, denke ich, nicht so auf die Reihe, als wenn man es selber mitbekommt. Man sollte nicht nur nachlesen, sondern auch aktiv sein. Das ist auf jeden Fall ein wichtiger Aspekt. Dann geht es auch darum, die Gemeinschaft wieder zu leben. Ich bin auch mehr oder weniger der Kulturbeauftragte in dem Gewächshaus. Ich versuche durch Ausstellungen, Theater und auch Kindertheater die jungen und die alten Menschen wieder ein bisschen mehr in Einklang zu bringen (Interviews mit David, Absatz 25).

Hier zeigen sich Vorstellungen von intergenerationellem Austausch und Lernprozessen sowie die Verknüpfung von Natur und Kultur als verbindende Elemente, die eine „Gemeinschaft wieder zu leben" ermöglichen. David ist dabei ein gut vernetzter Agent des Wandels, der als Kulturschaffender geübt daran ist, Öffentlichkeitsarbeit über eigene Medien wie Flyer, Webseiten, soziale Medien und Mundpropaganda zu betreiben oder Kontakte zu klassischen Medien wie Print oder TV zu nutzen. Deutlich wird in den jeweiligen Gartenprojekten der Initiative, dass es jeweils Aktive gibt, die verschiedene Rollen von Kristofs eingangs eingeführten Prozess-, Fach- und Beziehungspromotoren erfüllen. Machtpromotoren finden sich innerhalb der Initiative weniger, diese sind eher etwa aufseiten der Stadtverwaltung und Kommunalpolitik zu verorten. Dabei handelt es sich etwa um Vertreter_innen von Umweltamt, Grünflächenamt und die Bezirksvertretung, die die Genehmigung für die Nutzung der Flächen beschließen mussten, sowie Gelder bewilligten.

3.2 Aushandlungsprozesse

In niederschwelligen, selbst organisierten Veränderungsprozessen, wie in dem vorliegenden Fallbeispiel, wird in einem sehr informellen Partizipationsprozess von den Beteiligten immer wieder ausgehandelt, was das Ziel und die Vorgehensweise der Gruppe ist. Agent_innen des Wandels kommt hierbei eine wichtige Rolle zu, da sie in der Regel die Kontakte mit Stakeholdern pflegen. Verschiedene Aushandlungsprozesse lassen sich im Rahmen der Arbeit der Gemeinschaftsgarteninitiative beobachten. Einerseits verhandelt die Gruppe für jede neue Gemeinschaftsgartenfläche mit der Stadtverwaltung über die Nutzungsbedingungen. Da es sich um öffentliche Flächen handelt, geht es etwa darum, dass die Fläche grundsätzlich leicht wieder in ihren ursprünglichen Zustand zurück versetzt werden können soll. Zudem sollen die Gärten „ordentlich" aussehen. Ideen, etwa mit Recyclingmaterialien zu arbeiten, steht die Grünflächenverwaltung reserviert gegenüber, wohl aus Sorge um die Akzeptanz in der Bürgerschaft, wie sich in Interviews und Beobachtungen andeutet. Auch wünschte sich die Verwaltung zunächst, dass sich eine juristische oder natürliche Person bereit erklärt im Schadenfall zu haften, was von den Aktiven kritisch betrachtet wurde. Schließlich kam es zu einer Lösung, die ohne eine solche Regelung auskam.

Auch untereinander wird ausgehandelt, wie das ‚gute' Gärtnern gestaltet werden könnte. Es dreht sich hier um ökologische Prinzipien und Ziele, aber auch die Mühen der Ebene: Wie kommen wir bei Trockenheit an genügend Wasser zum Gießen, überlebt das Tomatenhaus den Sturm, mit welchen Materialien können wir kostengünstig und doch ökologisch arbeiten, wer nimmt welchen Termin wahr?

Also mit den Recyclingmaterialien im Garten zu arbeiten, ich sehe das erst einmal als Einstieg, auch für diejenigen die kein Geld investieren können oder wollen, das sind zum einen Studenten, wie jetzt auch die drei Mädels, wobei die eine studiert glaube ich nicht, die hat aber auch keinen Job. Es ist einfach günstiger, also eine günstige Alternative zu den Sachen die man kaufen kann und klar, wir haben diese Fenster aus dem Container gerettet, die für uns natürlich super-wertvoll sind, weil wenn man die neu kaufen würde für so ein Projekt, das ginge nicht. [...] Das was wir nutzen wollen sind vor allem auch Sperrmüll, weil wir in Altendorf wahnsinnig viel Sperrmüll haben. Ich habe heute wieder was gesehen, da ist ein supersüßes Dingen dabei und da ist eine Holzwand von 'nem Bett, die kann man als Wand von so 'nem Pflanzbeet gebrauchen. Ja es ist zum einen zum Geldsparen, zum anderen, man geht auch mit einem ganz anderen Blick durch die Stadt. Also, ich bleib bei jedem Sperrmüllhaufen stehen und denke, kann ich das noch gebrauchen, kann ich das noch verarbeiten? Es ist allein so die Einstellung, dass man aus den Sachen, die jemand anders wegwirft, wieder neue Dinge erschaffen kann (Interview mit Martina, Absatz 180).

Dieses Zitat zeigt, dass es einerseits darum geht, das Gemeinschaftsgärtnern als niederschwellige Praxis zu verstehen, bei der das Mitmachen möglichst nicht am Geld scheitern sollte. Zudem spielt auch das ökologische Argument der Müllvermeidung eine Rolle. Andererseits zeigt sich hier auch ein kreativer Aspekt des Gärtnerns: aus Altem wird Neues geschaffen. Wie oben angesprochen stößt das zum Teil auf ästhetische Vorbehalte.

Insofern kommt es auch mit der „Bürgerschaft" zu Aushandlungsprozessen. So gab es etwa Beschwerden, ein Garten sehe im Winter unordentlich aus. Wie wird der Garten wahrgenommen, was sind Ordnungs-, Sauberkeits- oder Normalitätsvorstellungen bezogen auf das Erscheinungsbild eines Gartens? Dies sind Gegenstände solcher direkten oder indirekten Aushandlungsprozesse mit Mitbürgerinnen und Mitbürgern. Bestimmte Aspekte werden dann mit Vertreter_innen des Grünflächenamtes ausgehandelt. Agenten des Wandels müssen also Wege des Umgangs mit derartigen Fragestellungen finden. Christmanns Feststellung „Raum erweist sich als Verhandlungssache" (2013, S. 181 f.) ist hier zutreffend. Mit der Praxis, im öffentlichen Raum Lebensmittel anzubauen, bieten Gemeinschaftsgärtner dabei eine unkonventionelle Raumdeutungsmöglichkeit an oder um Howaldt wieder aufzugreifen: sie praktizieren eine „intentionale Neukonfiguration sozialer Praktiken" (Howaldt et al. 2014, S. 12).

Der Ansatz (viele) Gemeinschaftsgärten dezentral in den Stadtteilen zu etablieren, ermöglicht unterschiedliche Stile des Gärtnerns und unterschiedliche demografische Zusammensetzungen der jeweiligen Gemeinschaftsgärtnergruppe entsprechend der lokalen, sozio-kulturellen Gegebenheiten. Aufgrund der großen Mobilität in einer Stadt ermöglicht dies auch Angebote an unterschiedliche Zielgruppen zu realisieren.

Die Aushandlungsprozesse in den untersuchten Gemeinschaftsgartengruppen konzentrieren sich also auf Fragestellungen innerhalb der Gruppe, mit der Verwaltung und mit Akteuren aus Stadtgesellschaft bzw. Bürgerschaft.

3.3   Kontextbedingungen

Aus der empirischen Analyse ergeben sich drei Kontextbedingungen, die für das Wirken von urbanen Agent_innen des Wandels in Gemeinschaftsgarteninitiativen – aber auch darüber hinaus – bedeutsam erscheinen und die auch als Erfolgsfaktoren betrachtet werden können. Dabei handelt es sich um Netzwerke, lokale Framings und motivationale Offenheit sowie räumliche Aspekte.

Als wichtige Rahmenbedingungen für das Wirken der Agent_innen des Wandels zeigen sich die *Netzwerke* über die sie persönlich und über welche die Initiative verfügt. Einerseits handelt es sich hier im untersuchten Fall um überlokale,

thematische Netzwerke der sozialen Bewegung. Konkret findet sich das Transition Network, die Dachorganisation der Transition-Bewegung, aber auch Gemein-
schaftsgarten-Vorbilder wie „Neuland" in Köln und die „Prinzessinnengärten"
in Berlin oder „incredible edible" in Großbritannien. Es handelt sich aber allem
Anschein nach hier eher um *weak ties* (Granovetter 1973), also lose Kontakte und
eine Ideenvermittlung, die insbesondere auch über das Internet verläuft.

Zum Zweiten gibt es lokale, thematische Netzwerke, also verschiedene
Arbeitsgruppen innerhalb der lokalen Transition-Initiative und der Gemein-
schaftsgartenszene in der Region. Hier findet sich eine Art Steuerungsgruppe der
Transition-Initiative, eine Steuerungsgruppe aller Gemeinschaftsgärten in der
Stadt, die Netzwerke der einzelnen Gärten, sowie ein unregelmäßiges Treffen von
Gemeinschaftsgärten aus dem Ruhrgebiet.

Drittens sind Agent/innen des Wandels in lokale Netzwerke mit Akteuren jenseits der Transition-Town-Szene, etwa dem Runden Tisch der Umweltverbände,
der Volkshochschule (wo die Gruppe gegründet wurde und Veranstaltungen
abhält), der Ehrenamtsagentur, in Stadtverwaltung und Kommunalpolitik eingebunden. In den beiden letzten Kategorien (also lokale Netzwerke innerhalb und
außerhalb der eigenen Bewegung) handelt es sich zum Teil um *strong ties* (Granovetter 1973), also starke Verbindungen, allerdings oft um die Ego-Netzwerke
einzelner Agent_innen des Wandels. Insbesondere die schon angesprochene
Sabine ist eine zentrale Akteurin, die viele Prozesse in Gang hält, Öffentlichkeitsarbeit betreibt und auf persönliche Netzwerke zurückgreift, die sie zum Teil in
jahrelangem Engagement aufgebaut hat.

Schließlich verbreiten sich die Anliegen und Veranstaltungen der Initiative
auch über Mundpropaganda in Peer-Netzwerken der Mitglieder der Initiative und
über die weak ties der Kommunikation in sozialen Medien.

Eine weitere Kontextbedingung besteht darin, dass die Initiative mit ihrem
Anliegen der Gemeinschaftsgärten lokale Gegebenheiten nutzt und auf ein sehr
lokales Framing setzen kann, was einerseits an regionale Traditionen des Gärtnerns anschließt und andererseits (oder gerade deshalb) einen Nerv bei den
lokalen Medien trifft. Dadurch und durch bestehende Kontakte zu Vertretern
lokaler Medien erreichte die Initiative einen gewissen Bekanntheitsgrad und
wurde schließlich mit dem Umweltpreis der Stadt Essen ausgezeichnet. Wohl
durch die erfolgreiche Kooperation der Initiative mit dem Grünflächenamt kam
die Stadtverwaltung auf die Idee weitere öffentliche Flächen für Gemeinschafts-
gartenprojekte zur Verfügung zu stellen. Hier wurde also eine Idee „von unten"
aufgegriffen und nun wird versucht, durch das Handeln der Stadtverwaltung
und in Kooperation mit der Ehrenamtsagentur eine weitere Verbreitung zu erreichen. Der Regionalverband Ruhr griff, wohl inspiriert durch ähnliche Prozesse

in verschiedenen Städten der Region, das Thema auf und entwickelte einen Leitfaden zur Gründung von Gemeinschaftsgärten (Weltring 2014). Die Stadt Stuttgart richtete gar eine Verwaltungsstelle zur Koordination und Unterstützung von Gemeinschaftsgärten ein (Fritzsche 2014).

Feola und Nunes (2013, S. 23 ff.) nennen passend hierzu als Erfolgsfaktoren erfolgreicher Transition-Initiativen die Kombination global-lokaler Lernprozesse, sie beschreiben Transition-Initiativen als interdependent mit globalen Aktionsnetzwerken, die geschickt lokale Framings finden. In diesem Sinne sei die Kooperation mit dem Transition Network bedeutsam, aber auch mit benachbarten Initiativen, lokalen Behörden und auch Unternehmen. Hierbei handelt es sich um Bedingungen, die im vorliegenden Beispiel wie oben beschrieben weitestgehend gegeben sind. Als Orte des Wandels können sie auch genutzt werden, etwa als Anschauungsobjekte und Bühne für Bildung für nachhaltige Entwicklung.

Weitere Kontextbedingungen liegen in *räumlichen Aspekten* von Gemeinschaftsgärten. Zunächst natürlich ist entscheidend, dass sich Flächen finden und nutzen lassen, die für Gemeinschaftsgärten geeignet sind. Sind diese (günstig) an öffentlichen Orten etwa in Parkanlagen gelegen, bieten sich gute Chancen, dass diese zu Orten der Transformation werden. Die Sichtbarkeit für Passanten, Spaziergänger und Nachbarn und ihre Offenheit bringen Chancen für niederschwellige Partizipationsmöglichkeiten für Interessierte aus dem räumlichen Umfeld. Die Gärten stellen zudem eine konkrete Veränderung in der Lebenswelt und Vorbilder dar, zudem bieten sie Chancen auf Selbstwirksamkeitserfahrungen.

Kontextbedingungen für das (Zusammen-)Wirken von Agent_innen des Wandels stellen also deren kreatives Handeln mit und in Netzwerken sowie ein lokales Framing und die Offenheit für unterschiedliche Motivationen des Mitwirkens dar. Diese Aspekte kombiniert mit den genannten räumlichen Aspekten machen Gemeinschaftsgärten zu kreativen Arenen der sozial-ökologischen Transformation. Diese Kontextbedingungen können auch als Erfolgsfaktoren für das Wirken vergleichbarer Initiativen betrachtet werden.

3.4   Veränderungen, die möglich werden

Damit stellt sich die Frage, welche Veränderungen Gemeinschaftsgarteninitiativen ermöglichen und realisieren?

Zunächst ist da, wie gerade angesprochen, die tatsächliche, materielle Veränderung eines urbanen Raumes. Gemeinschaftsgärten, die wie im untersuchten Beispiel etwa auf verlassenen Spielplätzen oder in Parks entstehen, stellen urbane Interventionen dar. Diese finden Resonanz (gemessen an Zuwachs an aktiven

Personen, neuen Gärten, Unterstützung aus der Bürgerschaft und medialem Interesse etwa) vielleicht gerade weil sie alternative „Raumdeutungen" anbieten und soziale Praktiken neu konfigurieren.

Schließlich ist es ein Netzwerk der Gärtner_innen, das entsteht und Gemeinschaft schafft, eine Community of Practice (Wenger 1998). Diese zeigt sich verantwortlich für den Ort und belebt diesen. Schließlich erzählen und schreiben die Gärtner_innen an einem (neuen) Narrativ mit, wie man *(gut)* in der Stadt leben kann. Müller-Funk (2008, S. 12) erinnert daran, dass Identität narrativ konstruiert wird. So können Gemeinschaftsgärten verstanden werden als möglicher Teil einer Identitätsbildung, der Entwicklung und Verbreitung von gelebten Praxen für nachhaltige Lebensstile.

Zum anderen lassen sich interessante soziale Lernprozesse in der Gemeinschaft beobachten. Dabei handelt es sich um eine Art Learning by Doing: viele Gärtner_innen kommen gewissermaßen vom Handeln zum Wissen in einem gemeinschaftlichen Prozess. Albert Bandura spricht hier von „experiential learning" und von einem „beobachtenden Lernen" in der Gruppe, das über „tremendous multiplicative power" verfüge (Bandura 1989). Durch interpersonellen Einfluss werden hier Nachahmungs- und Ansteckungseffekte (contagion) möglich (Katz 2006, S. 266).

Schließlich stellen solche Gärten eine Idee dar, die materialisiert. Sie zeigen: es ist machbar, in der Stadt Gemüse anzubauen und man kann es sogar essen. Dafür ist nicht einmal Eigentum erforderlich, es ist hier möglich mit wenig Geld gut zu leben, vielleicht sogar sich reich zu fühlen durch Gemeinschafts- und Naturerlebnisse. Gemeinschaftsgärten stellen in diesem Sinne eine „symbolische Materialisierung" (Müller-Funk 2008, S. 8) einer Vision dar, sie ermöglichen niederschwellige Partizipation. Und weniger utopisch gesprochen: sie sind ein Labor der Transformation. Sie ermöglichen eine neuen Blick: wenn viele dem Beispiel folgen ließen sich etwa beträchtliche Mengen Gemüses in der Stadt produzieren. Sie könnten Teil, vielleicht auch Keimzelle, resilienter Lebensstile und nachhaltiger weil regionaler Wirtschaftsweisen sein. Ein ‚alter Hut' ist diese „Neukonfiguration", da Selbstversorgergärten vor nicht allzu langer Zeit im Ruhrgebiet viel verbreiteter waren. Neu ist wohl der Gemeinschafts- und Sharinggedanke dabei sowie der öffentliche Zugang, die einen gewissen Allmende- bzw. Commons-Charakter aufweisen. Sie können auch zu einer Rückbesinnung beitragen, dass private Gärten wieder mehr zur Lebensmittelproduktion genutzt werden und weniger als Ziergärten mit wenig nachhaltigen Importpflanzen.

Auch in wirtschaftlicher Hinsicht sind Gemeinschafgärten kein ökologisches Utopia. In London's ca. 2000 Gemeinschaftsgärten wurden 2013 nach Schätzungen 357 Tonnen Lebensmittel produziert (Stierand 2014). In Kubas Hauptstadt

Havanna leisten Gemüsegärten einen wesentlichen Beitrag zur Grundversorgung der Bevölkerung mit Lebensmitteln (Sehr 2013, S. 35 f.). Gemeinschaftsgärten und das Know-how der urbanen Gärtner_innen schaffen also potenziell Einkommensmöglichkeiten und Ansätze regionaler Wirtschaftskreisläufe und Lebensstile, die das Potenzial aufweisen, zur Versorgung von Stadtbevölkerungen mit Lebensmitteln beizutragen.

Der Künstler Peter Reichenbach, der mit „sevengardens" Färbergärten als Projekte der Bildung für nachhaltige Entwicklung anstößt, bezeichnet seine Gärten als „Aktionsorte für globale Verantwortung" (Schäfer 2012). Dies lässt sich auch für die Gemeinschaftsgärten der Transition-Town-Initiative behaupten. Durch die dezentrale Lage der Gärten kann der Nachhaltigkeitsgedanke auch in der Lebenswelt von Menschen ankommen, denen er sonst eher fern ist und kann dort einen Ort bekommen, der lokale Zugänge zu globalen Fragestellungen öffnet. Wie schon die skizzierten, unterschiedlichen Zugänge der Agent_innen des Wandels zeigen, bieten Gemeinschaftsgärten Raum für unterschiedliche Motive und Zielsetzungen. Globale Notwendigkeiten finden hier einen lokalen Ort und ein soziales Netzwerk. Als Bildung für nachhaltige Entwicklung und Beitrag zur Förderung von Gestaltungskompetenzen (Bormann und de Haan 2008) können sie bezeichnet werden, da sie ökologisches Wissen vermitteln, das Wissen um die Herkunft der eigenen Lebensmittel stärken, das Leben *mit* und damit die Liebe *zur* Natur fördern können, was die Entfremdung die insbesondere viele Großstadtbewohner kennzeichnet, mildern kann. Zugleich bieten sie einen konkreten und niederschwelligen Handlungsansatz. Die Idee der zumindest teilweisen Selbstversorgung ermöglicht Empowerment und Selbstwirksamkeitserfahrungen und kann einen Beitrag leisten zu regionaleren Wirtschaftskreisläufen, die wiederum die Notwendigkeit von Transportverkehren reduzieren und so einen Beitrag zu einer Stadt der kurzen Wege und der Idee der „Städte für Menschen" (Gehl 2010) leisten können.

4   Gemeinschaftsgärtner_innen als Urbane Agenten des Wandels in kreativen Arenen der Transformation

Worin besteht also die Rolle von bürgerschaftlichen Agent_innen des Wandels bei sozial-ökologischen Transformationsprozessen in Städten?

Sie bringen Veränderungsansätze, etwa von globalen Aktionsnetzwerken (hier der Transition-Town-Bewegung) in die lokale Diskussion ein. Dabei erbringen sie eine Übersetzungsleistung: sie entwickeln ein lokales Framing und finden lokale

Handlungsansätze. Das bedeutet auch: sie kommen zum Teil vom Wissen um Probleme und Krisen zum Wollen und darüber zum (kreativen und experimentellen) Handeln. Andererseits finden sich auch Wege, wie der der Raumpionierin, die über lokale Gestaltungsmöglichkeiten im öffentlichen Raum, durch ein kreatives Handeln und autodidaktisches und soziales Lernen motiviert, durch einen starken Veränderungsantrieb zu Bewusstsein und Wissen kommt. Es handelt sich um dynamische (Gruppen-)Prozesse, bei denen neue Akteure dazu stoßen, die neue Impulse einbringen und die Tätigkeit der Gruppe gemeinschaftlich weiterentwickeln.

Durch bestehende und neu entstehende lokale Netzwerke sind Agent_innen des Wandels in der Lage, Mitstreiter zu finden, medial wahrnehmbar zu werden, in Kontakt und Kooperation mit anderen Akteuren aus Zivilgesellschaft, Politik und Verwaltung sowie Unternehmen zu gelangen und so ihrer Veränderungsidee zur Verbreitung zu verhelfen. Vor Ort werden sie damit zu den Anwälten ihres Anliegens. Überregionale Kontakte mit thematischen Netzwerken, etwa dem Transition-Netzwerk oder erfolgreichen Gemeinschaftsgarten-Initiativen dienen als Vorbilder und Berater. Regionale Vernetzung mit Initiativen hilft beim konkreten Erfahrungsaustausch und kann Nachahmungs- und Ansteckungseffekte hervorrufen.

Im vorliegenden Beispiel wurde die Schaffung weiterer Gemeinschaftsgärten von Mal zu Mal leichter. Gründe liegen hier in der bestehenden Kooperation der Gemeinschaftsgarten-Initiative mit der Stadtverwaltung und den damit einhergehenden Vertrauensbildungsprozessen und der Etablierung von Kommunikationskanälen. Das heißt mit anderen Worten, die Agent_innen des Wandels häufen für sich und die Initiative soziales Kapital an und fungieren als Türöffner für weitere Gärten.

Schließlich verfügen Agent_innen des Wandels neben dem Fachwissen, das sie über ihre Qualifikationen und Netzwerke beziehen, auch über lokales Wissen, mit dem sie die Entwicklung und Verbreitung sozialer Innovationen fördern können. Cordula Kropp erwähnt etwa „Bewertungs- und Handlungswissen", also „praktisches, kulturell verankertes und selten abstrakt explizierbares Wissen, das soziale Fähigkeiten und diskursive Sensibilität voraussetzt" (2013, S. 69 f.). Mit diesem könnten Bürger_innen in partizipativen Prozessen Fachexpertisen von Experten und Verwaltungswissen ergänzen (ebd.).

Das Schaubild skizziert die verschiedenen Rollen von Agent_innen des Wandels als Fach-, Prozess-, Beziehungs- und Machtpromotoren (in Anlehnung an Kristof in diesem Band) sowie die verschiedenen Motivationen dieser für das Gärtnern in Gemeinschaftsgärten, die in iterativen Prozessen in gemeinschaftlichem Handeln zusammenkommen und soziale Lernprozesse ermöglichen (Abb. 1).

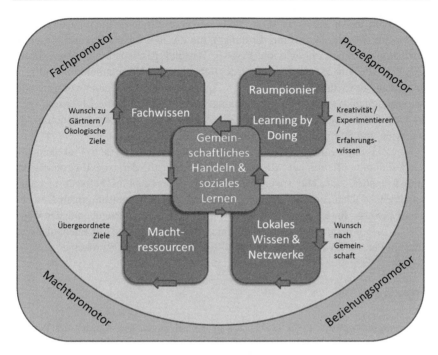

Abb. 1 Rollen und Motivationen von Agent_innen des Wandels in urbanen Transformationsprozessen in Gemeinschaftsgärten. (Quelle: eigene Darstellung)

Im Rahmen der Feldforschung wurde zudem deutlich, dass das zusammen kommen der verschiedenen Agent_innen des Wandels, die entsprechend der Promotorenmodelle bei Kristof als Prozess-, Fach- und Beziehungspromotoren fungieren und sich durch diese verschiedenen Rollen sowie Stärken und Schwächen ergänzen, entscheidend ist. Machtpromotoren finden sich im vorliegenden Fall eher auf Seite der Stadtverwaltung und -politik. Denkbar und beobachtbar ist aber, dass Agent_innen des Wandels bei zunehmender Etablierung und Diffusion ihrer Initiativen auch die Rolle von Machtpromotoren übernehmen können, wie im Fall verschiedener sozialer Bewegungen (wie etwa der Anti-Atom-Bewegung) geschehen. Einen Unterschied zu Kristof und Rogers macht aus, dass es sich im vorliegenden Fallbeispiel der Gemeinschaftsgärten um bürgerschaftliche, also ehrenamtliche Agent_innen des Wandels handelt, die Veränderungsprozesse von unten anstoßen. Diffusionswege sind einerseits horizontale Nachahmungsprozesse im Rahmen der Zivilgesellschaft, zum anderen die Inspiration von Machtpromotoren in der Stadtverwaltung oder Bürgergesellschaft (man denke etwa an Stiftungen wie die „Anstiftung Ertomis"), die die Idee aufgreifen und fördernde Maßnahmen umsetzen, wie im Essener Beispiel geschehen. Reinhard Loske (2013, S. 97 f.) nennt verschiedene Möglichkeiten für Kommunen unterstützend zu wirken, etwa durch Schaffung von Agenturen für Zwischennutzungen oder Fördermöglichkeiten wie die Bauordnung. Essen nutzt auch die Ehrenamtsagentur um die Idee der Gemeinschaftsgärten weiter zu popularisieren. Auch Städte wie Wien und Stuttgart sind hier Vorreiter.

Gemeinschaftsgärten stellen durch Neukonfiguration sozialer Praktiken und Umgestaltung öffentlicher Räume kreative Arenen der sozial-ökologischen Transformation dar. Die sozialen Netzwerke von Gemeinschaftsgärten bieten beträchtliche Chancen für soziales Lernen und Empowerment in einem Gemeinschaftsprozess. Ihr kreativer Prozess besteht im Finden und Begehen neuer Wege. Dies wirkt auf andere Akteure. Agent_innen des Wandels sind auf Ebene der handelnden Personen vor Ort treibende Kräfte dieser Veränderungsprozesse.

Literatur

Ahaus, Björn; Welbers, Lydia (2015): Lokale Klimakulturen und Agenten des Wandels in Essen. Eine qualitative Studie zu sozial-ökologischen Wandlungsprozessen. In: Schmidt, Alexander (Hg.): *Reihe Ergebnisse aus dem Projekt Klima-Initiative Essen für Wissenschaft und Praxis*. Nr. 6. Online erhältlich unter: http://duepublico.uni-duisburg-essen.de/servlets/DocumentServlet?id=39720 (zuletzt abgerufen am: 4. Juni 2016).

Bandura, Albert (1989): Social cognitive theory. In: Vasta, Ross (Ed.), *Annals of child development. Vol. 6. Six theories of child development* (pp. 1–60). Greenwich, CT: JAI Press.

Bormann, Inka; de Haan, Gerhard (2008): *Kompetenzen der Bildung für nachhaltige Entwicklung – Operationalisierung, Messung, Rahmenbedingungen, Befunde*. Wiesbaden: Verlag für Sozialwissenschaften.

Christmann, Gabriela (2013): Raumpioniere in Stadtquartieren und die kommunikative (Re-) Konstruktion von Räumen. In: Keller, Reiner; Reichertz, Jo; Knoblauch, Hubert (Hg.): *Kommunikativer Konstruktivismus. Theoretische und empirische Arbeiten zu einem neuen wissenssoziologischen Ansatz*. Wiesbaden: Springer Fachmedien; Imprint: Springer VS. S. 153–184.

Feola, Guiseppe.; Nunes, Richard (2013): *Failure and Success of Transition Initiatives: A study of the international replication of the transition movement*. Online erhältlich unter: www.walker-institute.ac.uk (zuletzt abgerufen am: 10. Januar 2016).

Fritzsche, Rebecca Anna (2014): Urban Gardening in Stuttgart. Der Kontaktmann für neue Stadtgärtner. In: *Stuttgarter-Zeitung*, 08.09.2014. Online erhältlich unter: http://www.stuttgarterzeitung.de/inhalt.urban-gardening-in-stuttgart-der-kontaktmann-fuer-neue-sta dtgaertner.1f26f15b-1ad4-4c9d-bf24-c5ed8922a5c4.html (zuletzt abgerufen am: 08. Juli 2015).

Fuchs, Gerhard (2014): Die Rolle lokaler Initiativen bei der Transformation des deutschen Energiesystems. In: *Gaia* 23 (2), S. 135–136.

Gehl, Jan (2010): *Cities for People*. Washington, DC: Island Press.

Granovetter, Mark S. (1973): The Strength of Weak Ties. In: *American Journal of Sociology,* Vol. 78, Nr. 6, S. 1360–1380.

Grießhammer, Rainer; Brohmann, Bettina (2015): *Wie Transformationen und gesellschaftliche Innovationen gelingen können* (hg. v. Umweltbundesamt). Online erhältlich unter https://www.umweltbundesamt.de/publikationen/wie-transformationen-gesellschaftliche-innovationen (zuletzt abgerufen am 2. Dezember 2015).

Griggs, David; Stafford-Smith, Mark; Gaffney, Owen; Rockstrom, Johan; Ohman, Marcus C.; Shyamsundar, Priya; Steffen, Will; Glaser, Gisbert; Kanie, Norichika; Noble, Ian (2013): Policy: Sustainable development goals for people and planet. In: *Nature* 495 (7441), S. 305–307.

Grin, John; Rotmans, Jan; Schot, Johan. (2010): *Transitions to sustainable development. New directions in the study of long term transformative change.* New York: Routledge.

Howaldt, Jürgen; Kopp, Ralf; Schwarz, Michael (2014): *Zur Theorie sozialer Innovationen. Tardes vernachlässigter Beitrag zur Entwicklung einer soziologischen Innovationstheorie.* Weinheim; Basel: Beltz Juventa.

Katz, Elihu (2006): Rediscovering Gabriel Tarde. In: *Political Communication* 23 (3), S. 263–270.

Kristof, Kora (2010): *Models of change. Einführung und Verbreitung sozialer Innovationen und gesellschaftlicher Veränderungen in transdisziplinärer Perspektive.* Zugl.: Habil.-Schrift, 2006, Zürich: vdf-Hochschulverlag.

Kropp, Cordula (2013): Demokratische Planung der Klimaanpassung? Über die Fallstricke partizipativer Verfahren im expertokratischen Staat. In: Knierim, Andrea; Baasch, Stefanie; Gottschick, Manuel (Hg.): *Partizipation und Klimawandel – Ansprüche, Konzepte und Umsetzung.* München: Oekom, S. 55–74.

Loske, Reinhard (2013): Die Rolle der Kommune. Eine Wirkmächtige Förderin der Veränderung. In: *Politische Ökologie* (113), S. 94–101.

Maschkowski, Gesa; Wanner, Matthias (2014): Die Transition-Town-Bewegung. Empowerment für die große Transformation? In: *Planung neu denken*, Ausgabe II, 2014, S. 1–11. Online erhältlich unter: http://www.planung-neu-denken.de/content/view/297/41 (zuletzt abgerufen am 04. Juni 2016).

Müller-Funk, Wolfgang (2008): *Die Kultur und ihre Narrative. Eine Einführung.* 2. Aufl. Wien [u. a.]: Springer.

Rogers, Everett M. (2003): *Diffusion of innovations.* 5th ed. New York, NY: The Free Press.

Schäfer, Tibor (2012): *Sevengardens – Färbergärten als Aktionsorte für globale Verantwortung.* Online erhältlich unter: http://www.bpb.de/gesellschaft/kultur/kulturelle-bildung/141189/sevengardens?p=all (zuletzt abgerufen am 28. März 2016).

Schubert, Hans-Joachim (2013): Pragmatismus und Symbolischer Interaktionismus. In: Kneer. Georg; Schroer, Markus (Hg.): *Handbuch Soziologische Theorien.* Wiesbaden: Verlag für Sozialwissenschaften.

Schuhmacher, Jennifer (2015): Grüne Hauptstadt beflügelt Gärtner. In: *Westdeutsche Allgemeine Zeitung*, 16.11.2015. Online erhältlich unter: http://www.derwesten.de/staedte/essen/gruene-hauptstadt-befluegelt-gaertner-aimp-id11290094.html (zuletzt abgerufen am 3. Dezember 2015).

Sehr, Sabrina (2013): *Gemeinschaftsgärten und Kommunalpolitik – Eine Analyse der Wiener Situation unter Berücksichtigung der grünen Regierungsbeteiligung.* Online erhältlich unter: http://othes.univie.ac.at/27425/1/2013-04-01_0502569.pdf (zuletzt abgerufen am 24. März 2016).

Sommer, Bernd; Schad, Miriam (2014): Change Agents für den städtischen Klimaschutz. Empirische Befunde und praxistheoretische Einsichten. In: *Gaia*, 23 (1), S. 48–54.

Stierand, Phillip (2014): *Produktives Urban Gardening: 357 Tonnen Lebensmittel aus Londoner Gärten.* Online erhältlich unter: http://speiseraeume.de/urban-gardening-london-357-tonnen/ (zuletzt abgerufen am 3. November 2014).

Transition Town Totnes (2016). Online erhältlich unter: http://www.transitiontowntotnes. org/ (zuletzt abgerufen am: 4. Juni 2016).

Weltring, Wiebke (2014): *Potentialflächen für Gemeinschaftsgärten. Ein Leitfaden zur Unterstützung von Gemeinschaftsgarteninitiativen* (hg. v. Regionalverband Ruhr). Online erhältlich unter: http://www.metropoleruhr.de/fileadmin/user_upload/ metropoleruhr.de/01_PDFs/Freizeit/Emscher_Landschaftspark/Downloads/ Potentialflaechen_fuer_Gemeinschaftsgaerten._Ein_Leitfaden_zum_Umgang_mit_ Gemeinschaftsgarteninitiativen._RVR_Sep_14.pdf (zuletzt abgerufen am 3. November 2014).

Wenger, Etienne (1998): *Communities of Practice. Learning, Meaning, and Identity.* Cambridge: University Press.

Wiss. Beirat d. Bundesregierung Globale Umweltveränderungen (WBGU) (2011): Welt im Wandel: Gesellschaftsvertrag für eine Große Transformation. [Hauptgutachten]. Berlin: Wiss. Beirat d. Bundesregierung Globale Umweltveränderungen (Welt im Wandel) Berlin: WBGU.

Über den Autor

Björn Ahaus ist wissenschaftlicher Mitarbeiter am Kulturwissenschaftlichen Institut in Essen. Er forscht dort im Bereich Partizipationskultur zu Fragen der sozial-ökologischen Transformation und promoviert zum Thema „Agenten des Wandels sozialer Innovationen der Nachhaltigkeit im urbanen Raum".

Künstlerische Interventionen im öffentlichen Raum

Sabine Fabo

Der Begriff der künstlerischen Intervention gilt seit längerer Zeit als eine zeitgemäße Möglichkeit subkulturellen Widerstands in einer kulturindustriell geprägten Gesellschaft. Bei einer Intervention handelt es sich um einen präzisen und mit überschaubarem Aufwand betriebenen Eingriff, der sich der großen Geste der kämpferischen Rebellion entzieht und eher auf subtile Formen des strategischen Handelns setzt. Die künstlerische Intervention reagiert auf eine als dominant empfundene gesellschaftliche Situation, die sie subversiv verändern möchte. Für die Definition der Intervention sind nicht nur, wie bei der Kunst im öffentlichen Raum, die besonderen Gegebenheiten des Ortes von zentraler Bedeutung. Neben die Ortsspezifik tritt das wesentliche Charakteristikum eines durch die Intervention initiierten Prozesses, der die gesellschaftliche Wahrnehmung anspricht und auch partizipatorische Momente einschließen kann.

Vor dem Hintergrund dieser konstitutiven Öffnung zur Gesellschaft lassen sich im Feld der künstlerischen Intervention aber auch Problemstellungen beobachten, die in Richtung einer Vereinnahmung der Intervention zulasten der kritischen Aussage gehen. Als markante Momente sind hier die zunehmende Ökonomisierung und Festivalisierung des öffentlichen Raumes zu nennen. Diese Entwicklung führt dazu, dass auffällige künstlerische Eingriffe gerne zu Standort stärkenden Spektakeln verharmlost werden. Skepsis an der gesellschaftlichen Reichweite interventionistischen Handelns äußert sich sehr deutlich in dem *Glossar der Interventionen,* in dem militärische, politische und künstlerische Interventionen

S. Fabo (✉)
FH Aachen, Aachen, Deutschland
E-Mail: fabo@fh-aachen.de

© Springer Fachmedien Wiesbaden GmbH 2017
J.-L. Reinermann und F. Behr (Hrsg.), *Die Experimentalstadt,*
DOI 10.1007/978-3-658-14981-9_11

alphabetisch in enzyklopädischer Nonchalance aufgelistet und genüsslich mit „Molkereibutter aus Interventionsbeständen" zusammengeführt werden (von Borries et al. 2012a, S. 152) – eine trivialere Umgebung lässt sich für den Begriff des Widerständigen kaum finden. Der Hype um den Begriff der Intervention wird demonstrativ dekonstruiert. In einem Aufsatz aus demselben Jahr bestätigt sich dieser ernüchterte Blick:

> Im Kontext von Stadtentwicklung droht dem subversiv-kritischen Format der künstlerischen Interventionen sowohl die planerische Vereinnahmung als auch die Instrumentalisierung für Marketingstrategien und damit der Verlust ihrer subversiven Kraft und künstlerischen Integrität. Street Art neigt dabei dazu, heimelig, bunt und legal zu werden. Subversive und soziale Interventionen mutieren zu Marketing- und Kommunikationsinstrumenten. Zwar unterlaufen auch diese Interventionen noch die üblichen Nutzungsweisen des öffentlichen Raumes und fügen diesem etwas Neues, Unerwartetes hinzu, doch wirklich stören können Sie nur mehr in den seltensten Fällen. [...] Von diesen eher symbolischen Eingriffen ist es nicht weit, bis diese Interventionen zu neuen Formen des materiellen oder symbolischen Stadtmöbels verkommen und als kostengünstiges, aber öffentlichkeitswirksames Tool vernutzt werden (von Borries et al. 2012b, S. 102).

Die hier kritisierte Vereinnahmung des künstlerischen Widerstands lässt sich bereits an den Ursprüngen der interventionistischen Begrifflichkeit aufzeigen. So wurde der Begriff der Guerilla-Taktik aus dem Feld der militärischen Intervention nahtlos in die Werbung überführt. Bereits 1994 veröffentlichte der Unternehmensberater und Marketingexperte Jay C. Levinson zusammen mit Seth Godin ein *Guerrilla-Marketing-Handbook,* in dem der rebellische Impuls als kosteneffiziente Werbestrategie eingesetzt wird. Guerilla Marketing erweist sich somit als ein genuines Produkt der Werbebranche, das vor allem bei kleinen Werbebudgets eine maximale virale Wirkung entfalten sollte. Unter den Begriffen des Radical Advertising und Subvertising wurde das subversive Moment der Intervention vollends als zeitgemäße Werbestrategie adaptiert, wie der Initiator des Adbusting, Kalle Lasn, deutlich formulierte:

> Wenn man Produkte verkauft, nennt man es Werbung, also Advertising. Wenn man aber Ideen verkaufen will, muß man versuchen, das System zu unterminieren. Man versucht, etwas zu sagen, was gewissermaßen tabu ist. [...] Das ist für mich Subvertising, mit Gewalt in die Kultur ein[zu]dringen. Ich benutze dafür auch gerne den Begriff Culture-Jamming. Culture-Jamming ist die Kunst, eine neue Art von ‚cool' zu schaffen (Lasn 2008, S. 251).

Die heftige Umarmung des Konzepts des Coolen, die der Werber Lasn hier vornimmt, lässt sich zeitlich bis in die Werbebranche der 1960er Jahre zurückverfolgen, welche die Jugend- und Hippiekultur in ihre Strategien einband, was von Thomas Frank 1997 in seinem Buch *The Conquest of Cool* deutlich benannt wurde. Rekurrierend auf Frank haben Joseph Heath und Andrew Potter 2005 aufgezeigt, wie sehr das Widerständige in Gestalt des Rebellischen, und mit ihm andere Formen der Gegenkultur, zu einer attraktiven Figur geworden sind, die reibungslos in das Feld von Markt und Konsum eingebunden werden. Der Ausverkauf des Rebellischen hat die Form des subversiven Protests dermaßen ausgehöhlt, dass die Autoren eine politisch wirksame Arbeit nur noch in Form einer Stärkung staatlicher Institutionen sehen (2005, S. 327–343).

Den Betrachtungen zur künstlerischen Intervention ist gemeinsam, dass sie sich der Problematik durch die Vereinnahmung und Vermarktung des Widerständigen bewusst sind. Kaum jemand vertritt noch die Vorstellung von der unkorrumpierbaren rebellischen Geste. Die Verlagerung des offenen Protests zu Formen subtiler Kritik hat die künstlerische Intervention in die begriffliche Nähe von Cultural Hacking oder guerilla-affinen Taktiken wie Adbusting oder Konsumguerilla gerückt. Thomas Düllo und Frank Liebl stellen in ihrer Bestimmung des Cultural Hackings fest, dass „Hacking [...] experimentelle Versuchsanordnungen für eine kalkulierte und präzise Intervention in System" produziere (2005, S. 29). Als weitere Ziele des Hackings werden Desorientierung, Zweckentfremdung, die Rückführung auf ursprüngliche Zweckbestimmung sowie die „Kreation und Dissemination von Viren" genannt (2005, S. 29 f.). Gleichwohl lässt sich auch hier die Nähe zum modisch gewordenen Vokabular eines Guerilla-Chics nicht übersehen.

Die hier vorgestellten künstlerischen Interventionen bewegen sich in dem Spannungsfeld zwischen einer ästhetisch motivierten Kritik an gesellschaftlichen Bedingungen und dem Risiko, dass diese Kritik als neuer Erlebniswert oder gesellschaftlicher Nutzen wieder in das System eingespeist werden kann. Die Nähe der Intervention zur Umgebung ihres Eingriffs kann erheblich variieren, von skeptischen Kooperationen bis zu modellhaften Rahmungen, die eine Veränderung und Schärfung der Wahrnehmung des öffentlichen Raumes beabsichtigen.

1 Parasitäre Haltungen

Vor der Erfahrung der zunehmenden Abnutzung widerständiger Haltungen und dem gleichzeitigen Wissen um die Notwendigkeit systemkritischer künstlerischer Arbeit sind Formen der Intervention aufgetreten, die sich des Modells der subversiven Kooperation bedienen. So wird mit dem Konzept des Parasitären künstlerisches Handeln in die Parallele biologischer und virologischer Blickweisen verlegt. Theoretisch wurde der Begriff des Parasitären als eine die Gesellschaft verändernde Haltung 1980 von dem französischen Philosophen Michel Serres in seiner Schrift *Der Parasit* eingeführt: „Der Parasit ist ein Erreger. Weit davon entfernt, ein System in seiner Natur, seiner Form, seinen Elementen, Relationen und Wegen zu verwandeln [...], bringt er es dazu, seinen Zustand in kleinen Schritten zu verändern" (Serres 1987, S. 293). Weiter heißt es dort: „Was ist ein Parasit? Eine Ableitung, die zu Anfang geringfügig und dies auch bis zum Verschwinden bleiben kann, die aber auch so weit anwachsen kann, dass sie eine physiologische Ordnung in eine neue Ordnung transformiert" (Serres 1987, S. 306). Gesellschaftliche Veränderungen werden hier als das Ergebnis vieler minimaler Eingriffe in die bestehende Ordnung verstanden. Dabei wird das vorhandene System als Orientierungsgröße akzeptiert und in ein Wirts-Verhältnis gebracht, von dem der subversiv agierende Parasit profitiert. Zu Beginn der 2000er Jahre trat das Konzept des Parasitären zunächst in der Architektur auf, hier hauptsächlich in der Funktion eines temporären, nomadischen Gebäudes, das die Infrastruktur des bestehenden Wirtsgebäudes nutzt.[1]

Die Merkmale der temporären Nutzung einer dominanten und etablierten urbanen Struktur machte sich auch der amerikanische Künstler Michael Rakowitz für seine Interventionen zunutze. Seine ParaSITES waren eine Reaktion auf die rigiden Obdachlosen-Gesetze der Stadt New York. Zwischen 1998 und 2002 schuf Rakowitz aufblasbare Installationen, die in demonstrativer Bescheidenheit die Abluftwärme großer Gebäude nutzten und den obdachlosen Bewohnern der Stadt als provisorische Behausungen zur Verfügung gestellt wurden. Die Installationen entstanden in Absprache mit den betroffenen Obdachlosen und wurden nach deren Wünschen variiert. Dabei wurde darauf geachtet, dass die Ausmaße der parasitären Behelfswohnungen mit den städtischen Bestimmungen für öffentliche Nutzungen übereinstimmten. Auch wenn das bestehende dominante Gebäude nicht in seinem Bestand angetastet wurde, gab der Warmluft-Parasit am physischen Rand des großen, Architektur gewordenen Bruders der prekären Situation der Obdachlosen eine starke visuelle Präsenz. Diese Intervention entfaltete nicht nur in der Schaffung eines temporären Lebensraums eine praktische Wirkung, sondern rückte vor allem einen sozialen Missstand in das öffentliche

---

[1]Prägende Beispiele versammelte 2003 die Rotterdamer Ausstellung *Parasite Paradise*. Ein weiteres, viel zitiertes Beispiel war der temporäre Parasit des Architektenbüros Korteknie Stuhlmacher, der im ehemaligen Hafengebiet von Rotterdam für Aufsehen sorgte (Stuhlmacher Korteknie 2007, S. 120–129). Zur Praxis der parasitären Strategien siehe auch *Fabo* (2007).

Bewusstsein. Rakowitz wollte sein Projekt nicht als Dienstleistung missverstanden sehen und betonte, dass es ihm nicht primär darum ging, einen Vorschlag „für günstige Wohnmöglichkeiten" zu schaffen. Der „Ausgangspunkt ist die Präsentation einer symbolischen Überlebensstrategie für Obdachlose in der Stadt" (Rakowitz 2007, S. 135). Das ästhetische Moment der Gestaltung eines Wahrnehmungsprozesses war hier konstitutiv und sollte nicht selbst als eine direkte soziale Maßnahme missverstanden werden. Darüber hinaus bot die minimalistische Ausstattung der ParaSITES wenig Anlass, als ernst zu nehmende Baumaßnahme gedeutet zu werden.

Ein Charakteristikum parasitärer Strategien ist, dass sie in beiden Richtungen des Wirtsverhältnisses funktionieren können und sowohl das übergeordnete System als auch die Kritik an ihm adressieren. Es entstehen wechselseitige parasitäre Nutzungen, und so können Interventionen, die einen konsumskeptischen Hintergrund aufweisen, auch den Produzenten des Konsums frische Impulse geben. Eine solche wechselseitige parasitäre Konstellation ergab sich bei der Prada-Installation, die von der Künstlergruppe Elmgreen & Dragset am Straßenrand einer wenig frequentierten Gegend in der Wüste von Marfa/Texas eingerichtet wurde. In Kooperation mit der Luxusmarke Prada wurden die Künstler mit Waren wie Handtaschen und Schuhen sowie der Erlaubnis zur Nutzung des Markenlogos unterstützt. Die abseitige Platzierung der hermetischen Boutique, die nie für einen Kundenbesuch konzipiert worden war, relativierte bereits die Werbewirksamkeit des Sponsorings durch Prada. Potenzielle Kunden standen vor verschlossenen Türen und konnten sich lediglich dem Windowshopping widmen, darüber hinaus waren keine weiteren Konsumerlebnisse vorgesehen. Das Imaginäre der Besucher wurde zwar mit der modisch eleganten Installation angesprochen, doch eine Wunscherfüllung durch den abschließenden Akt des Kaufens wurde hartnäckig verweigert. Die Inszenierung der Waren negierte den Warentausch. Der Prozess des Alterns als natürlicher Gegner alles Modischen schuf eine zusätzliche Distanz zu den ausgestellten Gegenständen und verwies den überteuerten Hype eines aktuellen Looks in das mitleidslose Feld der Vergänglichkeit.

Durch die freundliche Symbiose mit Prada geriet der parasitäre Coup nicht vollständig zur Konsumkritik, sondern stärkte auch die ökonomische Verwertung konsumskeptischer Kunst. Der kleine Seitensprung einer präsenten Luxusmarke in die Kaum-Sichtbarkeit einer Einöde erwies sich als Akt einer kalkulierten Nonchalance, welche die Marke Prada stärkte. Dafür spricht auch die Unternehmensphilosophie von Miuccia Prada, in der sich das Wissen um die Werbewirksamkeit der Einbindung von Kunst deutlich artikuliert: „Ich will nicht, wie viele andere, zur immer leichteren Konsumierbarkeit von Kunst beitragen. Vielleicht ist Kunst inzwischen nicht mehr das Terrain von Rebellion und Radikalität wie früher"

(Karcher 2007, unpag.). Darüber hinaus scheut sich der Konzern nicht, die eigene
Marke jenseits einer rein kommerziellen Verwertung als virales Vehikel einzuset-
zen, um Ideen zu verbreiten, welche die Kulturdebatte beleben sollen: „Ich ver-
wende die Power der Marke als Vehikel, der Gesellschaft Ideen einzupflanzen, die
Diskussionen auslösen, Probleme ansprechen und sie möglicherweise zum Besseren verändern" (Karcher 2007, unpag.).

2   Der interventionistische Fake

Vor dem Hintergrund des Wissens um die Unausweichlichkeit ökonomischer
Zwänge können Interventionen den Zweck verfolgen, eine bereits skeptische Haltung gegenüber der kapitalistischen Ausrichtung der Gesellschaft vorausschauend
zu modellieren. Über die Figur des Fake kann dann die Überspitzung einer Situation inszeniert werden, die für den Betrachter einen gewissen Grad an Glaubwür-
digkeit aufweist.

Die Yes Men, die sich seit Jahren erfolgreich als Vertreter namhafter Institutionen ausgeben, um in der Figur der Übertreibung auf Missstände in unserem
Wirtschaftssystem hinzuweisen, hatten im November 2004 zum 20jährigen
Gedenken an die Bhopal-Katastrophe einen Hoax geplant. 1984 starben in der
indischen Stadt Bhopal 22.000 Anwohner an verbrennenden Pestiziden, die nach
einem Brandunglück aus einer Fabrik von Union Carbide entwichen. Den Opfern
wurde damals die lächerliche Summe von 500 Dollar pro Person als Entschädi-
gung gezahlt, die Firma selbst wurde später von Dow Chemical übernommen. Ein
Künstler der Yes Men präsentierte sich 2004 als vermeintlicher Repräsentant von
Dow Chemical und kündigte in einer Nachrichtensendung von BBC World TV
an, dass Dow Chemical nun die Opfer der Brandkatastrophe angemessen in Höhe
von zwölf Milliarden Dollar entschädigen wolle. Diese Vortäuschung eines längst
überfälligen Aktes verantwortungsbewussten Handelns wirkte so glaubhaft, dass
sie sogar konkrete materielle Auswirkungen zeigte, als das Unternehmen an der
Börse einen kurzfristigen Kursverlust hinnehmen musste. Der Kurs von Dow
Chemical sank an der Frankfurter Börse in 23 min um 4,3 %, was einem Verlust
von zwei Milliarden Dollar gleichkam. Drei Stunden, nachdem der Konzern die
Nachricht als Falschmeldung dementiert hatte, konnte der Kursverlust wieder
aufgefangen werden (Yes Men 2004). Eine künstlerische Intervention hatte, wenn
auch nur für kurze Zeit, einen realen Einfluss auf die finanzielle Situation eines
rücksichtslos agierenden Unternehmens.

Im künstlerisch initiierten Fake findet ein Glaubwürdigkeitstest der öffentlichen Meinung statt. Einer derartigen Befragung wurden die Bewohner Wiens im

Oktober 2003 unterzogen. Die Künstlergruppe 0100101110101101.org hatte dort zusammen mit Public Netspace das Projekt *Nikeground-Rethinking Space* präsentiert. Die Künstler stellten die Behauptung auf, dass der Sportkonzern Nike den Plan habe, den Karls-Platz in Wien in Nike-Platz umzubenennen und sein weltbekanntes Logo, den Swoosh, in einer monumentalen Skulptur von 36 Metern Länge und 18 Metern Höhe dort zu platzieren. Als Zeichen dieser raumgreifenden Absicht wurde das Vorhaben auf einer Website und in Form eines kleinen Info-Pavillons den Wienern vorgestellt. Die künstlerische Kritik an den expansiven Bestrebungen von Nike kam hinter der Maskerade einer übersteigerten Nike-Bejahung zum Ausdruck. Die verschreckten Bürger empfanden diese Fake-Kampagne als so glaubhaft, dass sie sowohl bei dem Konzern Nike als auch bei der Stadt Wien protestierten. Vor dem Eindruck eines zunehmenden Brandings öffentlicher Räume appellierte die künstlerische Installation erfolgreich an die Vorstellungskraft der Wiener Bürger, die aggressive visuelle Politik dominanter Marken in Richtung einer urbanen Dystopie weiterzudenken. Der Vereinnahmung konnte jedoch auch diese Intervention kaum entgehen. Während Nike zunächst gegen die falsche Behauptung einer Umbenennung des Platzes klagte, wurde dem Konzern kurze Zeit später bewusst, dass diese Form der Subversion gleichzeitig eine unbeabsichtigte und kostengünstige Werbung für das eigene Unternehmen bedeutete. Schließlich wurde hier für die Marke Nike eine maximale Aufmerksamkeit erzeugt, ohne dass der firmeneigene Werbeetat strapaziert werden musste.

3   Intervention als Blick- und Bildstörung

Interventionen beabsichtigen über den Weg des physischen Eingriffs in den öffentlichen Raum eine Hinterfragung von Wahrnehmungsgewohnheiten. Die Selbstverständlichkeit der visuellen Wahrnehmung des urbanen Umfelds wird durch störende Eingriffe unterminiert und gewohnte Raumkonstellationen werden dem trägen Blick des eingeübten Betrachters entzogen. Die gezielte Gestaltung der öffentlichen Wahrnehmung wird zu einer zentralen Strategie, und das nicht nur von interventionistischer Seite, sondern auch dort, wo sie affirmative Wirkungen entfalten soll.

Ein installativer Eingriff in die Region des Braunkohletagebaus wurde 2009 im rheinischen Inden vorgenommen. Parallel zum noch aktiven, höchst intensiven Kohleabbau wurde von kommunaler Seite eine Art gestalterische Wiedergutmachung in Form eines 280 Tonnen schweren und 36 m hohen Aussichtsturms, dem Indemann, vorgenommen. Von den zahlreichen Aussichtsplattformen bietet sich dem Betrachter ein weitreichender, spektakulärer Panoramablick über die industriell ausgebeutete Landschaft. Nachts wartet die Medienskulptur mit einer attraktiven, klimaschonenden Beleuchtung von 40.655 LED-Leuchten auf, die auch Partygäste anzieht. Die einleitenden Worte des Werbeflyers stehen im Zeichen einer ästhetischen Versöhnungsproduktion:

> Der Indemann ist durch seine Größe und seinen Standort, hoch auf der Goltstein-kuppe, das weithin sichtbare Symbol für die Perspektiven, die das Indeland seinen Bewohnern bietet. Seine moderne Architektur steht für die technische Zukunft der Region, sein sich ständig veränderndes Leuchten im Dunkeln für den Struktur-wandel im Braunkohlerevier, seine Stabilität für die über 10.000 Jahre währende Geschichte des Indelandes. Das 36 m hohe Wahrzeichen weist mit seinem Arm auf die sich verändernde Landschaft des Tagebaus Inden (Indemann 2009, unpag.).

Die Kategorie des Erhabenen war in der ursprünglichen, 1757 von Edmund Burke entwickelten Definition, lange Zeit erschütternden Naturereignissen vorbehalten, die neben den Eindrücken von „Schmerz und Gefahr" auch eine Form des Genusses für den Betrachter bereit hielt (Burke 1989, S. 73). Wenige Jahrzehnte später stand diese komplexe Figur der Wahrnehmung im Zentrum der Naturbetrachtung des romantischen Subjekts. Zu Beginn des 21. Jahrhunderts erleben wir mit der zunehmenden Technologisierung der Natur eine problematische Umdeutung dieses Gefühls menschlicher Überwältigung. Jetzt sind es keine Naturkräfte, sondern die von Menschen hervorgerufenen Verwerfungen in unserer Lebenswelt, die Anlass bieten, sich selbst als Schöpfer erhabener Eingriffe bestätigen zu lassen. Die Ästhetisierung der verbrauchten Industrielandschaft dient einer zynischen Inszenierung, welche die durch den Tagebau transformierte Natur zum Objekt einer erhabenen Anschauung macht. Die Rolle des Bürgers soll sich hier auf den Aspekt des Staunens und der Akzeptanz technologisch geprägter Definitionsmacht beschränken, Formen des offenen Protests oder aktivistische Störungen des erhabenen Bildes sind hingegen ausgesprochen unerwünscht.

Während eine kommunal verordnete Skulptur wie der Indemann touristische Sehgewohnheiten weiter affirmiert, sind Künstler eher an der Störung von Blickroutinen interessiert. So irritierte 2007 Julius von Bismarcks *Image-Fulgurator* die ungetrübte genießerische Wahrnehmung und sorgte durch eine intervenierende Lichtregie dafür, dass Touristen beim zeitverzögerten Betrachten ihrer Urlaubsbilder einen kritischen Subtext eingespielt bekamen, der die Eindimensionalität der touristischen Bildarbeit um eine weitere Ebene bereicherte (von Bismarck 2015). Hinter dem *Image-Fulgurator* steckte „ein Apparat zur minimal-invasiven Manipulation von Fotographien" (Janssen 2008, unpag.), d. h. eine zum Projektor umgebaute Kamera, die vom Blitzlicht einer anderen Kamera in ihrer Umgebung ausgelöst wurde und die Projektion auf das Motiv dieser anderen Kamera brachte.

Es erfolgte ein Eingriff in die Bild- und Blickerwartungen der anwesenden Hobby-Fotografen, der die unhinterfragte instinktive Geste des Schnappschusses störte. Im Aufspüren akuter Bildmotive thematisierte die Arbeit die Wunschprojektion des Einzelnen und verunsicherte den nahtlosen Übergang vom imaginierten Motiv zum apparativen Bild. Erst nach der projektiven Intervention durch den Künstler wurde das veränderte Bild für die anderen Fotografen sichtbar. So wurden Präsident Obama bei seinem zweiten Besuch in Berlin oder der Papst auf dem Weltjugendtag in Madrid im Jahr 2011 zum Gegenstand der Bild-Intervention, welche die Widersprüchlichkeit dieser positiv besetzten Repräsentanten offen legte.

Eine Blickverschiebung mittels installativer Überblendungen nahm im Sommer 2014 der Künstler Gregor Schneider an der ehemaligen Synagoge in Pulheim-Stommeln vor (Schneider 2014, unpag.). Die Synagoge, die nach dem Wegzug ihrer Gemeindemitglieder schon zur Zeit des Dritten Reiches als Agrarschuppen genutzt wurde, ist seit Jahrzehnten ein Ort von Ausstellungen und künstlerischer Projekte. In Schneiders Arbeit *Hauptstraße 85a* erfolgte die Intervention in Form einer architektonischen Veränderung der Synagoge. Vor die Eingangsseite der ehemaligen Synagoge installierte Schneider die pastellgelbe Fassade eines kleinbürgerlichen Reihenhauses, mit heruntergezogenen, gemusterten Rollos an den Fenstern und einer Eingangstür mit Namensschild, das auf den Künstler verwies. Die friedliche Übertünchung der mit der nationalsozialistischen Vergangenheit verbundenen Synagoge verdrängte noch einmal die Belastungen einer Auseinandersetzung mit der Geschichte. Kleinbürgerliche Normalität mit all ihren unausgesprochenen Tücken durchdrang den historischen Ort und machte sich unaufgeregt breit. Nirgends konnte man in das Gebäude eintreten, es verharrte im Zustand der Fassade, und der Besuch der Kunstinstallation endete vor der abweisenden Kulisse des Gewöhnlichen. Die künstlerische Intervention überlagerte das reale Gebäude der Synagoge mit einer zähen Alltagsästhetik. Sie stellte im buchstäblichen Sinn eine sichtbar gewordene Verdrängungs-Arbeit dar, die gleichzeitig auch zum Zeichen des Scheiterns der Strategien des Vergessens wurde.

4   Partizipative Interventionen im urbanen Raum

Einige künstlerische Interventionen entwickeln sich partizipativ, sie binden Bürger und Bewohner ein und suchen bewusst die Grenzüberschreitung zu privaten Räumen auf. So intervenierte 1986 die Kunst in die Privatsphäre der Genter Bürger und nistete sich als *Chambres d'amis* in privaten Wohnungen ein. Die

Künstler begaben sich mit ihren installativen Arbeiten in den wohnlichen Alltag von Haushalten und erweiterten diesen zu einem musealen, öffentlichen Ort, der besichtigt werden konnte. Das Moment der Gastfreundschaft belebte den Dialog zwischen Kunst und Alltag. Dieser aufschlussreiche Kontakt setzte sich fort in aktuellen Theaterprojekten wie dem Projekt *x-Wohnungen,* bei dem der Dramaturg Matthias Lilienthal private Wohnräume nutzte, um dort Schauspieler in kurzen Inszenierungen auf die private Umgebung und ihre Bewohner reagieren zu lassen. Das Publikum erhielt dabei in kleinen Zweiergruppen Einblick in die geöffneten Privaträume (Wiens 2014).

Der intensive Austausch mit lokalen Gemeinschaften steht auch im Zentrum der Arbeiten des Künstlers Thomas Hirschhorn. Er erbaut für einige Wochen „Monumente" im urbanen Raum, wobei er bewusst sozial konfliktträchtige Gegebenheiten aufsucht. 2002 errichtete Hirschhorn in einer Außeninstallation der documenta 11 in Kassel ein *Bataille-Monument,* und 2013 widmete er dem italienischen kommunistischen Denker Antonio Gramsci ein Monument in der New Yorker Bronx, was von der Dia Art Foundation unterstützt wurde. Die Installation bestand aus mehreren Pavillons, die von ungelernten Arbeitern aus dem Wohnviertel errichtet wurden. Die Materialien waren meistens preiswert und zusammengesucht, ihre Anordnung folgte dem Prinzip der Collage. So entstanden für den Zeitraum vom 1.7. – 15.9. 2013 unter anderem ein Internetraum, eine Bücherei mit Gramsci-Literatur sowie eine Radio-Station. Am *Gramsci-Monument* wurden Vorträge gehalten, Workshops mit Kindern durchgeführt und eine eigene lokale Zeitung herausgegeben.[2] Was auf den ersten Blick wie eine harmonische Gemeinschaftsarbeit anmutete, hatte durchaus mit Widerständen vonseiten der Anwohner zu rechnen. Es gab Streitigkeiten, Organisationsprobleme und kleinere Diebstähle. Die hoffnungsfrohe Künstler-Utopie einer lokalen Gemeinschaft musste sich stets an der Wirklichkeit messen, und Hirschhorn gelang es im Rückblick, genau in diesen Widerständen die Essenz seiner Arbeit zu sehen: „Ich habe gelernt, dass das Wort „Gemeinschaft" eine heilige Kuh ist, und um es ernst zu nehmen und die Falle seines politischen Missbrauchs und semantischer Oberflächlichkeit zu vermeiden, muss ich es wirklich berühren, muss ich mit ihm in Kontakt treten, in engen Kontakt […]" (Hirschhorn 2015, S. 141). Der Künstler erkannte, dass eine Intervention im urbanen Raum kaum geplant werden kann, da sie auf eine konkrete Realität mit sehr verschiedenen Akteuren trifft. Gut gemeinte missionarische Impulse wären deplatziert gewesen, da auch sie die Souveränität jedes Einzelnen nicht genügend respektiert hätten. Hirschhorns Inten-

---

[2]Siehe auch die Projektdokumentation der Dia Art Foundation (Gramsci Monument 2015).

tion ist es, „Kunst auf politische Weise" „zu machen" (2015, S. 142) und sein Gegenüber mit all seiner Widerständigkeit ernst zu nehmen: „Die Realität ist in so hohem Maße nicht erwartbar, unvorhersagbar und überraschend, sodass keinesfalls Enttäuschung aufkommen sollte, wenn man ihr gegenübertritt" (2015, S. 145). Die prozessualen Qualitäten von Kommunikation, Dialog und Austausch stellten das eigentliche Ergebnis der temporären Baumaßnahme in der Bronx dar, wobei der konstruktive Prozess des Bauens bereits gemeinschaftsbildend war. Interessant an Hirschhorns Projekt ist der Modellcharakter des *Gramsci-Monuments*. Der hier geschaffene Ort sozialer Begegnung traf auf ein sperriges und oft sehr theoriestarkes Nachdenken über gesellschaftliche Verhältnisse. Die Gefälligkeiten eines freundlichen Wohnservices wurden vermieden.

Dieses Beispiel zeigt, dass innerhalb der Diskussion um künstlerische Interventionen die Trennschärfe zwischen einer sozial verankerten Dienstleistung und einer unversöhnlichen Kritik am Status quo stets neu verhandelt wird. So verweist Kai Bauer im Kontext künstlerischer Interventionen auf eine problematische „Socio-specifity", bei der kommunale Entscheider „gesellschaftliche Relevanz" und „soziale Verbindlichkeit" von den Künstlern einforderten (Bauer 2011, S. 18). Der Autor sieht hier die Gefahr, dass „auf ästhetischem Weg Fehler von Sozialpolitik oder Integrationsbemühungen" (2011, S. 18) ausgeglichen werden sollen. Genau diese soziale Relevanz ästhetischen Handelns hat die Verleihung des renommierten Turner-Preises im Dezember 2015 an das aus Künstlern, Architekten und Designern bestehende Kollektiv Assemble motiviert. Assemble strebt eine intensive Kooperation mit der lokalen Öffentlichkeit an: „Assemble champion a working practice that is interdependent and collaborative, seeking to actively involve the public as both participant and collaborator in the on-going realization of the work" (Assemble 2015a, unpag.). Das Assemble Projekt *Granby Four Streets* zeichnet sich durch Konzepte für die Renovierung und weitere Gestaltung einer Wohnsiedlung in Toxteth, Liverpool, aus, die zuvor von der Stadt für den Abriss vorgesehen war. Die Einwohner hatten schon vor der Kooperation mit der Künstlergruppe eine Aufwertung ihres Wohnumfelds betrieben. Die Kooperation mit Assemble will die bisher geleistete Arbeit konzeptionell und in praktischer Hinsicht weiter unterstützen (Assemble 2015b, unpag.). Kritische Stimmen zur Preisvergabe kritisierten genau diese direkte lokale Vermittlungsarbeit, die eher in Richtung einer sozial engagierten designerischen Praxis als im Bereich der Kunst anzusiedeln sei.[3]

---

[3]So schrieb Adrian Searle im *Guardian:* „[…] Assemble raised questions about whether their work is in fact art, or instead a kind of socially-engaged design practice" (Searle 2015, unpag.).

Eine aktive, aber eher spielerisch ironische Beteiligung des Publikums erreichte der Künstler Michael Sailstorfer 2009 mit seinem Projekt *Pulheim gräbt*. Dies geschah ohne einen idealistisch verklärenden Impuls, stattdessen wurden menschliche Verhaltensweisen vorgeführt, wie sie den physischen Raum gestalten und verändern. Auf einem Brachgelände der rheinischen Stadt Pulheim evozierte der Künstler eine Goldgräberlandschaft en miniature. 28 kleine Goldbarren im Wert von 10.000 €, gestückelt zu 10- und 20-Gramm-Barren wurden auf der Freifläche vergraben. Anschließend wurde das Gelände mit Senfsamen besät, der schnell zu einer wilden Wiese heranwuchs, die von den etwa 150 Teilnehmern der Aktion mit Spitzhacken und Schaufeln energisch durchfurcht wurde. Mitteilungen über die erfolgreich aufgespürten Schätze oder Fundsummen wurden nicht veröffentlicht, sodass das Wiesenstück weiterhin als aktive Schatzinsel in der Fantasie der Pulheimer lebendig blieb. *Pulheim gräbt* stellte sich als eine interventionistische Performance dar, die einen wichtigen Bestandteil der Aktion partizipatorisch anlegte. Die maulwurfsähnlichen Verwerfungen auf der kleinen Grünfläche waren alles andere als ökologisch motiviert und legten eher Zeugnis ab von der Wucht mikroökonomischer Eingriffe im öffentlichen Raum.[4] 2009, im Jahr der großen Kapitalkrise, schuf die kleine Gier der lokalen Schatzsucher einen Raum, der die Ausbeutung der Landschaft als ein eigenartiges Happening zeigte. Die in vielen schlummernde Sehnsucht nach einem kostbaren Fund griff eigenwillig und unkoordiniert in den Ort ein und gab dem kapitalistischen Drive des durchschnittlichen Bürgers ein physisches Pendant. Bei *Pulheim gräbt* handelte es sich um eine aufklärerische Intervention, die nicht, einer künstlerischen Absicht folgend, den Raum ästhetisch veränderte. Die gestalterischen Transformationen entstanden in der unvorhersehbaren Aktion des Grabens, das selbst skulpturale Qualitäten erhielt: „Der ganze Prozess, die Leute, die arbeiten, die Löcher, die entstehen, das Feld. Im Nachhinein würde ich das alles als Teil der Skulptur betrachten" (Sailstorfer 2010). Darüber hinaus zeigt diese prozessuale Skulptur in ihrem Zoom auf den Pulheimer Mikrokosmos menschliches Gewinnstreben und die ökonomische Nutzung von Landschaft in der freundlichen Form einer kleinstädtischen Erzählung – und gleichzeitig können die massiven Eingriffe der Menschheit zur Rohstoffgewinnung aus der Natur assoziiert werden.

---

[4]Die Stadt selbst hat seit 1997 eine Reihe *Stadtbild. Intervention* ins Leben gerufen, in denen künstlerische Eingriffe den Pulheimer Bürgern einen erweiterten Blick auf ihre Stadt ermöglichen sollen (Stadt Pulheim 2011).

Es scheint, als verlagere sich bei den sozialen Plastiken aktueller Provenienz die Frage der ästhetischen Gestaltung zugunsten einer Prozesshaftigkeit, die viele Akteure beteiligt. Während das Konzept der sozialen Plastik eines Joseph Beuys bei aller Partizipation einen utopischen und gesellschaftsverändernden Impuls in den Mittelpunkt stellte, wurde in Pulheim der nicht-utopische Status quo sichtbar und entfaltete eine eigene Poesie.

Eine weitere, aktuelle Form der Intervention führt das Konzept des interventionistischen Eingriffs wieder auf seinen militärischen Ursprung zurück. Vor dem Hintergrund der aktuellen Drohnen-Entwicklung erleben wir eine fortschreitende Popularisierung dieser neuen Technologie. Ähnlich den Eingewöhnungstendenzen, die man aus der Mediengeschichte als Tefloneffekt in Gestalt der Adaption der Weltraumtechnologie der 1960er Jahre kennt, werden nun zivile Drohnen zu umfassenden Dienstleistungen transformiert. Paketzustellungen, Geländeerkundungen, private Kontrolle und Dronies als erweiterte Selfies zeigen, in welchem Maße sich eine Überwachungstechnologie in unseren Alltag geschmeichelt hat. Ein Instrument der militärischen Intervention par excellence entwickelt sich zum alltagstauglichen Spielzeug.

Das partizipatorische Moment in der spielerischen Beschäftigung stellt eine wesentliche Bedingung für die zivile Nutzung der Drohnen dar und konfrontiert uns mit dem Paradox, dass im Moment der Überwachung eine Art demokratische Teilhabe an der Kontrolle des öffentlichen Raumes und des Anderen behauptet wird. Die zivile Drohnen-Nutzung suggeriert, dass wir es nun sind, die die Überwachungstechnologie beherrschen und sie selbstbewusst in Richtung der früheren Überwacher umdrehen können. Die Vorstellung, Autor und Schöpfer seiner eigenen Überwachung zu sein, stellt eine zeitgemäße Variante des Benthamschen Panopticons dar und lindert auf den ersten Blick die unausgesprochene prometheische Scham, die der Mensch gemäß Günther Anders gegenüber seinen technologischen Schöpfungen empfinde (Anders 1956, S. 21 ff.).

Die künstlerische Einbindung der Überwachungstechnologie folgt zum Teil der populären Praxis und erweist sich als ambivalent und changierend zwischen Kritik und Affirmation. Drohnen malen im Zeichen verlagerter Autorschaft Bilder im Stil von Jackson Pollock (Wagenknecht 2015); die Vereinigten Arabischen Emirate haben einen internationalen Drones for Good Award ins Leben gerufen (UAE Drones 2015), während der Cirque du Soleil zusammen mit der ETH Zürich Drohnen als mobile Lichtquellen erforscht, die sich poetisch im Raum bewegen (Cirque du Soleil 2014). Andere Drohnen-Künstler wie James Bridle zeichnen die Schattenumrisse einer Drohne im öffentlichen Raum physisch nach, um auf die Kontinuität der Überwachung hinzuweisen (Bridle 2012).

Künstlerisch orientierte Gruppen wie Superflux möchten dem Phänomen mit der Entwicklung eigener ziviler Drohnen begegnen, wobei sie sowohl als Hacker als auch als Drohnen-Konstrukteure im öffentlichen Raum agieren.[5] Hier soll über die künstlerische Entwicklung ziviler Drohnen sowohl auf das Potenzial der Drohnen hingewiesen werden als auch eine Bewusstwerdung über unsere Haltung gegenüber dieser Technologie erfolgen: „The Drone Aviary [...] is an investigation of the social, political and cultural potential of drone technology as it enters civil space" (Superflux 2015). In ihrem Projekt *Drone Aviary* und dem dazugehörigen Film haben die Künstler fünf Drohnenmodelle entwickelt, die sie im städtischen Raum einsetzen. Dazu zählen eine Werbeplakatdrohne; eine Drohne, die als zeitgemäße Form der „breaking news" aktuelle Nachrichten als Text über den Köpfen der Stadtbewohner anzeigt; eine Überwachungsdrohne, die auch der Verbrechensbekämpfung dient; eine Drohne, die ihre Nutzer vor Verkehrsüberschreitungen warnt sowie eine Instadrone, mit der man mithilfe eines angeschlossenen Smartphones Drohnen-Aufnahmen über die Bildplattform Instagram teilen kann. Die im Film gezeigten winkenden Menschen und beglückten Kleinkinder, auf deren weit geöffneten Händen schmetterlingsgleich Mini-Drohnen landen, lassen eher eine unkritische Akzeptanz der Drohnen vermuten. Es scheint, als affirmiere diese künstlerische Intervention in ihrem Anspruch des friedlichen Miteinanders von Überwachungstechnologie und Überwachten den Zustand permanenter Intervention durch zivile Drohnen: „The project aims to give a glimpse into a near-future city co-habit with -‚intelligent' *semi autonomous, networked, flying machines*" (Superflux 2015).

Ob sich diese Beispiele der Drohnen-Kunst als emanzipatorische Alltagspraktiken weiterführen lassen, die im Sinne von Michel de Certeau die Objekte des herrschenden Diskurses umfunktionieren, bleibt noch offen (de Certeau 1988). Die zivilen Drohnen-Projekte präsentieren sich in ihrer „Kunst des Handelns" eher kooperativ denn interventionistisch; gleichwohl arbeiten sie an einer größeren Bewusstwerdung des aktuellen Phänomens einer umfassenden Beobachtung, die über das Eindringen von Überwachungstechnologie in den öffentlichen Raum erfolgt.

Die hier vorgestellten künstlerischen Arbeiten zeigen unterschiedliche Grade der Ästhetisierung, der Partizipation und der Kooperation im Hinblick auf den zu intervenierenden Ort auf. Die Widerständigkeit des ästhetischen Eingriffs erfolgt in einer großen Bandbreite: als intelligenter Flirt mit den ökonomischen Verhältnissen, als überspitzter Kommentar aktueller Stadtpolitik, als subtile Kritik an

---

[5]Die Künstler bezeichnen ihre Tätigkeit als einen „process of research, design, hacking, building and testing" (Superflux 2015).

unseren Wahrnehmungsgewohnheiten oder als Umkehrung apparativer Überwachungstechnologien. Die künstlerischen Interventionen können, wie im Beispiel von Assemble, konkrete Handlungsinhalte einfordern, und die aktuelle Akzeptanz durch den Kunstbetrieb macht deutlich, wie sehr sich der Blick in Richtung einer sozialen und praktisch lebbaren Relevanz interventionistischer Arbeiten geweitet hat. Dabei soll hier nicht die kontinuierliche Entwicklung von konzeptuellen Ansätzen hin zu der partizipatorischen Einbindung des Publikums behauptet werden. Der Weg vom Rezipienten zum Akteur kann ein Merkmal interventionistischer Arbeiten sein, die bewusste Beteiligung des Publikums ist jedoch nicht zwingend. Die künstlerischen Interventionen können sich gestaltend in den Alltag begeben, sie können ihn aber auch als utopisches Modell ohne den Anspruch auf Zweckgerichtetheit begleiten. Der zentrale und verbindende Anspruch ist ein ästhetisch ausgerichtetes Handeln, das über die Sensibilisierung der Wahrnehmung auf einen Erkenntnisprozess zielt, der jedem gesellschaftlichen Handeln vorausgeht.

Literatur

Anders, Günther (1956): *Die Antiquiertheit des Menschen. Band I. Über die Seele im Zeitalter der zweiten industriellen Revolution*. München: C.H. Beck.

Assemble. 2015a. Online erhältlich unter: http://assemblestudio.co.uk (zuletzt abgerufen am 25. Februar 2016).

Assemble. 2015b. Granby Four Streets. Online erhältlich unter: http://assemblestudio.co.uk/?page_id=862 (zuletzt abgerufen am 25. Februar 2016).

Bauer, Kai (2011): Pulheim und die Kunst im öffentlichen Raum. In: Stadt Pulheim; Schallenberg, Angelika (Hg.): *Stadtbild. Intervention*. Nürnberg: Verlag für moderne Kunst, S. 13–22.

Bridle, James (2012): *Drone-Shadows*. Online erhältlich unter: http://shorttermmemory-loss.com/portfolio/project/drone-shadows/ (zuletzt abgerufen am 01. November 2015).

Burke, Edmund (1989): *Philosophische Untersuchung über den Ursprung unserer Ideen vom Erhabenen zum Schönen* (1756), übersetzt von Friedrich Bassenge, neu eingeleitet und herausgegeben von Werner Strube. Hamburg: Felix Meiner.

Chambres d'amis (1986): Museum van Hedendaagse Kunst, Gent, 21.6–21.9.1986.

Cirque du soleil (2014): *Sparked*. Online erhältlich unter: http://www.wired.com/2014/10/cirque-drones/ (zuletzt abgerufen am 01. November 2015).

De Certeau, Michel (1988): *Kunst des Handelns*, aus dem Französischen übersetzt von Ronald Voullié. Berlin: Merve.

Der Indemann (2009). Flyer, hrsg. Bürgermeister der Gemeinde Inden. Online erhältlich unter: http://www.indeland.de (zuletzt abgerufen am 01. November 2015).

Düllo, Thomas; Liebl, Frank (Hg.) (2005): *Cultural Hacking. Kunst des strategischen Handelns*. Wien; New York: Springer.

Fabo, Sabine (2007): Parasitäre Strategien. Kunstforum International, Bd. 185. Mai–Juni 2007. Ruppichteroth: TZ-Verlag.

Frank, Thomas(1997): *The Conquest of Cool. Business Culture, Counterculture, and the Rise of Hip Consumerism.* Chicago London: The Univesity of Chicago Press.

Gramsci Monument (2015): *Dia Art Foundation.* Online erhältlich unter: http://www.diaart. org/gramsci-monument/ (zuletzt abgerufen am 01. November 2015).

Gramsci-Monument (2015). Online erhältlich unter: http://www.diaart.org/gramsci-monument/index.php (zuletzt abgerufen am 01. November 2015).

Heath, Joseph; Potter, Andrew (2005): *The Rebel Sell. How the Counterculture became Consumer Culture.* Southern Gate Chichester, West Sussex: Capstone.

Hirschhorn, Thomas (2015): Intervention. Thomas Hirschhorn. Formgebung als Widerstand. In: Kopp-Oberstebrink, Herbert; Weiss, Judith Elisabeth: *Kunstforum International,* Bd. 232, April–Mai 2015, Kunstverweigerungskunst II, S. 138–147.

Janssen, Jan-Keno (2008). Gehackte Realität mit dem Image Fulgurator. In *Telepolis,* 26.02.2008, Online erhältlich unter: http://www.heise.de/newsticker/meldung/ Gehackte-Realitaet-mit-dem-Image-Fulgurator-180839.html (zuletzt abgerufen am 24. Februar 2016).

Karcher, Eva (2007): Miuccia Prada im Interview „Ich suche fast hysterisch nach neuen Impulsen". In *Sueddeutsche.de,* 7.12.2007. Online erhältlich unter: http://www.sueddeutsche.de/kultur/miuccia-prada im-interview-ich-suche-fast-hysterisch-nach-neuen-impulsen-1.322144 (zuletzt abgerufen am 01. November 2015).

Lasn, Kalle (2008): Interview mit Kalle Lasn – Gründer von Adbusters, Vancouver. In: Wenzel, Petra; Lippert, Werner (Hg.): *Radical Advertising.* Düsseldorf: Bri. Ostermann, S. 250–257.

Levinson, Jay Conrad; Godin, Seth (1994): *The Guerrilla-Marketing-Handbook.* New York: Houghton Mifflin Company.

Mattes, Eva; Matthes, Franco (2003): *Nike Ground.* Online erhältlich unter: http://0100101110101101.org/nike-ground/ (zuletzt abgerufen am 01. November 2015).

Rakowitz, Michael (2007): Umgehungen. Parasite(p)Lot. In: *Kunstforum International,* Bd. 185. Mai–Juni 2007. In: Fabo, Sabine (Hg.): *Parasitäre Strategien.* Ruppichteroth: TZ-Verlag, S. 130–137.

Sailstorfer, Michael (2009): *Michael Sailstorfer. Pulheim gräbt, 2009.* Online erhältlich unter: http://www.pulheim.de/bildung-und-kultur/kultur/stadtbild-intervention/michael-sailstorfer-2009/?id=13091 (zuletzt abgerufen am 01. November 2015).

Sailstorfer, Michael (2010): Auszug aus dem Künstlergespräch über „Pulheim gräbt" mit Martin Germann, Michael Sailstorfer, Christoph Schreier im Kultur- und Medienzentrum der Stadt Pulheim am 16.1.2010 (PDF). Online erhältlich unter: http://www.stadtbild-intervention.de/index.php?Direction=333 (zuletzt abgerufen am 02. November 2015).

Schneider, Gregor (2014.): *Gregor Schneider, Hauptstraße 85 a,* hrsg. Stadt Pulheim, der Bürgermeister, Kulturabteilung.

Searle, Adrian (2015): Turner Prize 2015: Power to the people! Assemble win the Turner prize by ignoring the art market. In: *The Guardian,* 7.12.2015. Online erhältlich unter: http://www.theguardian.com/artanddesign/2015/dec/07/turner-prize-2015-assemble-win-by-ignoring-art-market (zuletzt abgerufen am 21. Februar 2016).

Serres, Michel (1987): *Der Parasit.* Frankfurt a. M.: Suhrkamp.

Stadt Pulheim; Schallenberg, Angelika (Hg.) (2011): *Stadtbild. Intervention*. Nürnberg: Verlag für moderne Kunst.

Stuhlmacher, Mechthild; Korteknie, Rien (2007): Parasites – Die Stadt der kleinen Dinge. In: *Kunstforum International*, Bd. 185. Mai–Juni 2007. In: Fabo, Sabine (Hg.): *Parasitäre Strategien*. Ruppichteroth: TZ-Verlag, S. 120–129.

Superflux (2015) *Drone aviary*. Online erhältlich unter: http://www.superflux.in/work/drone-aviary (zuletzt abgerufen am 01. November 2015).

The UAE Drones for Good Award (2015). Online erhältlich unter: https://www.dronesforgood.ae/ (zuletzt abgerufen am 01. November 2015).

von Bismarck, Julius (2015): *Image Fulgurator*. Online erhältlich unter: http://juliusvonbismarck.com/bank/index.php?/projects/image-fulgurator/2/ (zuletzt abgerufen am 01. November 2015).

von Borries, Friedrich;Hiller, Christian; Kerber, Daniel; Wegner, Friederike; Wenzel, Anna-Lena (2012a): *Glossar der Interventionen*. Berlin: Merve.

von Borries, Friedrich; Wegner, Friederike; Wenzel, Anna-Lena (2012b): Ästhetische und politische Interventionen im urbanen Raum. In: Hartmann, Doreen; Lemke, Inga; Nitsche, Jessica (Hg.): *Interventionen. Grenzüberschreitungen in Ästhetik, Politik und Ökonomie*. München: Wilhelm Fink, S. 95–103.

Wagenknecht, Addie (2015). Online erhältlich unter: http://www.bitforms.com/wagenknecht/black-hawk-paint-july-31-no-3 (zuletzt abgerufen am 01. November 2015).

Wiens, Birgit (2014): Expeditionen ins Innere urbaner Mikrokosmen. Birgit Wiens im Gespräch mit dem Theatermacher und Kurator Matthias Lilienthal über „X-Wohnungen". In: Schütz, Heinz: *Kunstforum International*, Bd. 224, Januar–Februar 2014, Urban Performance II. Ruppichteroth: TZ-Verlag, S. 100–109.

Yes Men (2004): Yes Men Hoax on BBC Reminds World of Dow Chemical's Refusal to Take Responsibility for Bhopal Disaster. In: *Democracy Now*, 6.12.2004. Online erhältlich unter: http://www.democracynow.org/2004/12/6/yes_men_hoax_on_bbc_reminds (zuletzt abgerufen am 01. November).

Über die Autorin

Sabine Fabo seit 1998 Professur für Kunstwissenschaft im medialen Kontext an der FH Aachen, 1991 freie wissenschaftliche Mitarbeiterin an der Kunstsammlung Nordrhein-Westfalen, 1991–1997 wissenschaftliche Mitarbeiterin an der KHM Köln. Arbeitsschwerpunkte sind kulturelle Aspekte der Multimedialität, Konzepte des Gesamtkunstwerks sowie subversive künstlerische Strategien.

Printed by Printforce, the Netherlands